南京统计年鉴

STATISTICAL YEARBOOK OF NANJING

2014

南 京 市 统 计 局
国家统计局南京调查队 编

图书在版编目（CIP）数据

南京统计年鉴. 2014 / 南京市统计局, 国家统计局南京调查队编. -- 北京 : 中国统计出版社, 2014.8
ISBN 978-7-5037-7192-7
Ⅰ. ①南… Ⅱ. ①南… ②国… Ⅲ. ①统计资料－南京市－2014－年鉴 Ⅳ. ①C832.531-54

中国版本图书馆CIP数据核字（2014）第182586号

南京统计年鉴－2014

作　　者	南京市统计局 国家统计局南京调查队
责任编辑	陈越月
责任校对	沈爱民
封面设计	高宝山
出版发行	中国统计出版社
通信地址	北京市西城区月坛南街75号 邮编 100826
办公地址	北京市丰台区西三环南路甲6号 邮编 100073
电　　话	邮购（010）63376909　书店（010）68783171
网　　址	http://csp.stats.gov.cn
印　　刷	南京凯德印刷有限公司
经　　销	新华书店
开　　本	880×1230 毫米　1/16
字　　数	613千字
印　　张	28.5
印　　数	1-1000册
版　　别	2014年9月第1版
版　　次	2014年9月第1次印刷
定　　价	300.00元

本书附同版本CD-ROM一张，光盘内容以书面文字为准。
如有印装差错，由本社发行部调换。

《南京统计年鉴》(2014)编委会和编辑人员

编辑委员会

主　　任： 徐翠华　王忠华

副 主 任： 向绍明　仲玉琪　蒋　明　唐　纪　张诒强　朱玉明　周根林　姚珍漪

编　　委：(按姓氏笔画为序)

尹小宁　王　军　史　明　吕胜利　刘　波　刘　宏
孙如志　李　昂　汪　萌　汪　娟　陈锡文　陈美华
张小玮　张小良　严晓红　杜凌飞　郑　菲　范怀华
骆立宇　杨晓燕　赵前成　查莉华　顾国祥　唐　俊
唐　昆　韩厚盾　雷晓萍　戴苏林

编　辑　部

主　　编： 徐翠华

副 主 编： 蒋　明

责任编辑： 沈爱民

编　　辑： 郑　菲　李　昂　杜凌飞　常晓军　吴　婧　程　雨

资料提供人员：(按姓氏笔画为序)

马　丽　于溯泳　叶　韬　王　科　王淳宇　冯　波
许丹禔　刘文勇　刘安平　朱　真　何全方　何　政
汤　健　李　园　毕发萍　居军荣　张晓燕　张苏滨
张铭园　张孝伟　姚　彤　洪凌云　赵　妮　夏恒岗
夏　婕　耿延武　曹华盛　章　瑜　龚　锐　魏　强
魏　炜

编 者 说 明

一、《南京统计年鉴》（2014）以大量的统计数据，全面、系统地反映了2013年南京经济和社会等各方面的发展情况，是一本数据信息密集、内容广泛的资料性工具书。

二、全书内容分为18个篇目，即：1. 综合；2. 国民经济核算；3. 人口和就业；4. 人民生活；5. 价格指数；6. 农业；7. 工业和能源；8. 交通运输和邮电通讯业；9. 固定资产投资和建筑业；10. 批发和零售业、住宿和餐饮业；11. 对外经济贸易和旅游业；12. 财政、金融和保险；13. 科技和教育；14. 文化、卫生和体育；15. 司法、社会福利与其他社会活动；16. 城市建设与环境保护；17. 分区社会经济；18. 附录。为便于读者正确地使用资料，各篇目还附有主要统计指标解释。

三、"分区社会经济"中由我局统计的经济类指标为评价口径。即对坐落在各区行政区域范围内的所有经济活动单位进行全面统计的基础上，扣除部分因跨区域不便分割，以及经研究暂不纳入本区评价的单位数据。

从2009年起，浦口区包含高新技术开发区的数据、栖霞区包含新港经济开发区的数据、六合区包括南京化学工业园的数据。

为了全面反映分区经济发展的整体情况，从2009年开始，在原有的按评价口径计算分区地区生产总值数据的基础上，增加按在地口径计算的分区地区生产总值数据。

四、本年鉴国民经济行业分类启用新标准（GB/T 4754-2011）。

五、为避免读者使用年鉴发生理解歧义，本年鉴对来自部门统计的数据尽量说明数据来源和取得范围。

六、本年鉴部分数据合计数或相对数由于单位取舍不同产生的计算误差均未作机械调整。

七、读者在使用统计资料时，凡与本年鉴有出入的，均以本年鉴为准。

八、本年鉴中符号使用说明："-"或"空格"表示数据不详或无该项数据；

"#"表示其中的主要项；

"*"表示另有注解。

九、《南京统计年鉴》公开出版以来，受到社会各界的关注和支持，对年鉴的内容和编辑工作提出了许多宝贵的意见，对此，我们深表谢意。欢迎读者继续对年鉴的不足之处给予批评指正，帮助我们进一步提高编辑水平，以期更好地为广大读者服务。

《南京统计年鉴》编辑部

2014年8月

南京市户籍人口总数示意图

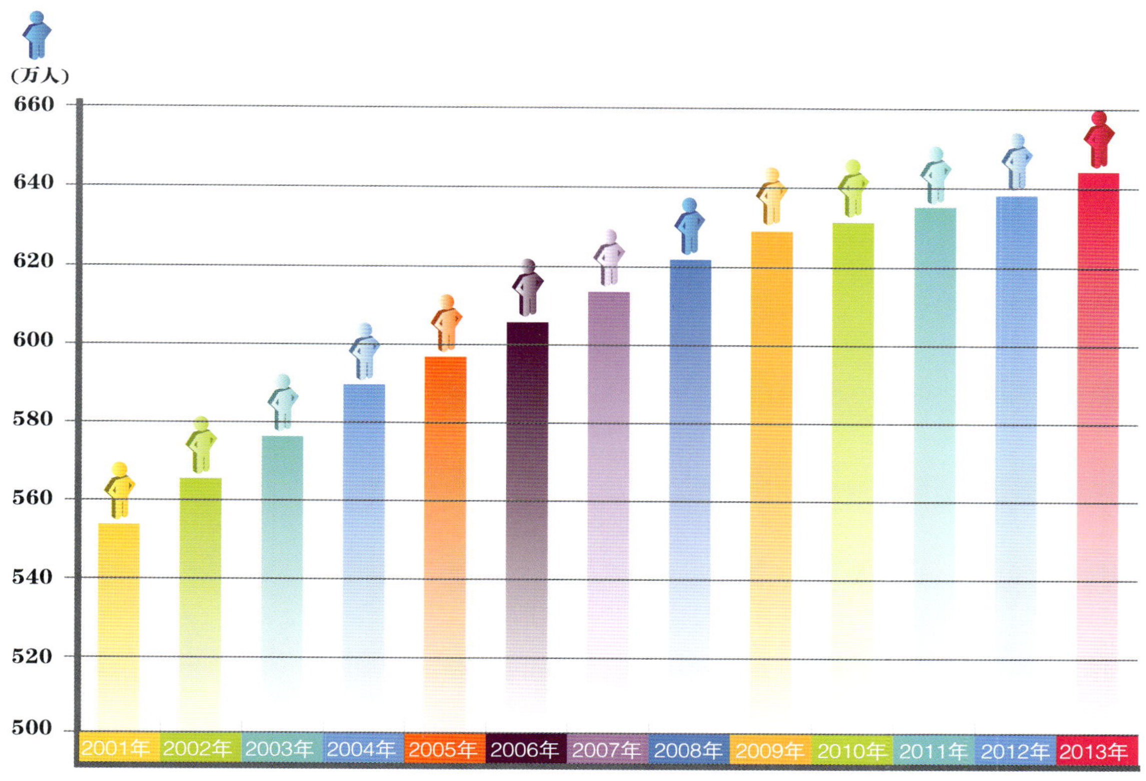

南京市人均地区生产总值（按户籍人口计算）示意图

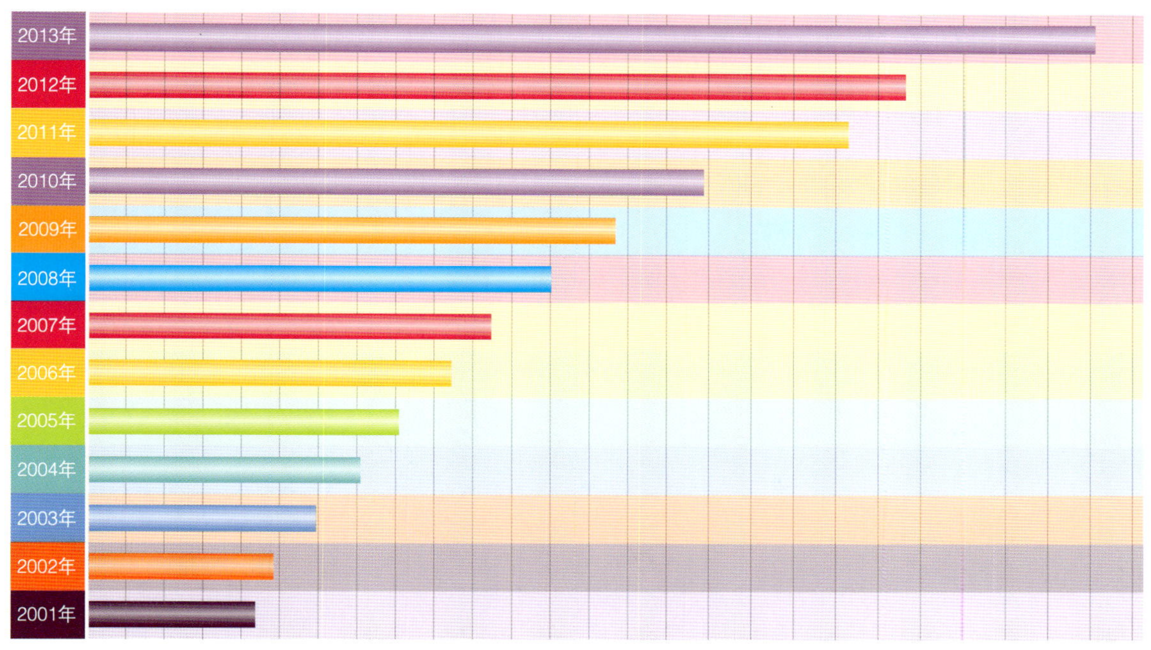

南京市地区生产总值示意图

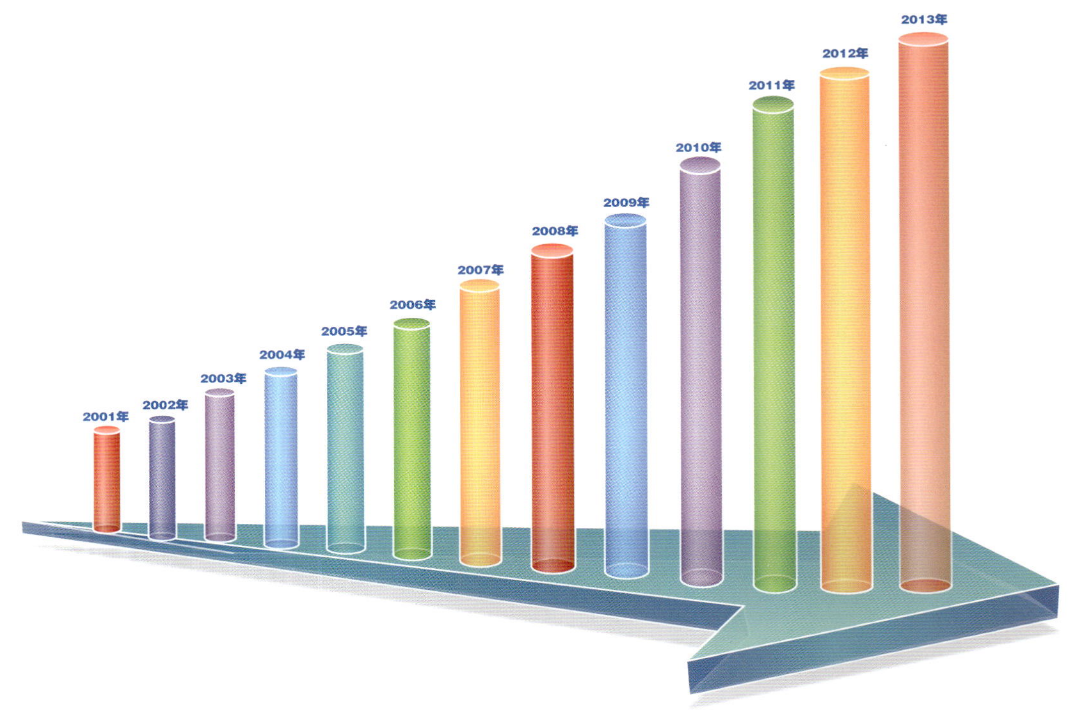

南京市第三产业占地区生产总值比重示意图

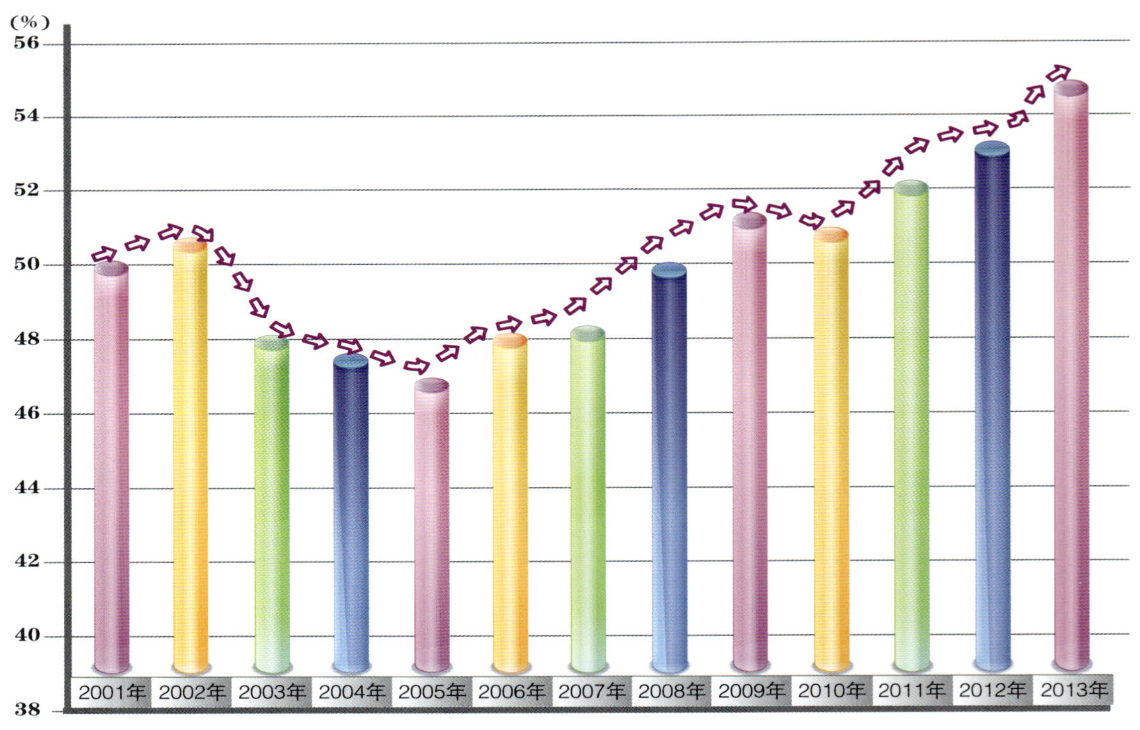

南京市财政收入示意图

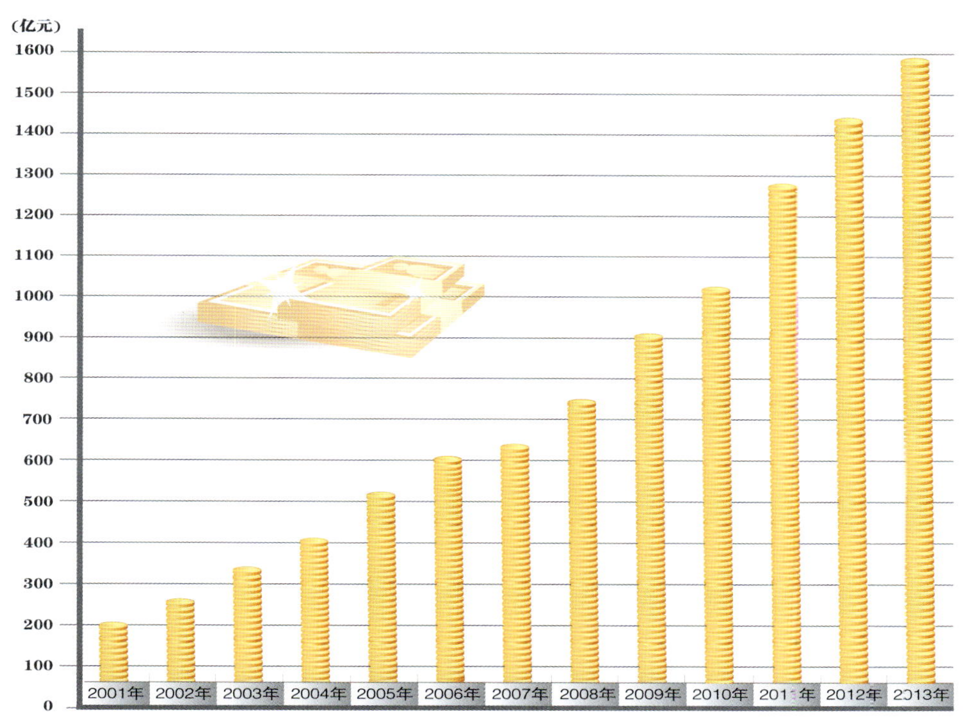

南京市全社会固定资产投资完成额示意图

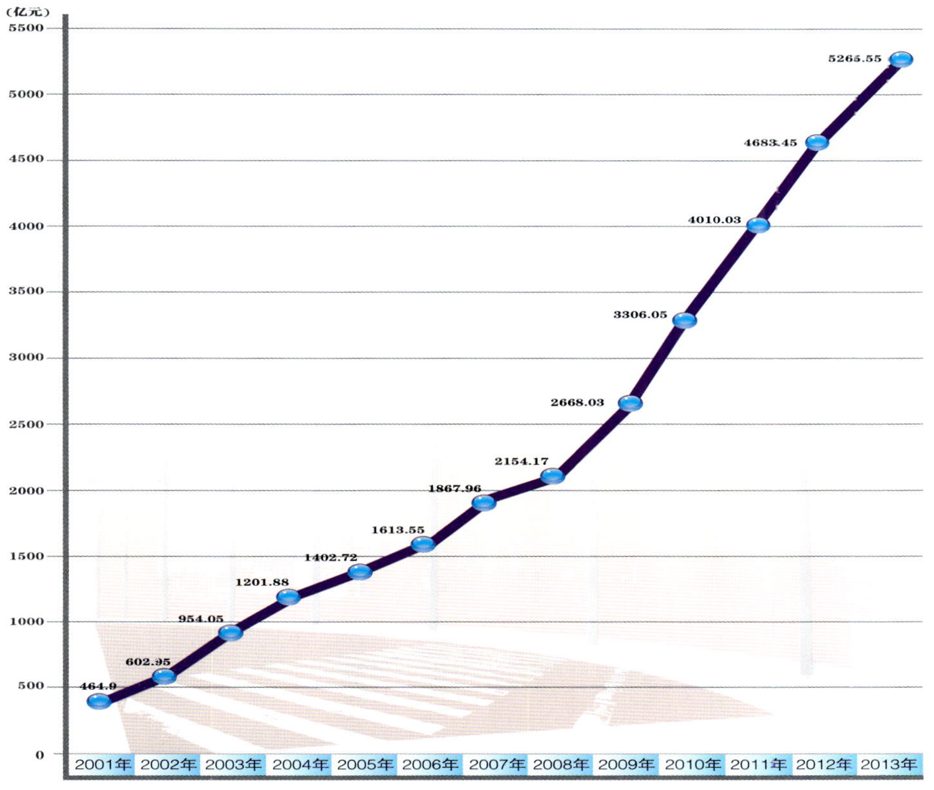

南京市社会消费品零售总额示意图

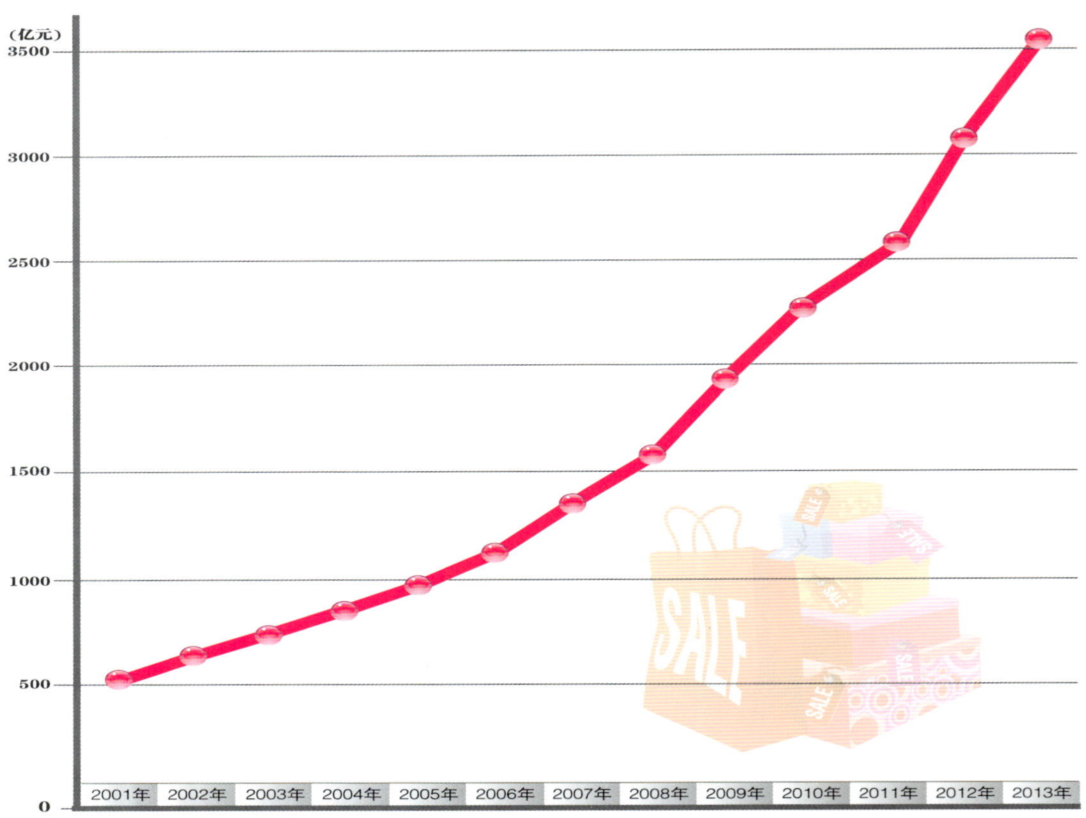

南京市外贸出口总额示意图

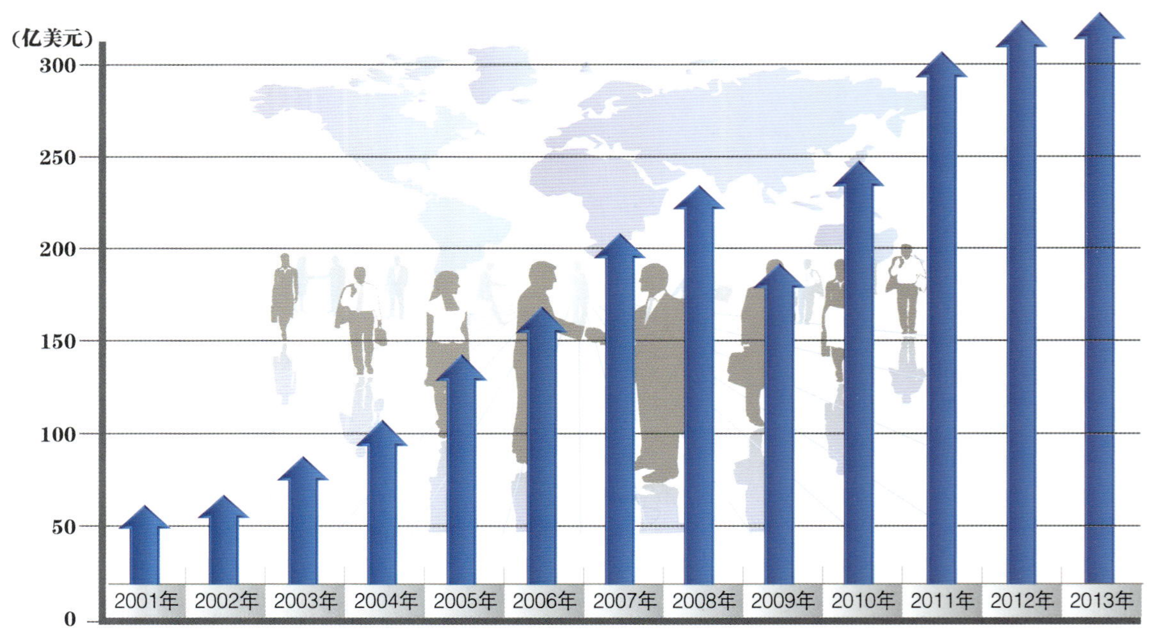

南京市工业增加值示意图

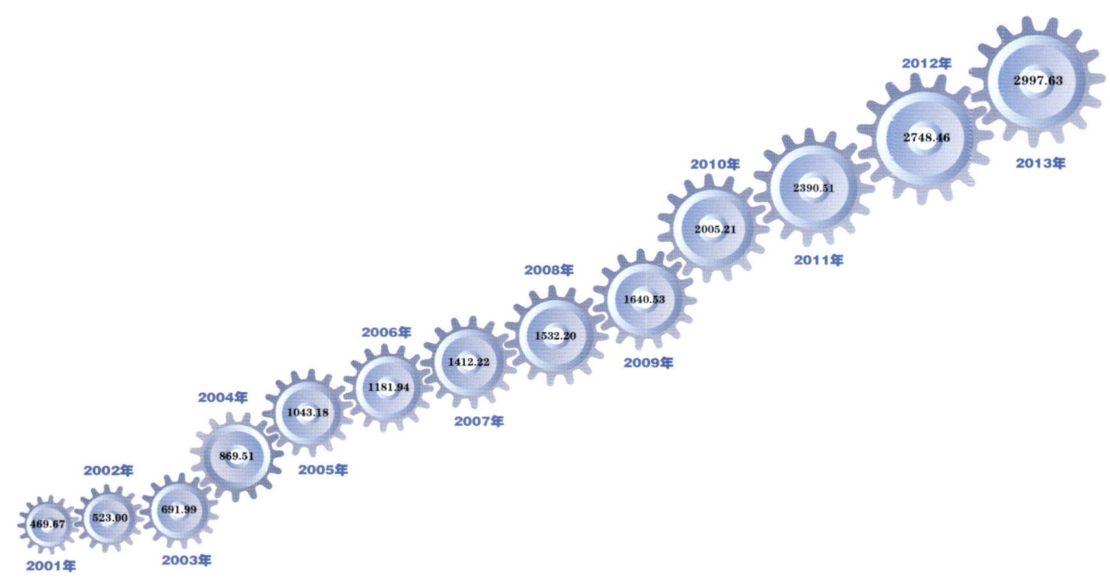

南京市规模以上工业企业利税总额示意图

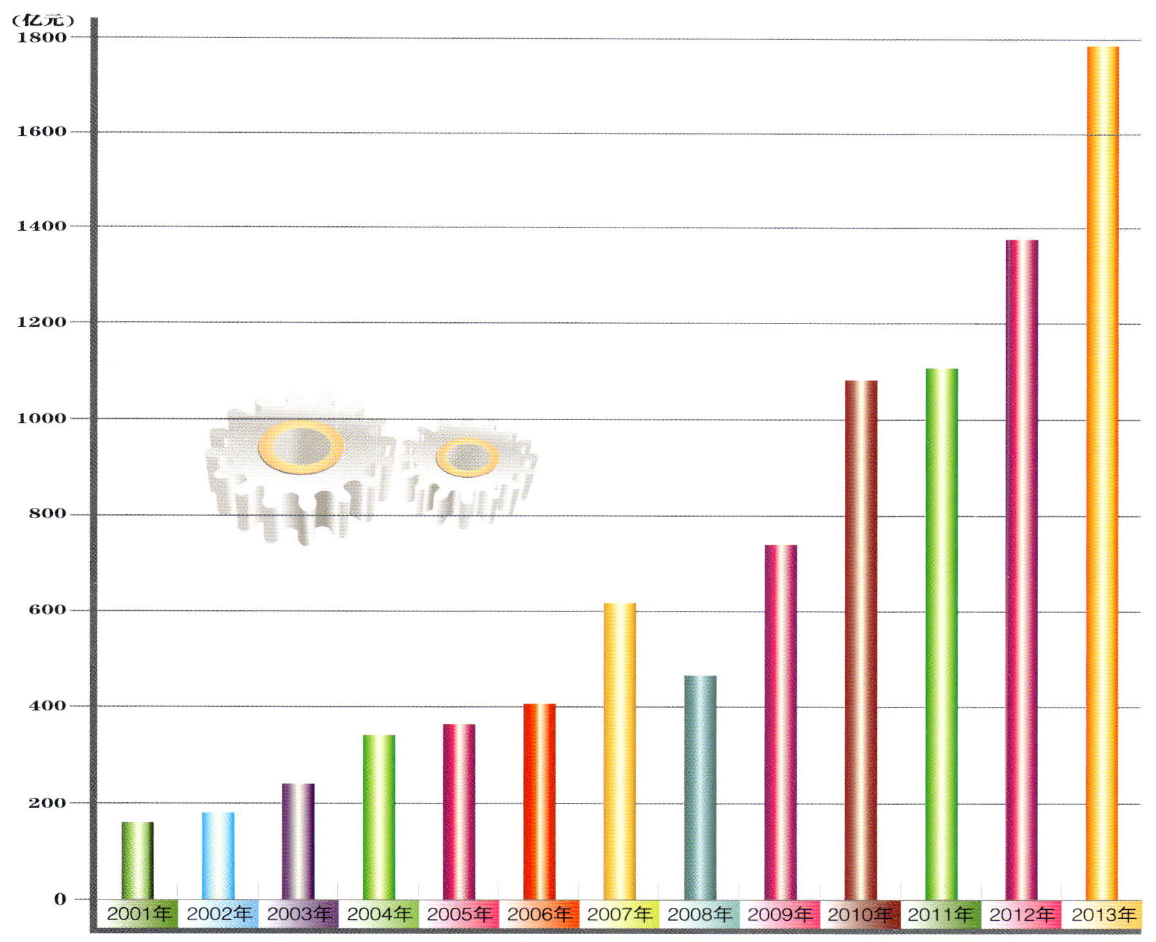

南京市农林牧渔总产值（现价）示意图

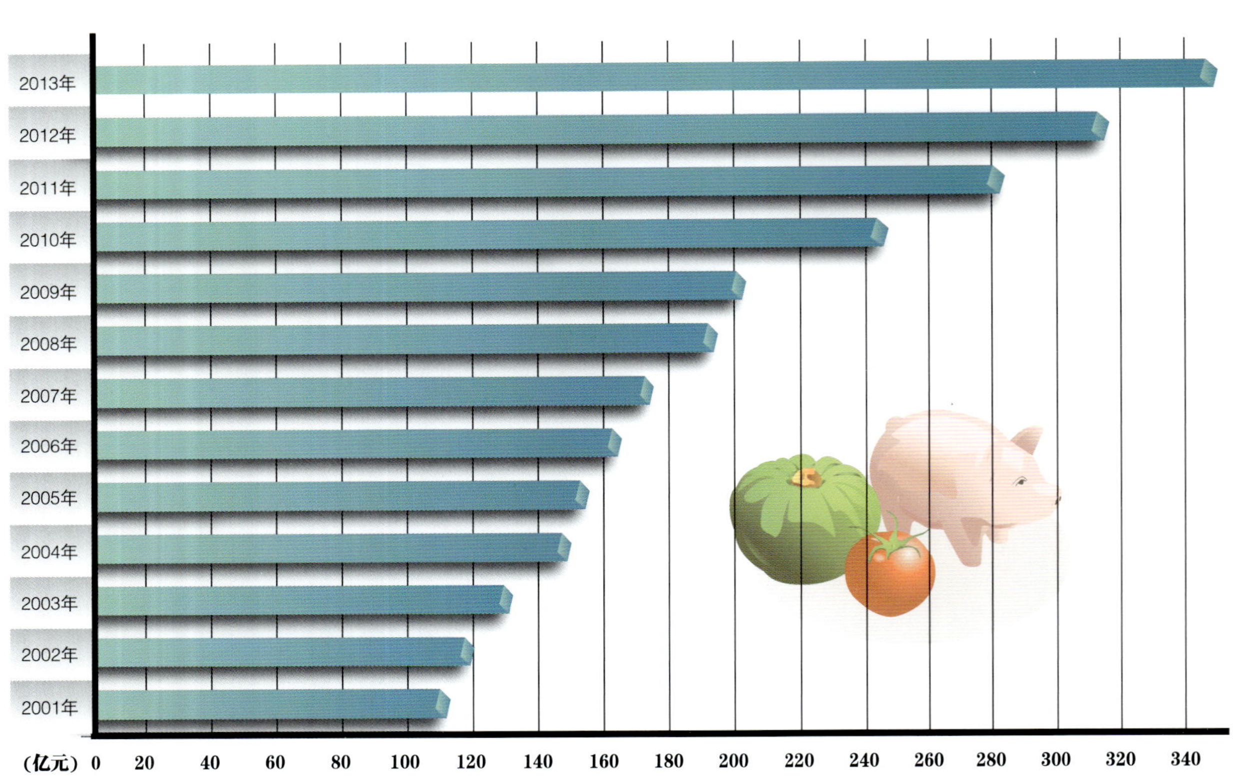

南京市普通高校在校学生人数示意图

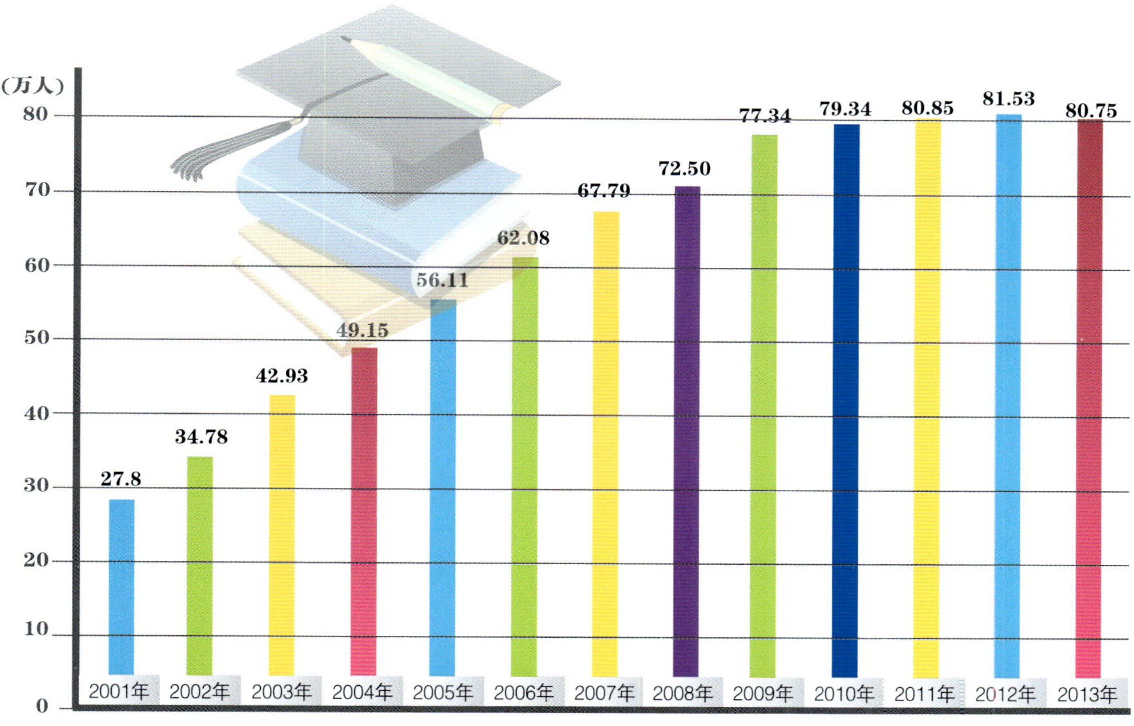

南京市人均公园绿地面积示意图

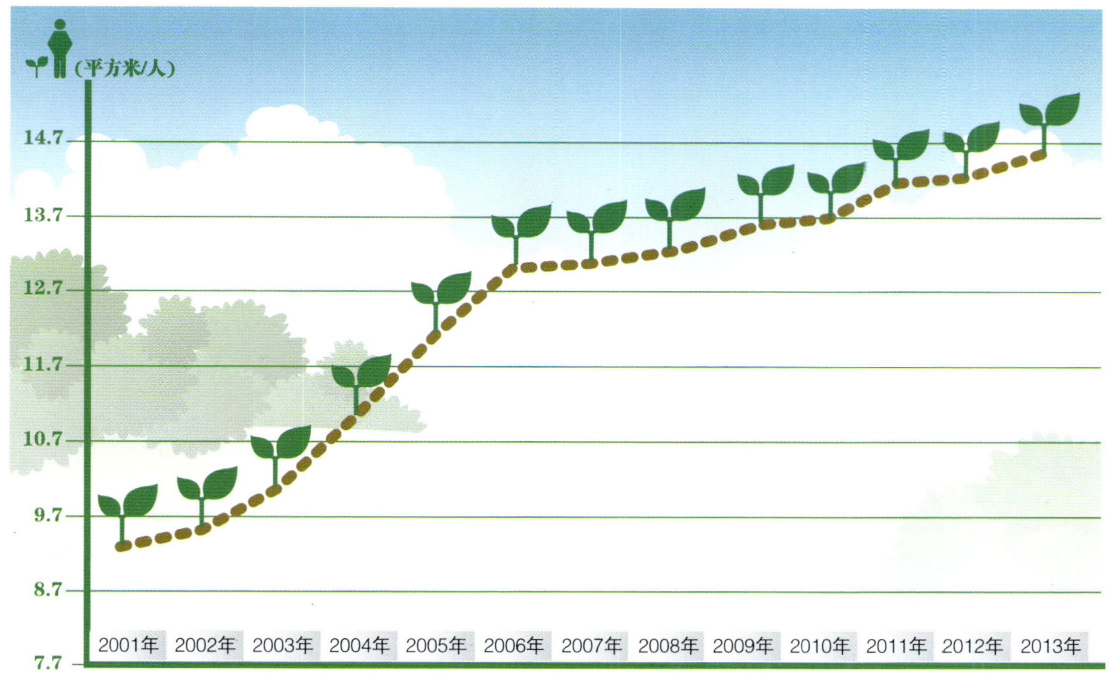

南京市城市居民人均可支配收入示意图

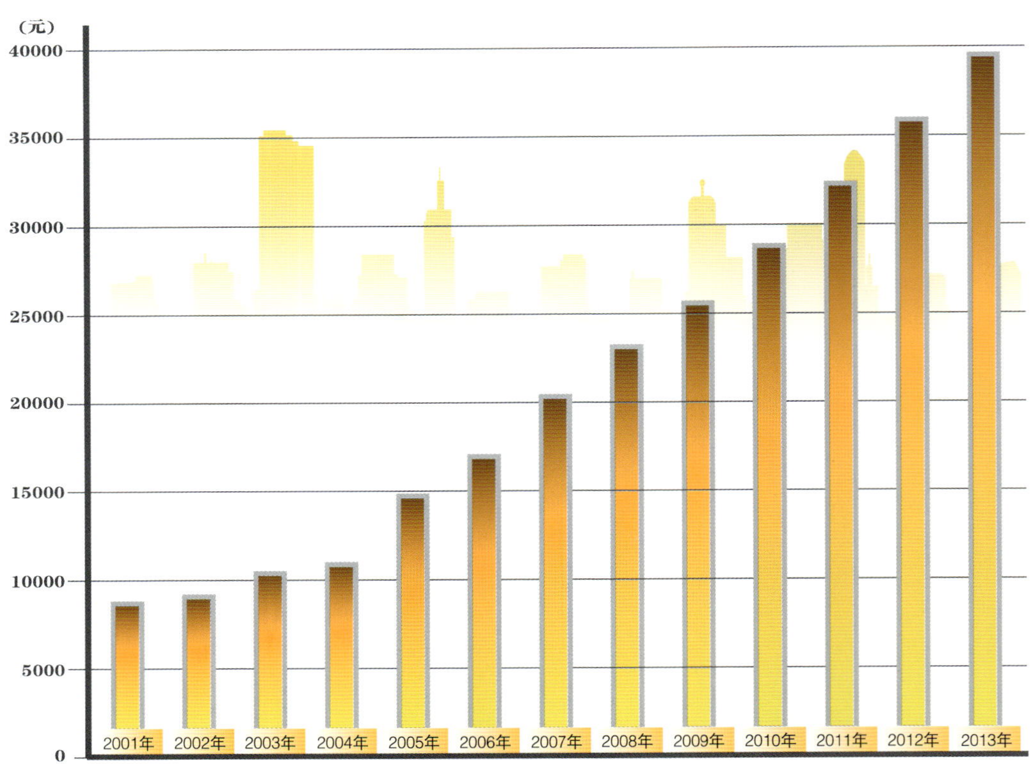

南京市农民人均纯收入示意图

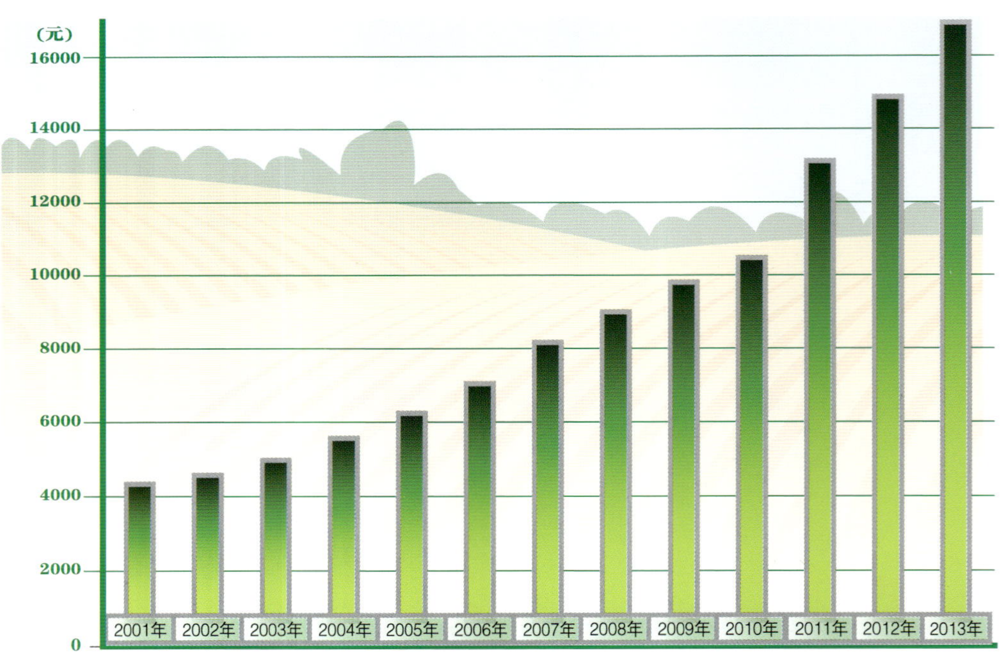

2014 年统计年鉴目录

CONTENTS ON STATISTICAL YEARBOOK - 2014

（一）综合

General Survey

（二）国民经济核算

National Accounts

(三)人口和就业

Population And Employment

(四)人民生活

People's Livelihood

(五) 价格指数

Price Indices

(六) 农业

Agriculture

(七) 工业和能源

Industry and Energy

(八) 交通运输和邮电通讯业

Transportation, Post and Telecommunication Services

(九) 固定资产投资和建筑业

Investment in Fixed Assets and Construction

(十) 批发和零售业、住宿和餐饮业

Wholesale and Retail Trade, Accommodations and Catering

（十一）对外经济贸易和旅游业

Foreign Trade and Economic Cooperation, Tourism

（十二）财政、金融和保险

Finance, Banking and Insurance

（十三）科技和教育

Science and Technology, Education

(十四)文化、卫生和体育

Culture,Public Health and Sports

(十五) 司法、社会福利与其他社会活动

Judicature, Social Welfare and Others

(十六) 城市建设与环境保护

Urban Construction and Environmental Protection

（十七）分区社会经济

Social Economy by District and County

(十八) 附录

Appendix

（一）综合

CHAPTER 1
GENERAL SURVEY

表1—1　行政区划与行政区域土地面积(2013年末)

计量单位:个、平方公里

地　区	行政区划				行政区域土地面积
	街道办事处	社区居民委员会	镇人民政府	村民委员会	
总　计	82	885	18	345	6587.02
玄　武	7	58			75.46
秦　淮	12	110			49.11
建　邺	6	51			81.75
鼓　楼	13	118			54.18
浦　口	9	89		31	910.51
栖　霞	9	82		30	395.38
雨花台	6	60			132.39
江　宁	10	128		72	1563.33
六　合	10	88	2	61	1471.00
溧　水		17	8	91	1063.68
高　淳		84	8	60	790.23

注:本表中行政区划数据由市民政局提供;行政区域土地面积由市国土资源局提供。

表1—2 各区所辖街道办事处、镇名称(2013年)

地 区	街道办事处、镇
玄 武	新街口街道 梅园街道 玄武门街道 锁金村街道 玄武湖街道 红山街道 孝陵卫街道
秦 淮	红花街道 夫子庙街道 双塘街道 中华门街道 秦虹街道 瑞金路街道 月牙湖街道 光华路街道 朝天宫街道 五老村街道 洪武路街道 大光路街道
建 邺	莫愁湖街道 南苑街道 兴隆街道 沙洲街道 双闸街道 江心洲街道
鼓 楼	华侨路街道 宁海路街道 湖南路街道 中央门街道 挹江门街道 凤凰街道 江东街道 热河南路街道 阅江楼街道 建宁路街道 宝塔桥街道 小市街道 幕府山街道
栖 霞	迈皋桥街道 燕子矶街道 马群街道 尧化街道 龙潭街道 栖霞街道 八卦洲街道 仙林街道 西岗街道
雨花台	雨花街道 西善桥街道 赛虹桥街道 铁心桥街道 梅山街道 板桥街道
江 宁	东山街道 淳化街道 禄口街道 汤山街道 湖熟街道 江宁街道 麒麟街道 谷里街道 秣陵街道 横溪街道
浦 口	江浦街道 泰山街道 永宁街道 汤泉街道 顶山街道 盘城街道 桥林街道 星甸街道 沿江街道
六 合	雄州街道 龙袍街道 马鞍街道 横梁街道 程桥街道 金牛湖街道 龙池街道 长芦街道 大厂街道 葛塘街道 竹镇镇 冶山镇
溧 水	永阳镇 白马镇 东屏镇 柘塘镇 洪蓝镇 石湫镇 晶桥镇 和凤镇
高 淳	淳溪镇 东坝镇 古柏镇 固城镇 漆桥镇 砖墙镇 桠溪镇 阳江镇

表1—3　耕地面积情况

计量单位:千公顷

指　标	2013 年	2012 年
一、年初耕地面积	238.57	238.86
二、年内增加耕地面积	0.79	0.93
三、当年经批准减少耕地面积	0.95	1.22
四、年末耕地面积	238.41	238.57

注:本表数据来源于市国土资源局。2013 年为市级变更调查上报数。

表1—4　气候(2013 年)

月　份	平均气温(摄氏)	月平均气温(摄氏)		月降水量合计(毫米)
		最高	最低	
全　年	16.8	21.6	12.9	898.4
一　月	3.0	7.8	-0.4	17.8
二　月	5.5	9.2	2.6	69.9
三　月	10.8	17.1	6.4	42.9
四　月	16.0	22.2	10.2	22.8
五　月	21.7	26.5	17.8	110.1
六　月	24.3	28.3	21.1	172.6
七　月	30.5	34.6	26.7	229.6
八　月	30.8	35.4	27.1	115.5
九　月	23.6	27.8	20.3	67.0
十　月	18.4	23.3	14.5	22.4
十一月	12.1	17.3	8.2	17.2
十二月	4.7	9.9	0.8	10.6

附:极端最低气温 -6.8℃　出现日期:1 月 18 日
极端最高气温 40.1℃　出现日期:8 月 10 日
全年日照　2196.9 小时

表1—5　社会经济主要指标

指　标	2013年	2012年
行政区域土地面积(平方公里)	6587.02	6587.02
户籍总人口(万人)	643.09	638.48
常住人口(万人)	818.78	816.10
居民平均期望寿命(岁)*	81.70	80.26
地区生产总值(亿元)	8011.78	7201.57
规模以上工业总产值(亿元)	12647.14	11437.80
全社会固定资产投资(亿元)	5265.55	4683.45
#房地产开发投资	1120.18	1015.76
社会消费品零售总额(亿元)	3504.17	3103.82
实际使用外资(亿美元)	40.33	41.30
海关进出口总额(亿美元)	557.57	552.35
#出口总额	322.66	319.01
接待国内外旅游人数(万人次)	8725.87	8113.16
国际旅游创汇收入(亿美元)	4.01	4.32
财政总收入(亿元)	1591.59	1427.25
#公共财政预算收入	831.31	733.01
公共财政预算支出(亿元)	851.01	769.66

注:居民平均期望寿命由市卫生局提供。

表1—5 续表

指 标	2013 年	2012 年
城市居民消费价格指数(以上年为100)	102.70	102.70
城镇登记失业率(%)	2.67	2.69
城镇企业职工基本养老保险参保人数(万人)	358.35	268.88
城镇失业保险参保人数(万人)	235.98	229.58
城镇职工基本医疗保险参保人数(万人)	452.60	420.36
个人轿车拥有量(万辆)	86.63	70.77
计算机互联网用户(万户)	337.65	269.63
专业技术人员数(万人)	105.38	95.74
规模以上工业企业高新技术产业产值(亿元)	5419.13	4866.86
专利申请量(件)	55094	42732
普通高校在校学生数(万人)(含研究生)	80.75	81.53
普通中学在校学生数(万人)	22.43	23.07
小学在校学生数(万人)	32.14	30.72
公共图书馆总藏量(万册)	1505.33	1573.60
传染病发病率(1/10万)	93.90	95.69
5岁以下儿童死亡率(‰)	2.83	3.92
执业(助理)医师(人)	20662	19101
单位生产总值能源消费总量(吨标准煤/万元)	0.73	0.79
城市绿化覆盖率(%)	44.06	44.02
森林覆盖率(%)	27.10	26.61
环境空气质量良好以上天数(天)	202	317

表1—6 按人口平均的社会经济主要指标

指 标	2013 年	2012 年
人均地区生产总值(元)*	125030	112980
人均固定资产投资(元)*	82173	73475
人均财政收入(元)*	24838	22391
人均公共财政预算支出(元)*	13281	12075
居民人均储蓄本外币存款余额(元)*	77339	71099
城镇非私营单位职工年平均工资(元)	64811	59375
城市居民人均可支配收入(元)	39881	36322
城市居民人均消费支出(元)	25647	23493
农村居民人均纯收入(元)	16531	14786
农村居民人均生活消费支出(元)	12392	11114
城市居民人均住房建筑面积(平方米)	30.20	29.61
农村居民人均钢筋、砖木结构住房面积(平方米)	54.60	58.80
人均日生活用水量(升)	281.81	298.50
人均生活用电(千瓦小时)*	1054.16	942.33
年末每万人拥有医疗床位数(张)*	65.17	59.26
年末每万人拥有执业医师、助理医师(人)*	32.24	29.97
每万人口拥有收养性社会福利单位的床位数(张)*	70.81	63.05
交通、火灾死亡人口比率(1/10 万)	8.08	6.29
每万人拥有公共交通车辆(标台)	15.25	14.72
人均拥有道路面积(平方米)	21.28	20.14

注:本表中加“*”号指标均按户籍平均人口计算。

表1—7　用电量

计量单位:万千瓦小时

指　标	2013年	2012年	2013年为上年%
全社会用电量	4626718	4249554	108.9
#农业用电	19536	18853	103.6
工业用电	2867065	2656421	107.9
城乡居民生活用电	675488	600659	112.5
#乡村生活用电	146408	125979	116.2

注:农业用电量指农、林、牧、渔用电量。

表1—8　个体经营户注册登记情况(2013年)

指　标	年末户数(户)	从业人数(人)	资金数额(万元)
合计	304581	649127	2477158.7
农、林、牧、渔业	5481	14172	129473.7
采矿业	41	199	817.3
制造业	14939	46140	188900.8
电力、热力、燃气及水生产和供应业	21	50	165.8
建筑业	2259	7978	37324.1
批发和零售业	196207	359566	1397463.0
交通运输、仓储和邮政业	7649	12751	73251.0
住宿和餐饮业	28681	92538	281447.8
信息传输、软件和信息技术服务业	821	1666	3946.2
金融业	7	14	36.1
房地产业	1104	2496	8279.5
租赁和商务服务业	6008	12598	52939.4
科学研究和技术服务业	1565	3700	10241.1
水利、环境和公共设施管理业	91	328	1284.5
居民服务、修理和其他服务业	33822	82058	248935.5
教育	323	588	735.2
卫生和社会工作	571	1628	4530.4
文化、体育和娱乐业	4966	10627	37253.6
其他	25	30	133.7

注:本表数据来自市工商局。

表1—9 私营企业注册登记情况(2013年)

指标	年末户数(户)	从业人数(人)	注册资金(万元)
合计	172513	1834791	40415420
农、林、牧、渔业	1443	14230	377482
采矿业	77	2600	142586
制造业	20452	397896	6549783
电力、热力、燃气及水生产和供应业	142	2340	43468
建筑业	15402	248327	4542236
批发和零售业	65645	471301	9206139
交通运输、仓储和邮政业	4150	47827	1110917
住宿和餐饮业	2580	52530	253536
信息传输、软件和信息技术服务业	8833	100515	1533952
金融业	374	3994	945034
房地产业	4374	62231	3186000
租赁和商务服务业	25952	208458	8408438
科学研究和技术服务业	14620	126642	3190029
水利、环境和公共设施管理业	476	6013	141865
居民服务、修理和其他服务业	5134	64776	443893
教育	87	2082	11899
卫生和社会工作	267	5593	39508
文化、体育和娱乐业	2498	17340	288471
其他	7	96	185

注:本表数据来自市工商局。

表1—10 2013年全市规模以上服务业企业主要财务指标情况表

计量单位:千元

指 标	单位个数	固定资产原价	本年折旧	资产总计	负债合计	营业收入
总 计	2531	322548902	16971139	1258918454	716701065	329632410
按登记注册类型分组						
内资企业	2394	297374899	15650640	1203778339	683259521	294303983
港、澳、台商投资企业	58	9781381	653055	24801928	17248635	9949361
外商投资企业	79	15392622	667444	30338187	16192909	25379066
按企业控股情况分组						
国有控股	520	219123418	11710263	963189445	543409566	153038571
集体控股	107	4970982	344490	26062886	15776002	20564507
私人控股	1509	24708665	2244052	137143432	82494367	96198545
港澳台商控股	46	48289650	1218610	53957333	29196024	7373701
外商控股	67	12788315	654589	25089411	12892213	23057702
其他	282	12667872	799135	53475947	32932893	29399384
按国民经济行业分组						
交通运输、仓储和邮政业	448	167177315	6343312	302344184	179433212	93204522
#道路运输业	223	50952462	1854394	138264289	86936094	30004392
水上运输业	85	38125517	1912392	58776425	40857919	26264832
装卸搬运和运输代理业	87	4224867	251478	11147679	6620787	15256470
信息传输、软件和信息技术服务业	392	52197928	4856295	126334062	60460848	77754997
#电信、广播电视和卫星传输服务	39	44743686	4315522	52342469	25140162	25496341
软件和信息技术服务业	310	6820091	471424	68791517	33715998	48408971
租赁和商务服务业	650	74137475	3891042	716069270	414670353	94221798
#商务服务业	629	73557942	3829556	696319839	398834606	92161306
科学研究和技术服务业	408	16284206	888316	53732444	33561583	37196371
#专业技术服务业	323	14919064	768667	48438821	31085480	32479827
水利、环境和公共设施管理业	63	2460752	190527	20056194	7651828	4502771
居民服务、修理和其他服务业	63	526642	62417	2651601	2071179	2403195
教育	45	1414557	220701	2364145	930174	1729501
卫生和社会工作	46	2361327	115219	4398792	3141944	2906479
文化、体育和娱乐业	203	5370123	349744	26629000	11710152	10892965
物业管理和房地产中介服务	213	618577	53566	4338762	3069792	4819811

注:总量中不包含中国联合通信有限公司江苏分公司、中国电信股份有限公司江苏分公司、中国移动通信集团江苏分公司的数据。

表1—10 续表1

计量单位:千元

指　标	营业成本	营业税金及附加	销售费用	管理费用	管理费用中的税金	财务费用
总　计	245417776	4680101	17429166	27812978	657673	11126149
按登记注册类型分组						
内资企业	221653692	4238179	12669826	25273264	589571	10366007
港、澳、台商投资企业	5375981	177422	2463980	780066	34524	580668
外商投资企业	18388103	264500	2295360	1759648	33578	179474
按企业控股情况分组						
国有控股	117782426	2237374	5060891	10771943	295543	6992403
集体控股	12625459	186364	1105294	3442856	10858	163081
私人控股	73100579	1381752	4565691	9001644	259130	1960644
港澳台商控股	4418531	150560	313418	742521	31939	1461259
外商控股	16677307	249460	2230351	1485718	24592	128334
其他	20813474	474591	4153521	2368296	35611	420428
按国民经济行业分组						
交通运输、仓储和邮政业	77702203	880084	1688724	4314558	106734	3773697
#道路运输业	22928531	380905	792003	1459149	46165	987378
水上运输业	22672343	262882	83518	1414475	25198	1321270
装卸搬运和运输代理业	14103131	16598	250247	522970	8470	103947
信息传输、软件和信息技术服务业	48121702	1262804	9941399	9298537	162212	407265
#电信、广播电视和卫星传输服务	14058025	616227	3595025	1454989	22693	197509
软件和信息技术服务业	31199601	544576	6044443	7482292	136430	175039
租赁和商务服务业	73302802	1556317	2247258	5778523	266418	6356755
#商务服务业	72371041	1511783	2205782	5630012	260232	6337014
科学研究和技术服务业	28238540	417969	1228278	4464898	61323	455279
#专业技术服务业	24896366	383090	1056915	3903636	42294	419399
水利、环境和公共设施管理业	3265322	83273	113641	433839	7697	44758
居民服务、修理和其他服务业	1546148	33068	417899	280648	5479	3426
教育	1025425	38523	211982	307645	4596	2868
卫生和社会工作	2291572	254	166789	466757	5977	55532
文化、体育和娱乐业	6890174	148920	1066424	1434442	29652	13242
物业管理和房地产中介服务	3033888	258889	346772	1033131	7585	13327

表1—10 续表2

计量单位:千元

指 标	投资收益	营业利润	利润总额	应交所得税	应付职工薪酬	应交增值税
总 计	10131641	36227926	37942269	5033598	44842366	5149516
按登记注册类型分组						
内资企业	9506369	32580655	33750584	4632209	39405249	4394137
港、澳、台商投资企业	46101	637590	1104646	179254	2515184	531838
外商投资企业	579171	3009681	3087039	222135	2921933	223541
按企业控股情况分组						
国有控股	8870382	23229604	23174973	3019679	18382718	1809859
集体控股	3496	1965187	1895200	48407	4952867	775100
私人控股	588401	6528542	7240348	1302174	12509807	1575652
港澳台商控股	4511	341330	436267	102736	1531520	42390
外商控股	579674	2813682	2873497	175302	2579378	193132
其他	85177	1349581	2321984	385300	4886076	753383
按国民经济行业分组						
交通运输、仓储和邮政业	975788	5637617	5451375	1782604	10365554	968395
#道路运输业	676102	4130205	4383907	1178427	4204040	372312
水上运输业	144914	506513	27712	221178	2981070	277200
装卸搬运和运输代理业	947	277197	251847	68484	574309	68552
信息传输、软件和信息技术服务业	1419702	10448129	12593142	1047469	15510459	2287882
#电信、广播电视和卫星传输服务	144545	6093246	6343021	369616	3377286	253374
软件和信息技术服务业	1231530	4039703	5861290	633161	11595156	1994370
租赁和商务服务业	7414289	14957375	14230790	1227454	7056326	919863
#商务服务业	7413172	14272438	13534812	1056610	6927325	907240
科学研究和技术服务业	129281	2636292	2905859	618583	6155901	606007
#专业技术服务业	121691	1988036	2278666	529053	5401997	524009
水利、环境和公共设施管理业	15187	683798	656575	79436	362966	46894
居民服务、修理和其他服务业	-3591	109996	140126	24470	456320	62022
教育	462	120680	139293	20723	423427	532
卫生和社会工作	2874	-57512	-49460	5663	787233	2540
文化、体育和娱乐业	169167	1571431	1755604	171118	1507119	250861
物业管理和房地产中介服务	8482	120120	118965	56078	2217061	4520

表1—11 人民币汇率(年平均价)

单位:人民币元

年 份 Year	美 元 US Dollar (100)	日 元 Japanese Yen (100)	港 币 Hong Kong Dollar (100)	欧 元 EURO (100)
1985	293.66	1.2457	37.57	
1986	345.28	2.0694	44.22	
1987	372.21	2.5799	47.74	
1988	372.21	2.9082	47.70	
1989	376.51	2.7360	48.28	
1990	478.32	3.3233	61.39	
1991	532.33	3.9602	68.45	
1992	551.46	4.3608	71.24	
1993	576.20	5.2020	74.41	
1994	861.87	8.4370	111.53	
1995	835.10	8.9225	107.96	
1996	831.42	7.6352	107.51	
1997	828.98	6.8600	107.09	
1998	827.91	6.3488	106.88	
1999	827.83	7.2932	106.66	
2000	827.84	7.6864	106.18	
2001	827.70	6.8075	106.08	
2002	827.70	6.6237	106.07	800.58
2004	827.68	7.6552	106.23	1029.00
2005	819.17	7.4484	105.30	1019.53
2006	797.18	6.8570	102.62	1001.90
2007	760.40	6.4632	97.46	1041.75
2008	694.51	6.7427	89.19	1022.27
2009	683.10	7.2986	88.12	952.70
2010	676.95	7.7279	87.13	897.25
2011	645.88	8.1050	82.97	900.11
2012	631.25	7.9037	81.38	810.67
2013	619.32	6.3323	79.85	822.19

主要统计指标解释

可比价格　指在不同时期的价值指标对比时,扣除了价格变动的因素,以确切反映物量的变化。按可比价格计算有两种方法:一种是直接用产品产量乘某一年的不变价格计算;另一种是用价格指数换算。

不变价格　指以同类产品某年的平均价格作为固定价格,来计算各年产品价值。按不变价格计算的产品价值消除了价格变动因素,不同时期对比可以反映生产的发展速度。新中国成立后,随着工农业产品价格水平的变化,国家统计局先后五次制定了全国统一的工业产品不变价格和农业产品不变价格,从 1949 年到 1957 年使用 1952 年工(农)业产品不变价格,从 1957 年到 1971 年使用 1957 年不变价格,从 1971 年到 1981 年使用 1970 年不变价格,从 1981 年到 1990 年使用 1980 年不变价格,从 1990 年开始使用 1990 年不变价格。

平均增长速度　我国计算平均增长速度有两种方法:一种是习惯上经常使用的"水平法",又称几何平均法,是以间隔期最后一年的水平同基期水平对比来计算平均每年增长(或下降)速度;另一种是"累计法",又称代数平均法或方程法,是以间隔期内各年水平的总和同基期水平对比来计算平均每年增长(或下降)速度。在一般正常情况下,两种方法计算的平均每年增长速度比较接近;但在经济发展不平衡、出现大起大落时,两种方法计算的结果差别较大。

本《年鉴》内所列的平均增长速度,除固定资产投资用"累计法"计算外,其余均用"水平法"计算。从某年到某年平均增长速度的年份,均不包括基期年在内。如建国四十三年以来的平均增长速度是以 1949 年为基期计算的,则写为 1950 – 1992 年平均增长速度,其余类推。

三次产业　根据社会生产活动历史发展的顺序对产业结构的划分,产品直接取自自然界的部门称为第一产业,对初级产品进行再加工的部门称为第二产业。为生产和消费提供各种服务的部门称为第三产业。它是世界上通用的产业结构分类,但各国的划分不尽一致。

我国的三次产业划分是:

第一产业是指农、林、牧、渔业。

第二产业是指采矿业,制造业,电力、燃气及水的生产和供应业,建筑业。

第三产业是指除第一、二产业以外的其他行业。

企业(单位)登记注册类型　是以在工商行政管理机关登记注册的各类企业为划分对象,以工商行政管理部门对企业登记注册的类型为依据,将企业登记注册类型分为内资企业、港澳台商投资企业和外商投资企业三大类。内资企业包括国有企业、集体企业、股份合作企业、联营企业、有限责任公司、股份有限公司、私营公司和其他企业;港澳台商投资企业和外商投资企业分别包括合资经营企业、合作经营企业、独资经营企业和股份有限公司。对不在工商行政管理部门进行登记注册的行政机关、事业单位和社会团体，主要按其经费来源和管理方式进行划分。

法人单位 指具备以下条件的单位：(1)依法成立，有自己的名称、组织机构和场所，能够独立承担民事责任；(2)独立拥有和使用(或授权使用)资产，承担负债，有权与其他单位签订合同；(3)会计上独立核算，能够编制资产负债表。法人单位包括企业法人、事业单位法人、机关法人、社会团体法人和其他法人。

法人单位所属产业活动单位(简称：产业活动单位) 是指具备有以下条件的单位：(1)在一个场所从事一种或主要从事一种社会经济活动；(2)相对独立组织生产经营或业务活动：(3)能够掌握收入和支出等业务核算资料。产业活动单位是指经过法定程序批准建立的、不能独立承担民事责任的单位。包括由各级工商行政管理机关核准登记，领取《营业执照》的分支机构或经营单位；由各级登记主管机关备案，或依据相关法律法规由各级主管部门批准建立的事业单位分支机构和社会团体分支机构。未经法定程序批准在法人内部建立的机构，具备产业活动单位条件的认定为产业活动单位。产业活动单位分为单产业法人单位和多产业法人单位。

（二）国民经济核算

CHAPTER 2
NATIONAL ACCOUNTS

表2—1　全市地区生产总值(2013年)

计量单位:亿元

指　标	2013年	2013年为上年%(按可比价计算)	占地区生产总值比重%
地区生产总值	8011.78	111.0	100.0
第一产业	204.64	103.4	2.5
第二产业	3450.58	111.1	43.1
工业	2997.63	111.1	37.4
建筑业	452.95	111.0	5.7
第三产业	4356.56	111.3	54.4
交通运输、仓储和邮政业	367.08	105.8	4.6
批发和零售业	828.74	108.7	10.3
住宿和餐饮业	144.60	105.3	1.8
金融业	846.20	115.6	10.6
房地产业	579.01	120.2	7.2
其他服务业	1590.93	109.5	19.9
附:按户籍平均人口计算的人均地区生产总值(元)	125031	110.4	—
按常住平均人口计算的人均地区生产总值(元)	98011	110.5	—

表2—2 按支出法计算的全市地区生产总值(2013年)

计量单位:亿元

指 标	2013年	2013年为上年%(按可比价计算)
支出法地区生产总值	8011.78	111.0
一、最终消费支出	4022.46	112.5
1、居民消费支出	2808.18	115.8
农村居民	377.05	127.3
城镇居民	2431.13	114.2
2、政府消费支出	1214.28	105.5
二、资本形成总额	4010.32	109.2
1、固定资本形成总额	3783.52	108.8
2、存货增加	226.80	116.5
三、货物和服务净流出	-21.00	—

注:从2008年开始本表发展速度按可比价计算。

表2—3 居民消费水平

指 标	2013年
一、当年价格居民消费水平 (元/人)	34353
农村居民	23492
城镇居民	37007
二、常住居民年平均人口 (万人)	817.44
农村居民	160.50
城镇居民	656.94

表2—4　最终消费(2013年)

计量单位:亿元

指　标	2013年
最终消费支出	4022.46
一、居民消费支出	2808.18
(一)农村居民	377.05
1. 食品类支出	83.09
2. 衣着类支出	24.94
3. 居住类支出	35.07
4. 家庭设备、用品及服务类支出	19.19
5. 医疗保健类支出	14.03
6. 交通和通信类支出	22.41
7. 文教娱乐用品及服务类支出	42.44
8. 银行中介服务支出	53.56
9. 保险服务消费支出	27.40
10. 自有住房服务虚拟支出	48.21
11. 其他商品和服务类支出	6.72
(二)城镇居民	2431.13
1. 食品类支出	566.39
2. 衣着类支出	166.70
3. 居住类支出	117.63
4. 家庭设备、用品及服务类支出	136.24
5. 医疗保健类支出	119.60
6. 交通和通信类支出	239.37
7. 文教娱乐用品及服务类支出	321.36
8. 银行中介服务支出	296.00
9. 保险服务消费支出	174.07
10. 自有住房服务虚拟支出	168.53
11. 实物消费支出	47.71
12. 其它商品和服务类支出	77.54
二、政府消费支出	1214.28

表2—5 主要年份地区生产总值

计量单位:亿元

年份	地区生产总值	第一产业	第二产业	#工业	第三产业	人均地区生产总值(元)(按户籍人口计算)	人均地区生产总值(元)(按常住人口计算)
1990	176.52	17.26	96.03	87.40	63.23	3538	—
1994	472.17	34.85	248.26	227.99	189.06	9142	—
1995	584.59	44.97	297.46	258.38	242.16	11242	—
1996	682.78	45.93	339.49	286.12	297.36	13041	—
1997	773.78	49.85	379.86	323.13	344.07	14665	—
1998	850.24	51.72	406.18	341.89	392.34	16010	—
1999	937.89	53.53	432.86	368.44	451.50	17535	—
2000	1073.54	57.56	491.87	424.81	524.11	19838	—
2001	1218.51	61.94	544.66	469.67	611.91	22196	—
2002	1385.14	65.73	610.65	523.00	708.76	24816	—
2003	1690.77	69.51	802.24	691.99	819.02	29780	—
2004	2067.18	75.27	1003.99	869.51	987.92	35770	—
2005	2451.94	102.00	1199.48	1043.58	1150.46	41579	36112
2006	2822.80	109.55	1359.94	1181.94	1353.31	46928	40072
2007	3340.05	115.28	1607.22	1412.22	1617.55	54558	45473
2008	3814.62	119.4	1771.28	1532.20	1923.94	61445	50855
2009	4230.26	129.18	1930.66	1640.53	2170.42	67455	55290
2010	5012.64	142.28	2327.86	2005.21	2542.50	79427	63771
2011	6145.52	164.27	2760.84	2390.51	3220.41	96872	76263
2012	7201.57	185.06	3170.78	2748.46	3845.73	112980	88525
2013	8011.78	204.64	3450.58	2997.63	4356.56	125031	98011

注:本表数据均为现价。

表2—6　主要年份地区生产总值发展速度

计量单位:%

年份	地区生产总值	第一产业	第二产业	#工业	第三产业	人均地区生产总值(元)(按户籍人口计算)	人均地区生产总值(元)(按常住人口计算)
1990	109.2	97.2	105.1	111.8	121.8	107.7	—
1994	115.6	98.6	119.2	120.6	112.8	114.7	—
1995	112.4	115.6	113.0	108.7	110.8	111.6	—
1996	113.0	108.9	113.6	111.1	112.8	112.2	—
1997	113.3	109.6	113.3	113.9	114.1	112.4	—
1998	111.8	104.5	111.9	111.3	112.6	111.1	—
1999	110.6	107.4	109.7	111.0	112.6	109.8	—
2000	112.3	108.1	112.1	112.8	113.1	111.0	—
2001	111.1	108.3	109.0	108.1	113.8	109.5	—
2002	112.8	106.8	112.3	111.2	114.0	110.9	—
2003	115.0	105.1	118.7	118.4	112.5	113.1	—
2004	117.3	105.9	120.7	123.0	114.9	115.2	—
2005	115.1	102.7	117.9	118.0	113.4	112.8	115.0
2006	115.1	104.0	115.4	115.9	115.7	112.8	110.9
2007	115.7	103.6	115.9	117.6	116.4	113.7	111.6
2008	112.1	102.7	109.6	109.9	115.3	110.5	109.1
2009	111.5	104.1	110.1	109.3	113.5	110.4	109.4
2010	113.1	104.1	113.6	114.4	113.0	112.4	110.1
2011	112.0	104.1	112.3	112.9	112.3	111.4	110.6
2012	111.7	104.9	111.9	111.0	111.8	111.2	110.6
2013	111.0	103.4	111.1	111.1	111.3	110.4	110.5

注:本表的发展速度均按可比价计算。

主要统计指标解释

地区生产总值 是按市场价格计算的地区生产总值的简称。它是一个国家(地区)所有常住单位在一定时期内生产活动的最终成果。地区生产总值有三种表现形态,即价值形态、收入形态和产品形态。从价值形态看,它是所有常住单位在一定时期内所生产的全部货物和服务价值超过同期投入的全部非固定资产货物和服务价值的差额,即所有常住单位的增加值之和;从收入形态看,它是所有常住单位在一定时期内所创造并分配给常住单位和非常住单位的初次分配收入之和;从产品形态看,它是最终使用的货物和服务减去进口货物和服务。在实际核算中,地区生产总值的三种表现形态表现为三种计算方法,即生产法、收入法和支出法。三种方法分别从不同的方面反映地区生产总值及其构成。

支出法地区生产总值 指一个国家(地区)所有常住单位在一定时期内用于最终消费、资本形成总额,以及货物和服务的净出口总额,它反映本期生产的地区生产总值的使用及构成。

最终消费 指常住单位在一定时期内对于货物和服务的全部最终消费支出,也就是常住单位为满足物质、文化和精神生活的需要,从本国经济领土和国外购买的货物和服务的支出;不包括非常住单位在本国经济领土内的消费支出。最终消费分为居民消费和政府消费。

居民消费 指常住住户对货物和服务的全部最终消费支出。居民消费按市场价格计算,即按居民支付的购买者价格计算。购买者价格是购买者取得货物所支付的价格,包括购买者支付的运输和商业费用。居民消费除了直接以货币形式购买货物和服务的消费之外,还包括以其他方式获得的货物和服务的消费支出,即所谓的虚拟消费支出。居民虚拟消费支出包括以下几种类型:单位以实物报酬及实物转移的形式提供给劳动者的货物和服务;住户生产并由本住户消费了的货物和服务,其中的服务仅指住户的自有住房服务;金融机构提供的金融媒介服务;保险公司提供的保险服务。

政府消费 指政府部门为全社会提供公共服务的消费支出和免费或以较低价格向住户提供的货物和服务的净支出。前者等于政府服务的产出价值减去政府单位所获得的经营收入的价值,政府服务的产出价值等于它的经常性业务支出加上固定资产折旧;后者等于政府部门免费或以较低价格向住户提供的货物和服务的市场价值减去向住户收取的价值。

资本形成总额 指常住单位在一定时期内获得的减去处置的固定资产加存货的变动,包括固定资本形成总额和存货增加。

固定资本形成总额 指常住单位购置、转入和自产自用的固定资产,扣除固定资产的销售和转出后的价值,分有形固定资产形成总额和无形固定资产形成总额。有形固定资产形成总额包括一定时期内完成的建筑工程、安装工程和设备工器具购置(减处置)价值,以及土地改良、新增役、种、奶、毛、娱乐用牲畜和新增经济林木价值。无形固定资产形成总额包括矿藏的勘探、计算机软件、娱乐和文学艺术品原件等获得减处置。

存货增加 指常住单位存货实物量变动的市场价值,即期末价值减期初价值的差额。存货增加可以是正值,也可以是负值;正值表示存货上升,负值表示存货下降。它包括生产单位购进的原材料、燃料和储备物资等存货,以及生产单位生产的产成品、在制品等存货等。

货物和服务净出口 指货物和服务出口减货物和服务进口的差额。出口包括常住单位向非常住单位出售或无偿转让的各种货物和服务的价值;进口包括常住单位从非常住单位购买或无偿得到的各种货物和服务的价值。由于服务活动的提供与使用同时发生,因此服务的进出口业务并不发生出入境现象,一般把常住单位从国外得到的服务作为进口,非常住单位从本国得到的服务作为出口。货物的出口和进口都按离岸价格计算。

（三）人口和就业

CHAPTER 3 POPULATION AND EMPLOYMENT

表3—1 人口主要指标

指 标	2013 年	2012 年	2013 年为上年%
一、户籍人口情况			
总户数(户)	2180380	2144176	101.69
总人口(人)	6430882	6384792	100.72
按性别分:			
男	3229015	3213867	100.47
女	3201867	3170925	100.98
性别比(以女性为100)	100.85	101.35	99.51
迁入人口(人)	142205	130608	108.88
迁出人口(人)	124832	126455	98.72
出生人口(人)	63954	65575	97.53
出生率(‰)	9.98	10.29	—
死亡人口(人)	36955	43858	84.26
死亡率(‰)	5.77	6.88	—
自然增长人口(人)	26999	21717	124.32
自然增长率(‰)	4.21	3.41	—
二、全市常住人口(万人)	818.78	816.10	100.33

注:本表户籍资料根据市公安局提供的户籍数据编制。

表3—2　计划生育情况(2013年)

计量单位:人

指　标	2013年
一、出生人数	47226
一孩	42768
二孩	4392
三孩及三孩以上	66
二、计划内生育	47097
三、育龄妇女人数	2058020
四、已婚育龄妇女人数	1475977
五、现家庭只有一个孩子的妇女人数	1186008

注:本表根据市人口和计划生育委员会提供的资料编制。

表3—3　结婚及离婚登记情况

指　标	2013年	2012年
结婚登记(对)	83808	78089
#内地居民登记结婚	83808	78089
涉外及华侨、港澳台居民登记结婚	—	—
内地居民登记结婚初婚人数(人)	128406	129062
内地居民登记结婚再婚人数(人)	39210	27116
内地居民恢复结婚对数(对)	4949	5561
离婚登记(对)	37931	23143
#内地居民登记离婚	37931	23143
港澳台、华侨居民登记离婚	—	—

注:本表根据市民政局提供的资料编制。涉外及华侨、港澳台居民登记结婚、离婚对数在省民政厅统计。

表3—4　收养登记情况

计量单位:人

指　标	2013年	2012年
一、收养人合计	943	930
1、国内公民	943	930
#港澳同胞、台湾公民		
华侨		
2、外国人		
二、被收养人合计		
1、社会福利机构抚养的孤儿	103	101
#被外国人收养	66	13
2、社会福利机构抚养的弃婴	17	14
#被外国人收养		
3、社会弃婴	8	47
4、父母无力抚养的儿童		
5、其他	12	7

注:本表数据为市属口径,由市民政局提供。

表3—5　全市从业人员

计量单位:万人

指　标	2013年	2012年
从业人员	481.20	478.00
#专业技术人员	111.97	95.74
从业人员按三次产业分组		
第一产业	28.63	44.00
第二产业	178.20	176.00
第三产业	274.37	258.00

表3—6　全市城镇非私营单位从业人员情况(2013年)

计量单位:人

指　标	单位从业人员	其中		
		女性从业人员	在岗职工	其他从业人员
全市	2161006	700576	2025057	135951
按登记注册类型分组				
国有单位	465466	171149	442699	22767
城镇集体单位	31581	12299	29062	2519
其他单位	1663959	517128	1553296	110665
内资	1197134	285407	1111710	85426
港、澳、台商投资	129715	63018	126801	2914
外商投资	337110	168703	314785	22325
按国民经济行业分组				
农、林、牧、渔业	1777	410	1392	385
采矿业	3075	987	3060	15
制造业	585501	217949	576728	8775
电力、热力、燃气及水生产和供应业	18582	4851	17922	660
建筑业	493360	37394	427767	65593
批发和零售业	191411	106760	180703	10708
交通运输、仓储和邮政业	137338	29613	133071	4267
住宿和餐饮业	64490	36618	46895	17595
信息传输、软件和信息技术服务业	149636	53423	148754	882
金融业	35283	17372	34493	790
房地产业	54604	22327	51749	2855
租赁和商务服务业	59077	17942	56757	2320
科学研究和技术服务业	65938	19711	63694	2244
水利、环境和公共设施管理业	17253	7030	13969	3284
居民服务、修理和其他服务业	7633	2527	7515	118
教育	117667	56858	111374	6293
卫生和社会工作	55232	35580	50901	4331
文化、体育和娱乐业	23079	8888	21813	1266
公共管理、社会保障和社会组织	80060	24332	76490	3570

表3—7 全市城镇非私营单位分行业从业人数及构成(2013年)

计量单位:人

指标	全市	国有单位	城镇集体单位	其他类型单位
总计	2161006	465466	31581	1663959
按单位属性分组				
企业	1859075	179604	23883	1655588
事业	227924	218668	7613	1643
机关	65191	65106	85	
民间非营利组织	922			922
其他	7894	2088		5806
按国民经济行业分组				
农、林、牧、渔业	1777	1690	87	
农业	525	499	26	
林业	741	741		
畜牧业	68	19	49	
渔业	133	133		
农、林、牧、渔服务业	310	298	12	
采矿业	3075	71	59	2945
制造业	585501	32661	7399	545441
电力、热力、燃气及水生产和供应业	18582	10075	523	7984
电力、热力生产和供应业	10121	5097	429	4595
燃气生产和供应业	3132	349	18	2765
水的生产和供应业	5329	4629	76	624
建筑业	493360	15978	3210	474172
房屋建筑业	334502	903	2104	331495
土木工程建筑业	87804	12161	254	75389
建筑安装业	45529	1198	519	43812
建筑装饰和其他建筑业	25525	1716	333	23476

表3—7 续表1

指 标	全 市	国有单位	城镇集体单位	其他类型单位
批发和零售业	191411	8513	2186	180712
批发业	74852	7158	725	66969
零售业	116559	1355	1461	113743
交通运输、仓储和邮政业	137338	51982	2804	82552
铁路运输业	19016	18357	396	263
道路运输业	67051	18161	366	48524
水上运输业	24072	3829	112	20131
航空运输业	8829	4050		4779
管道运输业	211	8		203
装卸搬运和运输代理业	7512	1510	1923	4079
仓储业	1213	174	7	1032
邮政业	9434	5893		3541
住宿和餐饮业	64490	8898	485	55107
住宿业	23761	7526	404	15831
餐饮业	40729	1372	81	39276
信息传输、软件和信息技术服务业	149636	1424	5	148207
电信、广播电视和卫星传输服务	88075	375		87700
互联网和相关服务	1859			1859
软件和信息技术服务业	59702	1049	5	58648
金融业	35283	17712	1219	16352
货币金融服务	26214	14844	1206	10164
资本市场服务	2830	35	13	2782
保险业	6086	2789		3297
其他金融业	153	44		109

表3—7 续表2

指　标	全　市	国有单位	城镇集体单位	其他类型单位
房地产业	54604	2188	864	51552
房地产开发经营	17693	1235	27	16431
物业管理	32982	496	701	31785
房地产中介服务	2869	6	12	2851
租赁和商务服务业	59077	19832	3222	36023
租赁业	582		72	510
商务服务业	58495	19832	3150	35513
科学研究和技术服务业	65938	33640	266	32032
研究和试验发展	21302	20127	7	1168
专业技术服务业	39070	11705	200	27165
科技推广和应用服务业	5566	1808	59	3699
水利、环境和公共设施管理业	17253	13307	1448	2498
水利管理业	1611	1543	58	10
生态保护和环境治理业	1957	1299		658
公共设施管理业	13685	10465	1390	1830
居民服务、修理和其他服务业	7633	800	1113	5720
居民服务业	2059	405	954	700
机动车、电子产品和日用产品修理业	3567	280	117	3170
其他服务业	2007	115	42	1850
教育	117667	109487	950	7230
初等教育	16273	15975		298
中等教育	29739	28915	7	817
高等教育	59177	56258		2919
卫生和社会工作	55232	44582	5348	5302

表3—7 续表3

指 标	全 市	国有单位	城镇集体单位	其他类型单位
卫生	53573	42929	5342	5302
社会工作	1659	1653	6	
文化、体育和娱乐业	23079	12888	73	10118
新闻和出版业	6579	1927		4652
广播、电视、电影和影视录音制作业	7495	4780		2715
文化艺术业	5118	4148	69	901
体育	1853	1398		455
娱乐业	2034	635	4	1395
公共管理、社会保障和社会组织	80060	79738	320	2
中国共产党机关	2752	2752		
国家机构	74196	74022	174	
人民政协、民主党派	706	706		
社会保障	1019	873	146	
群众社团、社会团体和其他成员组织	1387	1385		2

表3—8　主要年份户籍人口数及自然变动情况

年份	年末户籍总人口(万人)	按农业、非农业分		按性别分		出生率(‰)	死亡率(‰)	自然增长率(‰)
		非农业人口	农业人口	男	女			
1949	256.70	102.02	154.68	136.68	120.02	30.45	17.36	13.09
1950	256.70	101.05	155.65	135.53	121.17	31.20	15.56	15.64
1952	256.18	96.99	159.19	133.82	122.36	34.40	14.57	19.83
1955	280.34	115.25	165.09	147.57	132.77	32.78	12.84	19.94
1957	304.85	133.83	171.02	160.03	144.82	42.75	9.60	33.15
1960	322.59	159.53	163.06	171.34	151.25	20.68	20.45	0.23
1962	322.55	149.10	173.45	166.56	155.99	36.87	8.27	28.60
1965	345.29	153.25	192.04	178.28	167.01	32.07	6.49	25.58
1970	360.53	132.47	228.06	185.69	174.84	26.04	5.28	20.76
1975	392.99	145.62	247.37	203.54	189.45	15.23	5.70	9.53
1978	412.38	156.37	256.01	213.65	198.73	14.50	5.66	8.84
1980	435.87	183.33	252.54	225.11	210.76	13.91	5.83	8.08
1985	465.77	226.70	239.07	241.64	224.13	10.16	5.60	4.56
1990	501.82	236.22	265.60	260.08	241.74	14.77	5.59	9.18
1995	521.72	259.04	262.68	270.77	250.95	8.56	5.94	2.62
1997	529.82	270.11	259.71	274.28	255.54	8.01	5.85	2.16
1998	532.31	276.23	256.08	275.41	256.90	7.12	6.12	1.00
1999	537.44	287.03	250.41	278.14	259.30	7.54	5.53	2.01
2000	544.89	309.52	235.37	281.66	263.23	10.17	7.69	2.48
2002	563.28	339.35	223.93	291.34	271.94	7.11	5.47	1.64
2005	595.80	—	—	305.25	290.55	7.69	5.35	2.34
2006	607.23	—	—	310.40	296.83	7.33	5.15	2.18
2007	617.17	—	—	314.70	302.47	8.40	5.56	2.84
2008	624.46	—	—	317.38	307.08	8.11	5.60	2.51
2009	629.77	—	—	319.16	310.61	7.87	5.69	2.18
2010	632.42	—	—	319.65	312.77	9.09	7.87	1.22
2011	636.36	—	—	320.90	315.46	9.19	5.50	3.69
2012	638.48	—	—	321.39	317.09	10.29	6.88	3.41
2013	643.09	—	—	322.90	320.19	9.98	5.77	4.21

注:从2002年开始出生率、死亡率、自然增长率改为公安数据。

主要统计指标解释

人口数 指一定时点、一定地区范围内的有生命的个人的总和。

年度统计的年末人口数指每年12月31日24时的人口数。年度统计的全国人口总数内未包括台湾省和港澳同胞以及海外华侨人数。

城镇人口和乡村人口 其定义有三种口径:

第一种口径(按行政建制)城镇人口是指市辖区内和县辖镇的全部人口;乡村人口是指县辖乡人口。

第二种口径(按常住人口划分)城镇人口是指设区的市的区人口和不设区的市所辖的街道人口以及不设区的市所辖镇的居民委员会人口和县辖镇的居民委员会人口,乡村人口是除上述两种人口以外的全部人口。

第三种口径 城乡人口的划分是按照国家统计局1999年发布的《关于统计上划分城乡的规定(试行)》计算的。

1952－1989年数据为第一种口径的数据,1990－1999年的数据为第二种口径的数据,2000年人口普查和2000年以后数据是按照国家统计局1999年发布的《关于统计上划分城乡的规定(试行)》计算的。

出生率(又称粗出生率)指在一定时期内(通常为一年)一定地区的出生人数与同期内平均人数(或期中人数)之比。一般用千分率表示。

本资料中的出生率指年出生率,其计算公式为:出生率＝年出生人数/年平均人数×1000

公式中:出生人数指活产婴儿,即胎儿脱离母体时(不管怀孕月数),有过呼吸或其他生命现象。年平均人数指年初、年底人口数的平均数,也可用年中人口数代替。

死亡率(又称粗死亡率)指在一定时期内(通常为一年)一定地区的死亡人数与同期内平均人数(或期中人数)之比,一般用千分率表示。

本资料中的死亡率指年死亡率,其计算公式为:死亡率＝年死亡人数/年平均人数×1000

人口自然增长率 指在一定时期内(通常为一年)人口自然增加数(出生人数减死亡人数)与该时期内平均人数(或期中人数)之比,一般用千分率表示。

计算公式为:人口自然增长率＝(本年出生人数－本年死亡人数)/年平均人数×1000

常住人口:是指具有中华人民共和国国籍并在中华人民共和国境内常住的人。时间标准为半年,空间标准为乡镇街道。即只要一个人在某乡镇街道居住半年以上,即为该地的常住人口。

从业人员 指从事一定社会劳动并取得劳动报酬或经营收入的全部劳动力。包括:(1)全部城镇单位从业人员;(2)城镇私营企业从业人员;(3)个体劳动者;(4)社会劳动者;(5)其他社会劳动者。这一指标反映了一定时期内全部劳动力资源的实际利用情况，是研究我国基本国情国力的重要指标。

城镇非私营单位从业人员 指在各级国家机关、政党机关、社会团体及企业、事业单位中工作，取得工资或其他形式的劳动报酬的全部人员（在岗职工+其他从业人员），不包括村办、乡办、私营、个体从业人员和离开本单位仍保留劳动关系的职工。其中：(1)在岗职工是指在城镇单位工作并由单位支付工资的人员。(2)其他从业人员包括：再就业的离退休人员、民办教师以及在各单位中工作的外方人员和港澳台方人员、兼职人员、借用的外单位人员和第二职业者等，反映了各城镇单位实际参加生产或工作的全部劳动力。

（四）人民生活

CHAPTER 4
PEOPLE'S LIVELIHOOD

表 4—1 城市居民家庭生活基本情况

指 标	2013 年	2012 年	2013 年为上年%
调查户数(户)	830*	800	—
平均每户家庭人口(人)	2.68	2.67	100.3
平均每户就业人员(人)	1.45	1.35	107.4
每一就业者负担人口(包括本人)(人)	1.85	1.98	93.4
平均每户就业面(%)	54.1	50.6	106.9
平均每人年总收入(元)	44226	40286	109.8
平均每人年消费性支出(元)	25647	23493	109.2
人均住房建筑面积(平方米)*	30.20	29.61	102.0

注:人均住房建筑面积中未列入偶尔居住面积。从 2013 年起按户调查改为按宅调查。

表 4—2 城市居民家庭全年人均收入

计量单位:元

指 标	2013 年	2012 年	2013 年为上年%	比重%	
				2013 年	2012 年
一、总收入	44226	40286	109.8	100.0	100.0
#可支配收入	39881	36322	109.8	90.2	90.2
(一)工资性收入	29044	26521	109.5	65.7	65.8
1、工资及补贴收入	28657	26121	109.7	64.8	64.8
2、其他劳动收入	387	400	96.8	0.9	1.0
(二)经营净收入	2235	2073	107.8	5.1	5.1
(三)财产性收入	591	538	109.9	1.3	1.3
(四)转移性收入	12356	11154	110.8	27.9	27.7
#赡养、赠送收入	681	646	105.4	1.5	1.6
二、出售财物收入	397	1264	31.4	—	—
三、借贷收入	5262	7615	69.1	—	—
#提取储蓄存款	5012	6591	76.0	—	—

注:城市居民人均可支配收入按照五等份分组,低收入组为 18675 元、中等偏下收入组为 28421 元、中等收入组为 36494 元、中等偏上收入组为 46852 元、高收入组为 75497 元。

表4—3　城市居民家庭全年人均消费支出

计量单位:元

指　标	2013 年	2012 年	2013 年为上年%	各项费用占消费支出比重(%)	
				2013 年	2012 年
消费支出合计	25647	23493	109.2	100.0	100.0
一、食品	8469	8157	103.8	33.0	34.7
二、衣着	2385	2182	109.3	9.3	9.3
三、居住	1638	1415	115.8	6.4	6.0
#房租	243	118	205.9	0.9	0.5
水费	147	133	110.5	0.6	0.6
电费	502	507	99.0	2.0	2.2
四、家庭设备用品及服务	1922	1857	103.5	7.5	7.9
五、医疗保健	1744	1696	102.8	6.8	7.2
六、交通和通讯	3568	2919	122.2	13.9	12.4
七、教育文化娱乐服务	4816	4410	109.2	18.8	18.8
八、其它商品和服务	1104	858	128.7	4.3	3.7

表4—4　城市居民家庭平均每百户年末耐用消费品拥有量

指　标	2013年	2012年
摩托车(辆)	4.5	4.4
家用汽车(辆)	32.5	27.6
洗衣机(台)	99.6	101.1
电冰箱(台)	101.6	102.4
彩色电视机(台)	159.8	167.3
家用电脑(台)	107.6	112.3
组合音响(套)	14.8	27.9
摄像机(架)	21.3	18.9
照相机(架)	68.2	76.0
中高档乐器(件)*	10.9	5.1
微波炉(台)	94.4	95.9
空调器(台)	214.3	225.0
淋浴热水器(台)	105.2	106.3
消毒碗柜(台)	16.4	15.6
洗碗机(台)	1.9	0.9
健身器材(套)	6.6	8.0
普通电话(部)	74.5	86.5
移动电话(部)	215.5	214.4

注:2013年中高档乐器中包含钢琴,2012年不包含钢琴。

表4—5 农民家庭基本情况

指　标	2013 年	2012 年
平均每户常住人口(人)	3.32	3.38
平均每户整半劳动力(人)	2.51	2.55
平均每人年总收入(元)	19446	17472
平均每人年总支出(元)	16643	14940
平均每人年纯收入(元)	16531	14786
平均每人年生活消费支出(元)	12392	11114
平均每人年末住房面积(平方米)	54.6	59.3
#钢筋混凝土结构面积	47.0	30.3
砖木结构面积	5.5	28.5
平均每户年末生产性固定资产(元)	23604	12132
附:平均每户年内出售和自宰肥猪(公斤)	47.35	31.17
平均每户出售粮食(原粮)(公斤)	519.04	543.50
平均每户出售油料(公斤)	27.73	23.73
平均每户出售蔬菜(公斤)	99.71	954.79
平均每户出售水产品(公斤)	—	24.33
平均每户经营耕地面积(公顷)	0.17	0.18
平均每户经营山地面积(公顷)	0.01	0.01
平均每户经营水面面积(公顷)	0.03	0.03

注:本表根据全市农民家庭抽样调查资料编制。

表4—6　农民人均纯收入构成

计量单位:元

指　标	2013年	2012年
全年纯收入	16531	14786
一、工资性收入	10552	9371
1、在非企业组织中劳动得到的收入	—	780
2、在本地企业中劳动得到的收入	—	6161
3、常住人口外出从业得到的收入	—	2430
二、家庭经营收入	4484	4084
1、农业收入	1382	1291
2、林业收入	35	29
3、牧业收入	256	239
4、渔业收入	406	393
5、工业收入	236	211
6、建筑业收入	338	310
7、交通运输和邮电业收入	205	742
8、批发、零售贸易、餐饮业收入	1608	659
9、社会服务业收入	24	160
10、文教卫生业收入	—	4
11、其他家庭经营收入	—	46
三、财产性收入	633	575
#利息收入与集体分红	174	129
租金收入	152	174
转让承包土地经营权收入	241	215
四、转移性收入	862	756
农村外部亲友赠送	34	28
离退休、养老金	314	271

表4—7 农民家庭人均全年支出构成

计量单位：元

指 标	2013年	2012年
平均每人全年支出	16643	14940
一、生活消费支出	12392	11114
（一）食品消费总支出	4554	4091
#主食	359	407
副食	3560	3247
在外饮食	480	428
（二）衣着消费总支出	931	829
#服装	626	594
衣着材料	89	8
（三）居住消费总支出	1562	1408
#住房	766	693
电费	312	234
燃料	181	115
（四）家庭设备、用品及服务支出	697	630
#耐用消费品	337	359
家庭日杂用品	314	247
（五）医疗保健消费总支出	625	568
#医疗卫生保健用品	131	157
医疗保健服务费	493	411
（六）交通和通讯消费总支出	1396	1250
#交通工具	473	457
通讯工具	194	134
交通费	123	79
交通、通讯修理费	—	54

表4—7　续表1

指　标	2013年	2012年
(七)文教娱乐用品及服务总支出	2333	2079
#文化教育娱乐用品	651	640
文娱用机电消费品	492	384
书报杂志	34	42
纸张文具	19	57
文化教育娱乐服务	1682	1439
学杂费	332	201
技术培训费	98	187
文娱费	973	653
(八)其他商品和服务消费总支出	294	259
#商品性支出	216	199
服务支出	68	60
二、家庭经营支出	5080	1983
三、税费支出	—	47
四、购置生产性固定资产	112	80
五、财产性支出	3	6
六、转移性支出	1748	1710
七、建造生产性固定资产雇工支出	9	0

表4—8 农民家庭人均主要消费品消费量

指　标	2013年	2012年
粮食(公斤)	150.6	145.1
蔬菜(公斤)	115.5	135.0
食用植物油(公斤)	11.65	9.57
豆制品(公斤)	8.5	4.9
猪牛羊肉(公斤)	22.8	21.0
家禽(公斤)	14.8	13.1
蛋类(公斤)	9.2	9.3
鱼虾(公斤)	13.0	11.5
食糖(公斤)	0.8	0.8
酒类(公斤)	11.9	13.5
#白酒	5.7	5.7
啤酒	6.2	7.7
水果(公斤)	15.9	15.5
卷烟(盒)	55.4	51.6
煤炭及煤制品(公斤)	3.2	3.8

表4—9　每百户农民家庭年末主要耐用消费品拥有量

指　标	2013 年	2012 年
洗衣机(台)	89	90
电冰箱(台)	100	102
空调机(台)	136	117
抽油烟机(台)	54	51
吸尘器(台)	—	9
微波炉(台)	72	70
热水器(台)	97	97
自行车(辆)	89	138
#电动自行车	—	98
摩托车(辆)	54	60
汽车(生活用)(辆)	20	10
固定电话(部)	59	64
移动电话(部)	248	227
电视机(台)	160	155
#彩色	160	154
摄像机(架)	1	2
影碟机(台)	—	25
照相机(架)	21	27
家用计算机(台)	55	56

表4—10 全市城镇非私营单位从业人员工资总额(2013年)

指 标	从业人员工资总额（千元）	在岗职工工资总额	其他人员工资总额	从业人员年平均人数（人）	从业人员年人均工资（元）
全 市	139489351	134431240	5058130	2152263	64811
按单位属性分组					
企业	115393496	111019424	4374091	1853940	62242
事业	17935265	17385508	549757	225349	79589
机关	5629751	5554889	74862	64412	87402
民间非营利组织	49166	44283	4883	856	57437
其他	481673	427136	54537	7706	62506
按国民经济行业分组					
农、林、牧、渔业	56992	53722	3270	1879	30331
采矿业	165345	165258	87	3116	53063
制造业	34246799	33538064	708735	587895	58253
电力、热力、燃气及水生产和供应业	1583044	1552886	30158	18712	84600
建筑业	24173650	21451493	2722157	495431	48793
批发和零售业	10111387	9860339	251067	186728	54150
交通运输、仓储和邮政业	9737647	9582627	155020	135220	72013
住宿和餐饮业	2004471	1830531	173940	65072	30804
信息传输、软件和信息技术服务业	16909921	16882885	27036	148896	113569
金融业	5100067	5076152	23915	34690	147018
房地产业	3042610	2937492	105118	53717	56641
租赁和商务服务业	2918018	2865009	53009	58841	49592
科学研究和技术服务业	6063134	5946963	116171	64857	93485
水利、环境和公共设施管理业	947579	848106	99473	17353	54606
居民服务、修理和其他服务业	398897	395282	3615	7526	53003
教育	9025887	8788370	237517	116289	77616
卫生和社会工作	4554142	4371450	182692	53931	84444
文化、体育和娱乐业	1757053	1710154	46899	22893	76751
公共管理、社会保障和社会组织	6692192	6573941	118251	79207	84490

表4—11 全市城镇非私营单位国有单位人员工资总额(2013年)

指 标	从业人员工资总额(千元)	在岗职工工资总额	其他人员工资总额	从业人员年平均人数(人)	从业人员年人均工资(元)
全 市	36459599	35629619	829999	458354	79545
按单位属性分组					
企业	13328911	13086521	242409	175891	75779
事业	17372053	16869908	502145	216091	80392
机关	5622362	5547521	74841	64327	87403
民间非营利组织					
其他	136273	125669	10604	2045	66637
按国民经济行业分组					
农、林、牧、渔业	54136	50866	3270	1792	30210
采矿业	2225	2138	87	73	30479
制造业	2301099	2246277	54822	29773	77288
电力、热力、燃气及水生产和供应业	811969	786127	25842	10090	80473
建筑业	1333852	1317790	16062	17308	77066
批发和零售业	678426	668238	10207	8356	81190
交通运输、仓储和邮政业	3706499	3651205	55294	50578	73283
住宿和餐饮业	365765	345769	19996	8818	41479
信息传输、软件和信息技术服务业	140403	135165	5238	1375	102111
金融业	2141340	2126058	15282	17534	122125
房地产业	166146	161815	4331	2201	75487
租赁和商务服务业	819540	798418	21122	19750	41496
科学研究和技术服务业	3267627	3204716	62911	33051	98866
水利、环境和公共设施管理业	717036	628956	88080	13471	53228
居民服务、修理和其他服务业	45748	44897	851	800	57185
教育	8588770	8409011	179759	108275	79324
卫生和社会工作	3806836	3681806	125030	43355	87806
文化、体育和娱乐业	841739	817836	23903	12871	65398
公共管理、社会保障和社会组织	6670443	6552531	117912	78883	84561

表4—12 全市城镇非私营单位集体单位从业人员工资总额(2013年)

指 标	从业人员工资总额(千元)	在岗职工工资总额	其他人员工资总额	从业人员年平均人数(人)	从业人员年人均工资(元)
全 市	1661100	1578933	82167	31894	52082
按单位属性分组					
企业	1180309	1142836	37473	24172	48830
事业	473402	428729	44673	7637	61988
机关	7389	7368	21	85	86929
民间非营利组织					
其他					
按国民经济行业分组					
农、林、牧、渔业	2856	2856		87	32828
采矿业	1120	1120		59	18983
制造业	293703	280735	12968	7565	38824
电力、热力、燃气及水生产和供应业	34634	34408	226	530	65347
建筑业	128056	119209	8847	3320	38571
批发和零售业	88600	87019	1581	2236	39624
交通运输、仓储和邮政业	125971	120199	5772	2838	44387
住宿和餐饮业	22451	22152	299	485	46291
信息传输、软件和信息技术服务业	396	396		5	79200
金融业	172965	171846	1119	1190	145349
房地产业	49204	47376	1828	870	56556
租赁和商务服务业	174798	170926	3872	3186	54864
科学研究和技术服务业	15401	14930	471	250	61604
水利、环境和公共设施管理业	63077	62493	584	1448	43561
居民服务、修理和其他服务业	43034	42093	941	1105	38945
教育	52203	47994	4209	947	55125
卫生和社会工作	366163	327077	39086	5376	68111
文化、体育和娱乐业	4910	4885	25	75	65467
公共管理、社会保障和社会组织	21558	21219	339	322	66950

表4—13 全市城镇非私营单位其他各种类型单位从业人员工资总额(2013年)

指　标	从业人员工资总额(千元)	在岗职工工资总额	其他人员工资总额	从业人员年平均人数(人)	从业人员年人均工资(元)
全　市	101368652	97222688	4145964	1662015	60991
按单位属性分组					
企业	100884276	96790067	4094209	1653877	60999
事业	89810	86871	2939	1621	55404
机关					
民间非营利组织	49166	44283	4883	856	57437
其他	345400	301467	43933	5661	61014
按国民经济行业分组					
农、林、牧、渔业					
采矿业	162000	162000		2984	54290
制造业	31651997	31011052	640945	550557	57491
电力、热力、燃气及水生产和供应业	736441	732351	4090	8092	91009
建筑业	22711742	20014494	2697248	474803	47834
批发和零售业	9344361	9105082	239279	176136	53052
交通运输、仓储和邮政业	5905177	5811223	93954	81804	72187
住宿和餐饮业	1616255	1462610	153645	55769	28981
信息传输、软件和信息技术服务业	16769122	16747324	21798	147516	113677
金融业	2785762	2778248	7514	15966	174481
房地产业	2827260	2728301	98959	50646	55824
租赁和商务服务业	1923680	1895665	28015	35905	53577
科学研究和技术服务业	2780106	2727317	52789	31556	88101
水利、环境和公共设施管理业	167466	156657	10809	2434	68803
居民服务、修理和其他服务业	310115	308292	1823	5621	55171
教育	384914	331365	53549	7067	54466
卫生和社会工作	381143	362567	18576	5200	73297
文化、体育和娱乐业	910404	887433	22971	9947	91525
公共管理、社会保障和社会组织	191	191		2	95500

表4—14　全市城镇非私营单位在岗职工工资总额及平均工资(2013年)

指　标	在岗职工工资总额(千元)	在岗职工年平均人数(人)	在岗职工年人均工资(元)
全　市	134431240	2025132	66381
按登记注册类型分组			
国有单位	35629619	435669	81781
城镇集体单位	1578933	29299	53890
其他单位	97222688	1560164	62316
内资	71891185	1116648	64381
港、澳、台商投资	7317172	124959	58557
外商投资	18014331	318557	56550
按单位属性分组			
企业	111019424	1745042	63620
事业	17385508	210745	82495
机关	5554889	62101	89449
民间非营利组织	44283	741	59761
其他	427136	6503	65683
按国民经济行业分组			
农、林、牧、渔业	53722	1507	35648
采矿业	165258	3101	53292
制造业	33538064	578552	57969
电力、热力、燃气及水生产和供应业	1552886	18054	86013
建筑业	21451493	434497	49371
批发和零售业	9860339	178660	55191
交通运输、仓储和邮政业	9582627	130815	73253
住宿和餐饮业	1830531	49110	37274
信息传输、软件和信息技术服务业	16882885	148292	113849
金融业	5076152	33931	149602
房地产业	2937492	50872	57743
租赁和商务服务业	2865009	56448	50755
科学研究和技术服务业	5946963	62666	94899
水利、环境和公共设施管理业	848106	14046	60381
居民服务、修理和其他服务业	395282	7413	53323
教育	8788370	110149	79786
卫生和社会工作	4371450	49682	87989
文化、体育和娱乐业	1710154	21684	78867
公共管理、社会保障和社会组织	6573941	75643	86907

表 4—15 城镇非私营单位主要年份在岗职工工资总额及人均工资

年　份	工资总额(万元)	#国有经济单位	#城镇集体经济单位	人均工资(元)	#国有经济单位	#城镇集体经济单位
1955	10448	10448	—	571	571	—
1960	23800	23800	—	548	548	—
1965	23054	23054	—	646	646	—
1970	23164	23164	—	582	582	—
1975	40954	30648	10306	546	587	452
1978	54649	41693	12956	560	615	441
1980	80362	58272	22090	730	785	616
1985	156556	104749	40143	1131	1193	996
1990	334781	253640	74359	2349	2514	1917
1995	1043754	800055	162415	7016	7589	5024
1997	1280823	1004362	166228	8847	9516	6004
1998	1343146	1016523	164861	9449	10059	6134
1999	1440432	941202	144030	10295	10779	6324
2000	1576409	1027036	134553	11897	12512	6815
2005	2716059	1482115	87548	25215	27922	12783
2006	3123258	1670430	89867	28439	32553	14018
2007	3439839	1838467	99769	31905	36721	16620
2008	4076177	2209308	120106	36092	44880	20134
2009	4894546	2571369	142014	40134	50486	23225
2010	5703903	2897621	151423	45444	57373	26855
2011	7240564	3364479	154763	54713	67976	37105
2012	8456679	3847272	197582	60404	74560	43474
2013	13443124	3562962	157893	66381	81781	53890

注:2012 年年报开始,城镇非私营单位离岗职工(离开本单位仍保留劳动关系,并定期领取生活费的人员)不包括在从业人员统计中,故原职工工资统计口径由原“在岗 + 离岗”改为“在岗 + 劳务派遣”。

表4—16　主要年份人民生活主要指标

年　份	城市居民人均可支配收入（元）	农村居民人均纯收入（元）	居民储蓄存款（万元）
1949	—	—	—
1952	—	—	1280
1957	—	—	4298
1962	—	—	4412
1965	—	—	7341
1970	—	—	8515
1975	—	—	14506
1978	—	—	21141
1979	—	—	28982
1980	487	—	37998
1985	823	530	137193
1990	1591	970	554614
1995	4996	2471	2681784
1997	6497	3533	4397445
1998	7018	3724	5052485
1999	7694	3862	5680472
2000	8233	4062	5966974
2002	9157	4579	10310053
2005	14997	6225	16774919
2006	17538	7045	19131200
2007	20317	8020	20103100
2008	23123	8951	25658300
2009	25504	9858	31250000
2010	28312	11128	35720700
2011	32200	13108	39680300
2012	36322	14786	45320200
2013	39881	16531	49557600

注:从2002年起城乡储蓄存款余额包括外币。

主要统计指标解释

城市居民家庭总收入 指城镇调查户中生活在一起的所有家庭成员在调查期得到的工薪收入、经营净收入、财产性收入、转移性收入的总和,不包括借贷收入。收入的统计标准以实际发生的数额为准,无论收入是补发还是预发,只要是调查期得到的都应如实计算,不作分摊。

城市居民家庭可支配收入 指调查户可用于最终消费支出和其他非义务性支出以及储蓄的总和,即居民家庭可以用来自由支配的收入。它是家庭总收入扣除交纳的个人所得税、个人交纳的社会保障费以及调查户的记帐补贴后的收入。

计算公式为:可支配收入 = 家庭总收入 - 交纳个人所得税 - 个人交纳社会保障支出 - 记帐补贴

城市居民家庭消费性支出 指调查户购买商品和用于服务的全部支出,分八大类:食品;衣着;家庭设备、用品及服务;医疗保健;交通和通讯;娱乐、教育、文化服务;居住;杂项商品和服务。购买商品支出是指从商店、集市、饮食业、工作单位以及直接从工厂和农村购买各种商品的支出,包括自用的和赠送亲友的在内;服务支出是指调查户用于社会提供的各种文化和生活服务方面的支出,包括各种修理费、加工费、洗理美容费、保姆费、劳务费等。

农村居民家庭纯收入 指农村常住居民家庭总收入中,扣除从事生产和非生产经营费用支出、缴纳税款和上交承包集体任务金额以后剩余的,可直接用于进行生产性、非生产性建设投资、生活消费和积蓄的那一部分收入。农村居民家庭纯收入包括从事生产性和非生产性的经营收入,在外人口寄回带回和国家财政救济、各种补贴等非经营性收入;既包括货币收入,又包括自产自用的实物收入。但不包括向银行、信用社和向亲友借款等属于借贷性的收入。

农村居民家庭生活消费支出 指农村常住居民家庭用于日常生活的全部开支,是反映和研究农民家庭实际生活消费水平高低的重要指标。

城乡居民储蓄存款余额 指某一时点城乡居民存入银行及农村信用社的储蓄金额,包括城镇居民储蓄存款和农民个人储蓄存款,不包括居民的手存现金和工矿企业、部队、机关、团体等单位存款。

职工工资总额 指各单位在一定时期内直接支付给本单位全部职工的劳动报酬总额。工资总额包括计时工资、计件工资、奖金、计件超额工资、各种津贴和补贴、加班加点工资、特殊情况下支付的工资(其他工资)等。

工资总额的计算原则应以直接支付给职工的全部劳动报酬为依据。各单位支付给职工的劳动报酬以及其他根据有关规定支付的工资,不论是计入成本的还是不计入成本的,不论是按国家规定列入计征奖金税项目的，还是未列入计征奖金税项目的，不论是以货币形式支付的还是以实物形式支付的，均包括在工资总额内。即凡是单位以各种名义发放的现金和实物，只要属于劳动报酬性质并且现行统计制度未明确规定不统计为工资的都应作为工资统计。

职工平均工资　指城镇企业、事业、机关单位的职工在一定时期内平均每人所得的工资额。它表明一定时期职工工资收入高低程度，是反映职工工资水平的主要指标。

计算公式为：职工平均工资 = 报告期实际支付的全部职工工资总额 ÷ 报告期全部职工平均人数

（五）价格指数

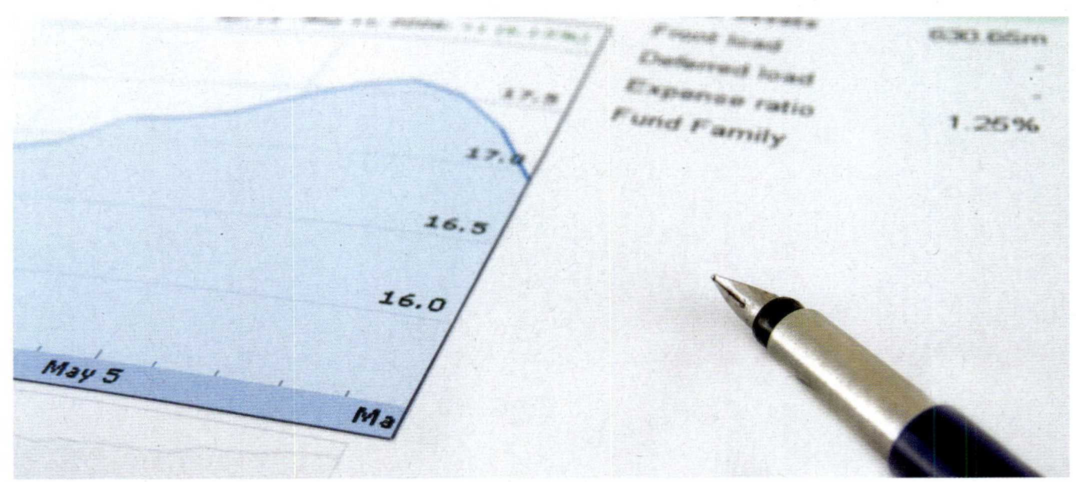

CHAPTER 5
PRICE INDICES

表5—1　工业生产者出厂价格指数

指　标	2013年（以上年价格为100）	2012年（以上年价格为100）
总指数	97.0	97.3
#轻工业	98.6	100.5
重工业	96.7	96.7
#生产资料	96.5	96.7
生活资料	99.6	100.5
按工业行业大类分		
黑色金属矿采选业	99.9	123.0
有色金属矿采选业	87.6	86.3
非金属矿采选业	96.3	104.7
农副食品加工业	99.2	106.2
食品制造业	100.9	101.7
酒、饮料和精制茶制造业	101.7	111.5
烟草制品业	100.3	101.5
纺织业	102.3	100.1
纺织服装、服饰业	102.6	104.0
皮革、毛皮、羽毛及其制品和制鞋业	99.7	100.3
木材加工和木、竹、藤、棕、草制品业	101.1	104.6
家具制造业	103.8	101.1
造纸和纸制品业	98.5	99.2
印刷和记录媒介复制业	99.7	100.9
文教、工美、体育和娱乐用品制造业	100.5	110.1
石油加工、炼焦和核燃料加工业	97.9	103.5

表5—1 续表

指 标	2013 年 （以上年价格为100）	2012 年 （以上年价格为100）
化学原料和化学制品制造业	96.9	95.3
医药制造业	101.9	97.3
化学纤维制造业	97.4	96.4
橡胶和塑料制品业	100.0	98.1
非金属矿物制品业	99.1	98.7
黑色金属冶炼和压延加工业	91.7	88.0
有色金属冶炼和压延加工业	94.9	93.6
金属制品业	94.9	97.0
通用设备制造业	98.8	99.7
专用设备制造业	99.7	103.1
汽车制造业	100.4	100.7
铁路、船舶、航空航天和其他运输设备制造业	97.9	99.3
电气机械和器材制造业	98.1	100.3
计算机、通信和其他电子设备制造业	93.5	93.6
仪器仪表制造业	100.4	100.7
废弃资源综合利用业	93.8	104.0
金属制品、机械和设备修理业	99.3	99.4
电力、热力生产和供应业	99.5	103.8
燃气生产和供应业	102.0	100.6
水的生产和供应业	104.0	102.8

表 5—2　城市居民消费价格指数

指　标	2013 年 （以上年价格为 100）	2012 年 （以上年价格为 100）
城市居民消费价格指数	102.7	102.7
一、食品	105.6	105.0
#粮食	104.1	99.3
干豆类及豆制品	103.5	103.2
油脂	97.7	104.2
肉禽及其制品	103.3	104.5
蛋	105.3	96.5
水产品	107.7	108.2
菜	108.8	106.7
干鲜瓜果	110.1	93.2
液体乳及乳制品	108.1	110.0
在外用膳食品	106.3	107.3
二、烟酒	97.9	106.3
三、衣着	101.7	103.4
四、家庭设备用品及维修服务	102.6	105.6
五、医疗保健和个人用品	100.2	101.0
六、交通和通信	99.5	99.8
七、娱乐教育文化用品及服务	102.3	98.4
八、居住	102.8	103.0

表5—3 城市商品零售价格指数

指　标	2013年（以上年价格为100）	2012年（以上年价格为100）
城市商品零售价格指数	101.2	101.4
一、食品	105.6	105.1
#粮食	104.1	99.3
干豆类及豆制品	103.5	103.2
油脂	97.7	104.2
肉禽及其制品	103.3	104.6
蛋	105.3	96.5
水产品	107.7	108.2
菜	108.8	106.7
干鲜瓜果	110.1	93.2
液体乳及乳制品	108.1	110.0
在外用膳食品	106.3	107.3
二、饮料、烟酒	98.7	106.0
三、服装、鞋帽	101.6	103.3
四、纺织品	103.7	98.7
五、家用电器及音像器材	99.1	97.5
六、文化办公用品	100.4	96.0
七、日用品	102.6	101.4
八、体育娱乐用品	100.2	103.9
九、交通、通信用品	98.4	93.4
十、家具	98.5	108.5
十一、化妆品	100.5	105.3
十二、金银珠宝	89.4	103.2
十三、中西药品及医疗保健用品	99.4	100.9
十四、书报杂志及电子出版物	99.8	100.0
十五、燃料	101.9	103.5
十六、建筑材料及五金电料	99.3	98.1

表5—4　主要年份价格指数

（以上年价格为100）

年　份	城市居民消费价格指数	城市商品零售价格指数
1952	99.4	99.3
1957	102.2	102.5
1962	—	100.4
1965	—	97.3
1970	—	—
1975	99.8	99.9
1978	—	107.4
1979	101.1	101.1
1980	104.9	105.0
1985	110.1	110.5
1990	105.3	104.4
1995	115.1	111.2
1997	99.7	97.6
1998	100.0	98.2
1999	98.6	97.1
2000	100.0	99.2
2005	102.1	96.7
2006	101.7	98.9
2007	103.7	99.9
2008	106.2	103.7
2009	100.1	98.7
2010	104.2	103.5
2011	105.4	104.2
2012	102.7	101.4
2013	102.7	101.2

注:本表1978年前数据为国营商业牌价。

主要统计指标解释

工业生产者价格指数 是通过调查收集部分代表企业的代表产品的价格变动资料进行加权计算的相对数,以反映工业产品价格变动趋势和变动程度。

居民消费价格指数 是度量一组代表性消费品及服务项目价格水平随着时间而变动的相对数,反映居民家庭购买的消费品及服务价格水平的变动情况。它是宏观经济分析和决策、价格总水平监测和调控以及国民经济核算的重要指标。其按年度计算的变动率通常被用来作为反映通货膨胀(或紧缩)程度的指标。

商品零售价格指数 是反映城乡商品零售价格变动趋势的一种经济指数。零售物价的调整变动直接影响到城乡居民的生活支出和国家的财政收入,影响居民购买力和市场供需平衡,影响消费与积累的比例。因此,计算零售价格指数,可以从一个侧面对上述经济活动进行观察和分析。

（六）农业

CHAPTER 6 AGRICULTURE

表6—1 农村组织情况和从业人员情况(2013年)

指 标	全 市	浦口	栖霞	雨花台	江宁	六合
一、农村基层组织情况(个)						
村委会个数	335	31	30		72	61
村民小组个数	11909	1211	517	149	4122	2425
二、农村人口、从业人员资源及主要行业分布						
乡村户数(万户)	64.18	7.27	2.81	0.95	15.74	14.63
乡村人口数(万人)	203.50	23.09	7.68	2.54	49.07	50.90
劳动年龄内人口数(万人)	120.16	13.99	5.13	1.82	30.36	28.98
#劳动年龄内上学的人口数	5.94	0.81	0.29	0.16	1.46	1.28
超过劳动年龄而实际参加劳动的人数	11.55	0.96	0.52	0.17	2.29	3.00
乡村实有从业人员合计(万人)	120.24	12.03	5.00	1.74	30.30	29.75
男从业人员	63.62	6.46	2.69	0.95	15.67	15.31
女从业人员	56.62	5.57	2.31	0.79	14.63	14.44
农林牧渔业从业人员(万人)	26.36	2.02	1.41	0.16	6.16	6.57
#种植业从业人员	19.28	1.47	1.26	0.09	4.92	5.61
工业从业人员(万人)	36.36	4.14	1.88	0.72	11.23	7.65
建筑业从业人员(万人)	24.53	1.55	0.40	0.20	5.04	6.31
交通运输业、仓储业和邮政业从业人员(万人)	7.44	0.87	0.27	0.18	1.77	1.67
信息传输、计算机服务和软件业从业人员(万人)	0.96	0.15	0.03	0.04	0.25	0.16
批发与零售业从业人员(万人)	8.19	1.06	0.22	0.16	1.81	2.45
住宿与餐饮业从业人员(万人)	4.24	0.70	0.10	0.09	0.92	1.26
金融、保险业从业人员(万人)	0.54	0.06	0.01	0.01	0.14	0.10
其他从业人员(万人)	11.62	1.48	0.68	0.18	2.98	3.58

表6—1 续表

指　标	溧水	高淳
一、农村基层组织情况(个)		
村委会个数	39	102
村民小组个数	1980	1461
二、农村人口、从业人员资源及主要行业分布		
乡村户数(万户)	10.74	11.41
乡村人口数(万人)	31.91	36.60
劳动年龄内人口数(万人)	18.06	21.05
#劳动年龄内上学的人口数	0.89	0.88
超过劳动年龄而实际参加劳动的人数(万人)	1.79	2.63
乡村实有从业人员合计(万人)	18.34	22.34
男从业人员	10.28	11.90
女从业人员	8.06	10.44
农林牧渔业从业人员(万人)	3.96	5.80
#种植业从业人员	3.11	2.60
工业从业人员(万人)	5.65	5.02
建筑业从业人员(万人)	3.90	7.06
交通运输业、仓储业和邮政业从业人员(万人)	1.03	1.60
信息传输、计算机服务和软件业从业人员(万人)	0.19	0.09
批发与零售业从业人员(万人)	1.26	1.14
住宿与餐饮业从业人员(万人)	0.59	0.56
金融、保险业从业人员(万人)	0.13	0.08
其他从业人员(万人)	1.63	0.99

表6—2 农、林、牧、渔业总产值(现价)(2013年)

计量单位:万元

指 标	合 计	农业	林业	牧业	渔业	农林牧渔服务业
全 市	3513124	2052345	36620	520407	737894	165858
增长(%)	3.4	3.5	4.3	-1.2	5.9	7.7
#浦口区	597935	335253	8866	122786	99450	31580
栖霞区	115113	93386	886	8990	8206	3645
雨花台区	5521	2792	0	1633	1096	0
江宁区	816536	497860	5803	102290	182946	27637
六合区	832059	545440	11062	132440	113767	29350
溧水区	555865	343550	4340	80950	86025	41000
高淳区	577376	227837	5663	64995	246235	32646

注:增长速度按可比价计算。

表6—3 农、林、牧、渔业增加值(现价)(2013年)

计量单位:万元

指 标	合 计	农业	林业	牧业	渔业	农林牧渔服务业
全 市	2046428	1312627	20914	206305	413066	93516
#浦口区	339568	218371	5182	48915	48518	18582
栖霞区	66504	55230	472	3556	5275	1971
雨花台区	3062	1477	0	914	671	0
江宁区	481922	310960	3370	40146	111613	15833
六合区	490406	352581	6250	52796	62619	16160
溧水区	326240	222200	2440	32000	45600	23000
高淳区	333190	148237	3200	26113	137670	17970

表6—4 农业机械化、农业化学化、农田水利化情况(2013年)

指　标	计量单位	2013年
一、农业机械化情况		
农用机械总动力合计	万千瓦	218.08
柴油发动机动力	万千瓦	144.41
汽油发动机动力	万千瓦	4.67
电动机动力	万千瓦	69.00
其他机械动力	万千瓦	
(一)耕作机械		
大中型拖拉机	台	4088
大中型拖拉机动力	万千瓦	18.44
小型拖拉机	台	30976
小型拖拉机动力	万千瓦	27.98
大中型拖拉机配套农具	部	5775
小型拖拉机配套农具	部	45786
(二)农用排灌机械		
柴油机	台	25648
柴油机动力	万千瓦	18.14
电动机	台	39673
电动机动力	万千瓦	49.70
农用水泵	万台	6.61
节水灌溉机械	套	3225
(三)收获机械		
联合收割机	台	2170
机动割晒机	台	
其他收获机械	台	3609
#秸秆粉碎还田机	台	3212

注:本表数据来源于市农业委员会。2008年由于《农业机械化管理统计报表制度》的修订,删除了“拖拉机”其中项“变型拖拉机”,将此项数据填至“运输机械”项下“手扶变型运输机”栏内,原“拖拉机”项下只统计大田作业用的拖拉机。原三轮运输车、四轮运输车分别改为三轮汽车、低速载货汽车。

表6—4 续表1

指　标	计量单位	2013 年
机动脱粒机	台	777
(四)田间管理机械		
#机动喷雾(粉)机	台	18034
(五)林果业机械	台	2367
(六)畜牧养殖机械	台	3686
(七)渔业机械	台	35656
(八)农副产品初加工作业机械	台	9808
#粮食加工机械	台	5116
棉花加工机械	台	1694
油料加工机械	台	824
(九)运输机械		
农用运输车	台	3055
#三轮汽车	台	1252
三轮汽车动力	万千瓦	1.43
低速载货汽车	台	1763
低速载货汽车动力	万千瓦	5.86
手扶变型运输机	台	4536
农用挂车	台	672
(十)其他农业机械		
农田基本建设机械	台	1221
农田基本建设机械动力	万千瓦	7.41

注:本表数据来源于市农业委员会。2008 年由于《农业机械化管理统计报表制度》的修订,删除了“拖拉机”其中项“变型拖拉机”,将此项数据填至“运输机械”项下“手扶变型运输机”栏内,原“拖拉机”项下只统计大田作业用的拖拉机。原三轮运输车、四轮运输车分别改为三轮汽车、低速载货汽车。

表6—4 续表2

指 标	全 市	市区	县
二、农业主要能源及物资消耗			
农村用电量(万千瓦小时)	315259	214454	100805
农用化肥使用量(按折纯法计算)(吨)	80486	51645	28841
氮肥	41407	25686	15721
磷肥	6530	3965	2565
钾肥	5306	2451	2855
复合肥	27243	19543	7700
农用塑料薄膜使用量(吨)	5245	3874	1371
#地膜使用量	2598	1753	845
地膜覆盖面积(公顷)	21166	15816	5350
农用柴油(吨)	23473	10784	12689
农药使用量(吨)	1895	1163	732
三、农田水利建设情况(千公顷)			
有效灌溉面积	189.5		
旱涝保收面积	154.5	109.9	44.6
机电排灌面积	150.6	99.0	51.6

表 6—5 农业主要产品生产情况(全社会)(2013 年)

指 标	播种面积(千公顷)	每公顷产量(公斤)	总产量(吨)
农作物总播种面积	324.47		
一、粮食作物合计	161.35	7248	1169500
(一)夏收粮食	50.11	5121	256638
1、夏收谷物	49.09	5166	253600
小麦	48.72	5175	252142
元麦			
大麦	0.37	3941	1458
2、夏收豆类(蚕豌豆)	1.02	2978	3038
(二)秋收粮食	111.24	8206	912862
1、秋收谷物	102.80	8505	874285
稻谷	94.43	8710	822441
早稻			
中稻和一季晚稻	93.70	8709	816031
双季晚稻	0.73	8781	6410
稻谷中:籼稻	24.56	8175	200782
粳稻	66.64	8923	594637
糯稻	3.23	8366	27022
玉米	8.37	6194	51844
谷子			
高粱			
其他谷物			
2、秋收豆类	4.87	2589	12606
大豆	4.43	2639	11692
绿豆	0.29	2110	612
其他豆类	0.15	2013	302
3、秋收薯类(按五折一计算)	3.57	7275	25971

表6—5　续表

指　标	播种面积（千公顷）	每公顷产量（公斤）	总产量（吨）
二、油料合计	44.65	2416	107872
（一）花生	2.10	2737	5747
（二）油菜籽	40.96	2421	99182
（三）芝麻	1.59	1851	2943
（四）其他油料			
三、棉花（皮棉）	2.87	1469	4217
四、麻类合计	0.65	2414	1569
#苎麻	0.65	2414	1569
五、糖料合计	0.24	39850	9564
#甘蔗	0.24	39850	9564
六、烟叶合计			
#烤烟叶			
七、药材类合计	0.45		
八、蔬菜（含菜用瓜）	87.65	34939	3062417
九、瓜果类	8.55	34496	294941
#西瓜	7.37	36267	267289
甜瓜	0.53	27285	14461
草莓	0.65	20294	13191
十、其他农作物	18.06		
#青饲料	14.03		
绿肥	0.64		
附：常年种蔬菜面积	27.66		

表6—6　茶叶、水果生产情况（2013年）

指　标	计量单位	2013年
一、茶叶合计	吨	1918
红毛茶	吨	10
绿毛茶	吨	1903
白　茶	吨	5
其它茶	吨	
二、园林水果	吨	145135
1、苹果	吨	
#红富士苹果	吨	
国光苹果	吨	
2、梨	吨	15074
#雪花梨	吨	5300
鸭梨	吨	4469
3、柑桔类	吨	48
#柑	吨	
桔	吨	48

注：本表数据来源于市农业委员会。

表6—6 续表

指　标	计量单位	2013 年
4、其他园林水果	吨	130013
#桃子	吨	32814
猕猴桃	吨	528
葡萄	吨	34861
枇杷	吨	
红枣(干折鲜1:5)	吨	1000
柿子(干折鲜1:5)	吨	5822
三、年末实有茶园面积	公顷	8617
#当年采摘面积	公顷	7445
四、年末果园面积合计	公顷	12276
#苹果园	公顷	
梨园	公顷	993
柑桔园	公顷	1
桃园	公顷	3454
猕猴桃园	公顷	34
葡萄园	公顷	1918
五、年末实有桑园面积	公顷	200

表6—7　林业生产情况(2013年)

指　标	计量单位	2013年
一、荒山荒(沙)地造林面积	公顷	4608
(一)按造林方式分		
1、人工造林	公顷	4608
#竹林面积	公顷	578
灌木林面积	公顷	3678
2、飞播造林	公顷	
3、无林地和疏林地新封	公顷	
(二)按经济成份分		
1、公有经济造林	公顷	1573
(1)国有经济造林	公顷	614
(2)集体经济造林	公顷	959
2、非公有经济造林	公顷	3035
(三)按林种用途分		
1、用材林	公顷	353
2、经济林	公顷	3195
3、防护林	公顷	1060
4、薪炭林	公顷	
5、特种用途林	公顷	
二、有林地造林面积	公顷	15
1、林冠下造林	公顷	15
2、飞播营林	公顷	
3、有林地和灌木林地新封	公顷	
三、更新造林	公顷	67
四、低产低效林改造面积	公顷	40
五、四旁(零星)植树	株	5703578
六、年末实有封山(沙)育林面积	公顷	155
七、幼林抚育作业面积	公顷	4629
八、幼林抚育实际面积	公顷	

注:本表数据来源于市农业委员会。

表6—7 续表

指 标	计量单位	2013 年
九、成林抚育面积	公顷	
#中、幼龄林抚育面积	公顷	12950
十、抚育改造出材量	立方米	
#中、幼龄林抚育出材量	立方米	
十一、林木种子采集量	吨	3263
十二、当年苗木产量	株	165709400
十三、育苗面积	公顷	22631628
#本年新增育苗面积	公顷	694
十四、年末实有母树林面积	公顷	
十五、年末实有种子园面积	公顷	
十六、主要林产品产量		
1、油桐籽	吨	
2、油茶籽	吨	
3、乌桕籽	吨	
4、棕 片	吨	
5、竹笋干	吨	2835
6、核 桃	吨	19
7、板 栗	吨	3909
8、白 果	吨	25
9、花 椒	吨	
10、八 角	吨	
11、松 子	吨	
十七、竹木采伐		
1、木材	立方米	110845
#村及村以下采伐	立方米	79377
2、竹材	根	305418
#村及村以下采伐	根	

表6—8　畜牧业主要产品生产情况(2013年)

指　标	当年出栏头数	年末存栏头数	肉产量(吨)
一、大牲畜(万头)	0.55	2.93	990
#从事农事劳役的		0.56	
1、牛	0.55	2.93	990
#黄牛	0.03	0.01	54
良种及改良乳牛	0.06	1.75	103
水牛	0.46	1.17	833
2、驴			
二、猪(万头)	92.43	49.35	67474
三、羊(万只)	27.56	12.21	3858
1、山羊	27.56	12.21	3858
2、绵羊			
四、家禽(万只)	3259.14	1090.60	48888
五、兔(万只)	28.20	12.56	396

表6—8　续表

指　标	计量单位	2013年
六、肉类总产量	吨	121606
七、奶类产量	吨	86155
#牛奶产量	吨	86155
八、蜂蜜产量	吨	303
九、禽蛋产量	吨	75645
十、蚕茧产量	吨	85

表6—9　渔业生产情况(2013 年)

指　标	计量单位	2013 年
水产品总产量	吨	221661
#鱼类	吨	159800
虾蟹类	吨	50962
贝类	吨	9596
其他类	吨	1303
#内陆水域捕捞	吨	12245
内陆水域养殖	吨	209416
内陆水域养殖面积	千公顷	46.33
#池塘养殖	千公顷	28.29
湖泊养殖	千公顷	2.48
河沟养殖	千公顷	8.74
水库养殖	千公顷	6.47
其他养殖	千公顷	0.35

注:本表数据来源于市农业委员会。

表6—10　主要年份农林牧渔业总产值(现价)

计量单位:万元

年　份	合　计	农业	林业	牧业	渔业	农林牧渔服务业
1978	61713	48846	1013	10943	911	—
1980	77728	58761	1266	16009	1692	—
1985	154358	101895	3897	41969	6597	—
1990	308287	172537	4591	111029	20130	—
1995	764367	510727	13068	168272	72300	—
1997	942439	585783	16069	229413	111174	—
1998	979644	586628	16834	247533	128649	—
1999	989199	599064	19370	224822	145943	—
2000	1063412	616473	24033	253261	169645	—
2003	1325889	675733	18645	301214	244707	85590
2005	1553837	854544	19637	338746	293414	47496
2006	1650538	900765	20641	334302	341924	52906
2007	1749179	944763	22788	351247	373128	57253
2008	1940094	1051973	24505	400745	401579	61292
2009	2236617	1228116	30453	387016	477113	113919*
2010	2447531	1394403	31168	394385	506240	121335
2011	2835016	1624518	32153	470153	571982	136210
2012	3185439	1834683	33868	511676	654571	150641
2013	3513124	2052345	36620	520407	737894	165858

注:2009年农林牧渔服务业总产值根据第二次经济普查数据进行了调整。

表6—11 主要年份主要农产品产量

年份	粮食（万吨）	棉花（吨）	油料（吨）	麻类（吨）	蚕茧（吨）	园林水果（吨）
1949	37.84	836	9194	104	27	913
1950	49.53	892	10577	121	31	934
1955	72.44	2160	11024	595	118	1587
1960	45.84	656	7833	244	308	1448
1965	96.12	1825	10468	878	169	2887
1970	102.57	2360	9928	1693	565	4774
1975	120.44	2718	15841	2545	940	6492
1978	147.20	3621	21882	3593	797	5077
1980	138.01	5528	28025	2710	1095	9653
1985	173.70	4459	90542	9906	629	6802
1990	173.26	2392	96797	1727	487	8526
1995	168.57	3520	144872	1320	1127	13639
1997	182.51	4501	146179	1561	484	18530
1998	176.91	4838	106504	1631	580	18685
1999	169.77	3699	192144	1687	494	22032
2000	143.37	4461	220119	2318	536	23625
2005	96.54	5920	211685	4013	441	42495
2006	97.73	3245	171056	4156	524	53930
2007	100.88	2325	124528	3841	394	68267
2008	114.43	4327	133405	2709	431	79304
2009	110.69	4016	134144	2378	119	107016
2010	110.64	4135	117697	2008	170	85273
2011	112.06	4319	104859	1659	139	99358
2012	117.50	4113	106317	1710	85	119842
2013	116.95	4217	107872	1569	85	145135

主要统计指标解释

农林牧渔业总产值　指以货币表现的农、林、牧、渔业全部产品和对农业生产进行各种支持性服务活动的总量,它反映一定时期内农业生产总规模和总成果。从 2003 年开始农林牧渔业总产值执行新的国民经济行业分类标准,包括农业、林业、牧业、渔业、农林牧渔服务业,不再包括农民家庭兼营商品性工业。农林牧渔业总产值中的农、林、牧、渔四业的计算方法通常是按农、林、牧、渔业产品及其副产品的产量分别乘以各自单位产品价格求得,现行价格从 2003 年开始使用生产价格调查的价格;少数生产周期较长,当年没有产品或产品产量不易统计的,则采用间接方法匡算其产值;然后将四业产品产值与农林牧渔服务业产值相加即为农林牧渔业总产值。1957 年以前的农林牧渔业总产值中包括了厩肥和农民自给性手工业(如农民自制衣服、鞋、袜,自己从事粮食初步加工等)。1958 年及以后,林业中增加了村及村以下竹木采伐产值;牧业中取消了厩肥产值;副业中取消了农民自给性手工业产值,增加了村及村以下办的工业产值;渔业中增加了海洋捕捞水产品产值。1980 年及以后,在副业中增加了农民家庭兼营工业商品部分的产值。从 1984 年起村及村以下工业产值划归工业。从 1993 年起取消副业,将野生动物的捕猎划入牧业、野生植物采集和农民家庭兼营商品性工业划归农业,从 2003 年起不再包括农民家庭兼营商品性工业产值。1996 年第一次农业普查以后,由于畜牧业产品年报数据与普查数据之间存在一定的差距,国家统计局农调总队对畜牧业年报数据与普查数据进行衔接,相应的畜牧业产值进行调整。

粮食产量　指全社会的产量。包括国有经济经营的、集体统一经营的和农民家庭经营的粮食产量,还包括工矿企业办的农场和其他生产单位的产量。粮食除包括稻谷、小麦、玉米、高粱、谷子及其他杂粮外,还包括薯类和豆类。其产量计算方法,豆类按去豆荚后的干豆计算;薯类(包括甘薯和马铃薯,不包括芋头和木薯)1963 年以前按每 4 公斤鲜薯折 1 公斤粮食计算,从 1964 年开始改为按 5 公斤鲜薯折 1 公斤粮食计算。城市郊区作为蔬菜的薯类(如马铃薯等)按鲜品计算,并且不作粮食统计。其他粮食一律按脱粒后的原粮计算。

棉花产量　指全社会的产量。包括春播棉和夏播棉。产量按皮棉计算。

油料产量　指全部油料作物的生产量。包括花生、油菜籽、芝麻、向日葵籽、胡麻籽(亚麻籽)和其他油料。不包括大豆、木本油料和野生油料。花生以带壳干花生计算。

水产品产量　指人工养殖的水产品和天然生长的水产品的捕捞量。包括海水的鱼类、虾蟹类、贝类和藻类以及内陆水域的鱼类、虾蟹类和贝类,不包括淡水水生植物。

猪、牛、羊肉产量　指当年出栏并已屠宰、除去头蹄下水后带骨肉(即胴体重)的重量。

期初(末)畜禽存栏头(只)数　指报告期初(末)农村各种合作经济组织和国营农场、农民个人、机关、团体、学校、工矿企业、部队等单位以及城镇居民饲养的大牲畜、猪、羊、家禽等畜禽的存栏数。

耕地面积是指年初可用来种植农作物并经常进行耕种、能够正常收获的土地。包括当年实际耕种的熟地、当年新开荒地、休闲不满三年随时可以复耕的地和当年休闲地以及以种植农作物为主并附带种植桑树、茶树、果树和其他林木的土地、沿海、沿湖地区已围垦利用的“海涂”、“湖田”等面积。不包括临时种植农作物的坡度在25度以上的陡坡地、在河套、湖畔、库区临时开发的成片或零星土地，属于专业性的桑园、茶园、果园、果木苗圃、林地、芦苇地、天然或人工草地面积、也不包括已列为国家和省(区、市)退耕计划但临时耕种的土地。

农作物播种面积　指实际播种或移植有农作物的面积。凡是实际种植有农作物的面积，不论种植在耕地上还是种植在非耕地上，均包括在农作物播种面积中。在播种季节基本结束后，因遭灾而重新改种和补种的农作物面积，也包括在内。

有效灌溉面积　指具有一定的水源，地块比较平整，灌溉工程或设备已经配套，在一般年景下当年能够进行正常灌溉的耕地面积。在一般情况下，有效灌溉面积应等于灌溉工程或设备已经配备，能够进行正常灌溉的水田和水浇地面积之和。

农用化肥施用量　指本年内实际用于农业生产的化肥数量，包括氮肥、磷肥、钾肥和复合肥。化肥施用量要求按折纯量计算数量。折纯量是指把氮肥、磷肥、钾肥分别按含氮、含五氧化二磷、含氧化钾的百分之一百成份进行折算后的数量。复合肥按其所含主要成分折算。

农业机械总动力　指主要用于农、林、牧、渔业的各种动力机械的动力总和。包括耕作机械、排灌机械、收获机械、农用运输机械、植物保护机械、牧业机械、林业机械、渔业机械和其他农业机械〔内燃机按引擎马力折成瓦(特)计算、电动机按功率折成瓦(特)计算〕。不包括专门用于乡、镇、村、组办工业、基本建设、非农业运输、科学试验和教学等非农业生产方面用的动力机械与作业机械。

大中型拖拉机　指发动机额定功率在14.7千瓦(含14.7千瓦即20马力)以上的拖拉机，有链轨式和轮式两种。

小型拖拉机　指发动机额定功率在2.2千瓦(含2.2千瓦)以上，小于14.7千瓦的拖拉机，包括小四轮与手扶式。

拖拉机配套农具　指由拖拉机牵引或悬挂的田间移动作业机具，例如:机引犁、拖耕机、机引耙、播种机等农具。与大中型拖拉机配套使用的农具称为大中型拖拉机配套农具，与小型拖拉机配套使用的农具称为小型拖拉机配套农具。

农林牧渔业劳动力　指全社会直接参加农林牧渔业生产活动的劳动力。

（七）工业和能源

CHAPTER 7
INDUSTRY AND ENERGY

表7—1　规模以上工业企业主要经济指标(2013年)

计量单位:千元

指　标	企　业 单位数 （个）	#亏损企业	工业总产值	工业销售产值
总　计	2783	452	1256309319	1242722946
一、按经济类型分组:				
内资企业	2110	289	742763685	735745777
国有企业	35	4	45642067	45412651
集体企业	33	7	7426948	7397729
股份合作企业	10	2	446457	432997
联营企业	5	0	966379	950743
有限责任公司	508	83	236140400	234218441
股份有限公司	126	25	237203375	236699154
私营企业	1379	167	212178609	207432635
其他企业	14	1	2759450	3201427
港、澳、台商投资企业	204	43	76129744	75668691
外商投资企业	469	120	437415890	431308478
二、在总计中:国有控股	204	32	433943221	432616279
三、按轻重工业分组:				
轻工业	798	112	255702568	252214585
重工业	1985	340	1000606751	990508361
四、按企业规模分组:				
大型企业	92	8	598405741	594909094
中型企业	452	60	283681326	279636193
小微企业	2239	384	374222252	368177659
五、按隶属关系分组:				
中央	64	8	357140689	357872260
省	25	6	23008386	22979573
市	128	42	94241061	92685945
市以下	2566	396	781919183	769185168

注:1. 我市规模以上工业的统计范围为“年主营业务收入2000万元及以上的工业企业”。

2. 全市工业企业完成工业总产值13115.73亿元,其中:规模以下工业总产值552.64亿元。

表7—1　续表1

指　标	企　业单位数（个）	#亏损企业	工业总产值	工业销售产值
六、按工业行业分组				
采矿业	12	1	2785176	2712148
煤炭开采和洗选业				
石油和天然气开采业				
黑色金属矿采选业	2	1	358645	358645
有色金属矿采选业	2	0	357259	349829
非金属矿采选业	8	0	2069272	2003674
开采辅助活动				
其他采矿业				
制造业	2737	447	1226272719	1212787625
农副食品加工业	58	6	16964322	16445724
食品制造业	52	11	11558352	11624924
酒、饮料和精制茶制造业	18	2	6120967	6049932
烟草制品业	1	0	17971143	17971143
纺织业	45	7	9618866	9558943
纺织服装、服饰业	175	19	36880491	36470328
皮革、毛皮、羽毛及其制品和制鞋业	28	5	6720415	6644872
木材加工和木、竹、藤、棕、草制品业	13	0	1353461	1313586
家具制造业	13	2	1822692	1774596
造纸和纸制品业	34	2	3260134	3239424
印刷和记录媒介复制业	45	7	4363627	4385474
文教、工美、体育和娱乐用品制造业	60	7	11422582	11245657
石油加工、炼焦和核燃料加工业	14	3	108389784	108260755

表7—1　续表2

指　标	企　业单位数（个）	#亏损企业	工业总产值	工业销售产值
化学原料和化学制品制造业	253	57	179451262	178398055
医药制造业	54	6	21423638	20718584
化学纤维制造业	7	2	4713431	4186895
橡胶和塑料制品业	120	18	16904747	16712377
非金属矿物制品业	197	37	34755352	34135122
黑色金属冶炼和压延加工业	87	10	77839774	76994462
有色金属冶炼和压延加工业	61	9	32232313	31706753
金属制品业	217	21	38538570	38009784
通用设备制造业	242	54	39415871	38041279
专用设备制造业	180	19	27029969	25926621
汽车制造业	127	20	159917076	158592845
铁路、船舶、航空航天和其他运输设备制造业	92	10	34050913	33706081
电气机械和器材制造业	243	46	76870762	76369493
计算机、通信和其他电子设备制造业	198	50	213887557	212119081
仪器仪表制造业	87	17	28724153	28202050
其他制造业	1	0	16400	16400
废弃资源综合利用业	10	0	3435224	3362997
金属制品、机械和设备修理业	5	0	618871	603388
电力、燃气及水的生产和供应业	34	4	27251424	27223173
电力、热力生产和供应业	12	2	19119534	19114566
燃气生产和供应业	12	2	6137240	6133949
水的生产和供应业	10	0	1994650	1974658

表7—1 续表3

指 标	资产总计	流动资产	固定资产原价	累计折旧	负债	流动负债
总 计	941567036	501040852	475728907	197590650	545260404	461013370
一、按经济类型分组:						
内资企业	647243508	343611391	308404118	129572223	385573271	325729923
国有企业	77224542	47148880	27421983	9827032	34341256	23351906
集体企业	1692282	1287145	597959	299503	1038066	993874
股份合作企业	692409	622158	164396	115095	284698	253046
联营企业	792512	161646	878349	253766	146936	126936
有限责任公司	284676354	145450191	124104886	47833668	185224712	147494408
股份有限公司	154428905	70365281	103515030	51647626	88030470	83670246
私营企业	124348501	75641194	51265335	19417117	73481838	67183801
其他企业	3388003	2934896	456180	178416	3025295	2655706
港、澳、台商投资企业	67047929	35512917	28272106	10348031	36594117	30766597
外商投资企业	227275599	121916544	139052683	57670396	123093016	104516850
二、在总计中:国有控股	434211652	213759384	238932124	104891542	253902813	208238472
三、按轻重工业分组:						
轻工业	167660937	95897617	69972748	27014472	80400080	67605467
重工业	773906099	405143235	405756159	170576178	464860324	393407903
四、按企业规模分组:						
大型企业	501531245	248324057	268733012	122213698	296404258	252434853
中型企业	208793173	116921435	105335315	39584987	123089695	101584196
小微企业	231242618	135795360	101660580	35791965	125766451	106994321
五、按隶属关系分组:						
中央	248988814	104143585	158263319	69687514	146907462	121344190
省	24678617	17209476	8213525	3706483	5778201	5519471
市	82290089	42991730	37700943	13024253	46965232	36535650
市以下	585609516	336696061	271551120	111172400	345609509	297614059

表7—1　续表4

指　标	资产总计	流动资产	固定资产原价	累计折旧	负债	流动负债
六、按工业行业分组						
采矿业	1984383	1064884	759141	373131	1154179	976904
煤炭开采和洗选业						
石油和天然气开采业						
黑色金属矿采选业	769510	364772	207574	130584	479733	404733
有色金属矿采选业	444209	195221	276252	135943	236280	181491
非金属矿采选业	770664	504891	275315	106604	438166	390680
开采辅助活动						
其他采矿业						
制造业	882387770	483171815	431316829	184388573	511313393	442595564
农副食品加工业	13379363	4635085	2531058	824790	8016119	5619630
食品制造业	11271213	7016760	4554113	1755332	5062880	4695318
酒、饮料和精制茶制造业	4480587	2054081	3304121	1326142	2456920	2467938
烟草制品业	18098676	14127378	3778411	1963103	1984991	1973553
纺织业	6635357	3593044	4331066	1716519	3602480	2647058
纺织服装、服饰业	16092687	9415116	7959325	4312770	8200185	7679298
皮革、毛皮、羽毛及其制品和制鞋业	2253148	1230278	1046834	363257	1155127	927580
木材加工和木、竹、藤、棕、草制品业	699498	484127	241258	90138	493046	484891
家具制造业	1246895	553521	935781	436374	493906	421651
造纸和纸制品业	3195674	1678183	1764779	454413	1607210	1101592
印刷和记录媒介复制业	5691768	2660125	3593332	1482597	2860701	2425073
文教、工美、体育和娱乐用品制造业	3661769	2118794	1800490	592650	1773761	1704573
石油加工、炼焦和核燃料加工业	26346304	12187613	20055789	9620740	16714896	16576866

表7—1　续表5

指　标	资产总计	流动资产	固定资产原价	累计折旧	负债	流动负债
化学原料和化学制品制造业	150524524	59236206	112116681	55646176	81807000	62938344
医药制造业	18235483	10740784	7600235	2872244	6416254	5959844
化学纤维制造业	6760034	3232303	4236614	1305596	4664013	4323671
橡胶和塑料制品业	12092099	6224766	7299881	2752720	6664319	5958902
非金属矿物制品业	37468846	20133389	20080428	8068904	22136847	19562296
黑色金属冶炼和压延加工业	83097605	25598938	64009345	26087788	58332911	49411714
有色金属冶炼和压延加工业	10470251	6405874	4582105	1727659	5968691	5451809
金属制品业	21175553	12649015	10229578	3929920	11850431	11521249
通用设备制造业	52843275	34066065	20454987	7500626	29182663	25350680
专用设备制造业	26340194	18604660	7396086	2844465	15321487	14467819
汽车制造业	75984505	48342142	33295171	13709267	48492313	42425156
铁路、船舶、航空航天和其他运输设备制造业	44763009	27346599	12710566	4681320	30385864	26813809
电气机械和器材制造业	72534447	53771990	16784720	6340818	44146502	40717441
计算机、通信和其他电子设备制造业	119192601	68589655	46796938	18711138	71901049	61333426
仪器仪表制造业	36542320	25899395	6542613	2683930	19188813	17222369
其他制造业	5581	4321	0	0	5155	5155
废弃资源综合利用业	1143170	461916	1190972	543157	319289	299289
金属制品、机械和设备修理业	161334	109692	93552	44020	107570	107570
电力、燃气及水的生产和供应业	57194883	16804153	43652937	12828946	32792832	17440902
电力、热力生产和供应业	33762964	6503330	34076567	10778520	19209711	9316374
燃气生产和供应业	5052455	1703767	3217136	778458	2588797	2538714
水的生产和供应业	18379464	8597056	6359234	1271968	10994324	5585814

表7—1 续表6

指 标	主营业务收 入	主营业务税金及附加	利 税总 额	盈亏相抵后利润总额	从业人员平均人数(人)
总 计	1242520535	32538691	178917378	97910442	797064
一、按经济类型分组：					
内资企业	761444893	27669423	108379036	47136213	529402
国有企业	46291899	10605758	19894754	5686256	30418
集体企业	7336132	46500	519498	282035	6557
股份合作企业	432111	5246	57435	30442	1295
联营企业	959383	6173	88825	55736	1077
有限责任公司	252859607	1780381	25809276	17372926	193809
股份有限公司	240600805	14075288	35635110	6681462	67063
私营企业	209829568	1131503	26093832	16860812	226107
其他企业	3135388	18574	280306	166544	3076
港、澳、台商投资企业	75044662	320608	9703610	6472678	67096
外商投资企业	406030980	4548660	60834732	44301551	200566
二、在总计中：国有控股	453772212	26552326	72882777	23804011	186233
三、按轻重工业分组：					
轻工业	259250809	11578267	52172570	29299159	242548
重工业	983269726	20960424	126744808	68611283	554516
四、按企业规模分组：					
大型企业	617834554	26787422	91394448	37825440	286470
中型企业	284199396	1205264	37510179	26579086	238918
小微企业	340486585	4546005	50012751	33505916	271676
五、按隶属关系分组：					
中央	337680376	17203764	61697692	26202644	94178
省	22622774	10467985	16871214	3709446	9017
市	100838531	385906	10594181	8228063	58116
市以下	781378854	4481036	89754291	59770289	635753

表7—1 续表7

指 标	主营业务收 入	主营业务税金及附加	利 税总 额	盈亏相抵后利润总额	从业人员平均人数(人)
六、按工业行业分组					
采矿业	2637684	43377	404383	208117	4036
煤炭开采和洗选业					
石油和天然气开采业					
黑色金属矿采选业	289712	7481	9953	-28606	1027
有色金属矿采选业	359601	11054	134642	85828	920
非金属矿采选业	1988371	24842	259788	150895	2089
开采辅助活动					
其他采矿业					
制造业	1212529386	32306664	173112722	94002284	780273
农副食品加工业	16824435	61777	2454845	1976909	9701
食品制造业	12400597	52660	1891518	1234151	16837
酒、饮料和精制茶制造业	6175608	123397	967398	552585	6780
烟草制品业	17743739	10424275	16227910	3428705	1550
纺织业	9589389	46895	1063656	731562	14385
纺织服装、服饰业	37597653	179190	4288275	2603903	64562
皮革、毛皮、羽毛及其制品和制鞋业	6721834	25071	759340	456458	8898
木材加工和木、竹、藤、棕、草制品业	1325535	5858	129645	76617	1282
家具制造业	1869328	10183	165636	77627	2474
造纸和纸制品业	3376804	11127	394854	286699	4161
印刷和记录媒介复制业	4265630	21651	520185	334620	8760
文教、工美、体育和娱乐用品制造业	11377605	97382	1143119	633303	18149
石油加工、炼焦和核燃料加工业	108204956	10510842	26615883	3428320	7243

表7—1　续表8

指　标	主营业务收　入	主营业务税金及附加	利　税总　额	盈亏相抵后利润总额	从业人员平均人数（人）
化学原料和化学制品制造业	182487622	3551165	11623686	5152032	66889
医药制造业	22255292	174450	4834903	3015740	20401
化学纤维制造业	4452588	96042	130240	－42891	6778
橡胶和塑料制品业	16787652	87037	1547659	903795	21015
非金属矿物制品业	33909555	203130	4072070	2417854	35787
黑色金属冶炼和压延加工业	80409901	253386	3243236	1804550	31941
有色金属冶炼和压延加工业	31857704	91617	1943757	1150852	9113
金属制品业	38143561	188210	5665734	4152442	33564
通用设备制造业	38268513	244387	4203009	2514090	52183
专用设备制造业	26313256	153838	3222629	2174573	32656
汽车制造业	137786992	4733434	28847544	19123670	52251
铁路、船舶、航空航天和其他运输设备制造业	34431186	139169	3167857	2167138	41045
电气机械和器材制造业	76779117	355841	10813759	6760712	62146
计算机、通信和其他电子设备制造业	218668579	247908	27612869	22962995	119861
仪器仪表制造业	28545266	191265	5051039	3612798	26347
其他制造业	18665	59	70	11	30
废弃资源综合利用业	3325855	18043	426777	256811	2816
金属制品、机械和设备修理业	614969	7375	83620	53653	668
电力、燃气及水的生产和供应业	27353465	188650	5400273	3700041	12755
电力、热力生产和供应业	20031436	152254	4526495	3056423	5048
燃气生产和供应业	5416206	13039	565963	454373	3018
水的生产和供应业	1905823	23357	307815	189245	4689

表7—2 规模以上工业企业主要产品产量

产品名称	2013 年	2012 年	同比增长(%)
铁矿石原矿(吨)	937732	921303	1.8
饲料(吨)	359353	103858	246.0
精制食用植物油(吨)	10229	2780	267.9
饮料酒(千升)	340628	333423	2.2
软饮料(吨)	1399551	1241706	12.7
卷烟(万支)	3439637	3532899	-2.6
纱(吨)	32910	42057	-21.7
布(万米)	1650	1752	-5.8
服装(万件)	36864	27293	35.1
皮革鞋靴(万双)	463	478	-3.1
家具(件)	938174	891702	5.2
机制纸及纸板(吨)	26221	2486	954.7
原油加工量(吨)	24695479	21181235	16.6
汽油(吨)	4059743	2681866	51.4
煤油(吨)	2448412	2316282	5.7
柴油(吨)	6710396	5828112	15.1
液化石油气(吨)	1457882	1077033	35.4
焦炭(吨)	4600042	4446287	3.5
硫酸(折100%)(吨)	523235	651434	-19.7
烧碱(折100%)(吨)	188477	193419	-2.6
乙烯(吨)	1424484	1325111	7.5
纯苯(吨)	709280	640100	10.8

表7—2　续表1

产品名称	2013年	2012年	同比增长(%)
浓硝酸(折100%)(吨)	213395	204098	4.6
合成氨(无水氨)(吨)	227287	253414	-10.3
农用氮、磷、钾化学肥料总计(折纯)(吨)	158446	140143	13.1
化学农药原药(折有效成分100%)(吨)	138040	359063	-61.6
涂料(吨)	392961	292319	34.4
初级形态的塑料(吨)	1610858	1430215	12.6
合成橡胶(吨)	262037	221044	18.5
合成纤维单体(吨)	1607082	1743771	-7.8
化学药品原药(吨)	4465	1040	329.3
中成药(吨)	2083	1941	7.3
化学纤维(吨)	172916	196550	-12.0
橡胶轮胎外胎(条)	7340254	9105160	-19.4
塑料制品(吨)	320905	106105	202.4
水泥熟料(吨)	8772092	9268400	-5.4
水泥(吨)	10342287	10298082	0.4
日用玻璃制品(吨)	51659	66373	-22.2
日用陶瓷制品(万件)	1133		
生铁(吨)	12793216	12143319	5.4
粗钢(吨)	13017724	12257419	6.2
钢材(吨)	12646991	11732965	7.8
泵(台)	72015	48824	47.5
气体压缩机(台)	3227	4346	-25.7

表7—2 续表2

产品名称	2013 年	2012 年	同比增长(%)
汽车(辆)	497693	367741	35.3
其中:基本型乘用车(轿车)	217799	83591	160.6
客车	150435	199821	-24.7
载货汽车	92009	78948	16.5
改装汽车(辆)	1756	4713	-62.7
摩托车整车(辆)	154070	135166	14.0
民用钢质船舶(载重吨)	2879941	2931832	-1.8
发电机组(发电设备)(千瓦)	4438170	7608510	-41.7
其中:风力发电机组	0	1362010	—
交流电动机(千瓦)	1874689	1567393	19.6
变压器(千伏安)	29928747	27118200	10.4
家用电风扇(台)	693059	747100	-7.2
家用洗衣机(台)	4886659	3573548	36.7
电光源(万只)	16888	1591	961.5
移动通信手持机(手机)(台)	20751884	17471159	18.8
电子计算机整机(台)	481090	161007	198.8
彩色电视机(台)	6161527	2526476	143.9
其中:液晶(LCD)电视机	2416169	2526476	-4.4
发电量(万千瓦小时)	5141608	5146945	-0.1
煤气生产量(万立方米)	2338382	191813	1119.1
自来水生产量(万立方米)	103624	92924	11.5

表7—3　规模以上国有工业企业主要经济指标(2013年)

计量单位:千元

指　标	企业单位数(个)	#亏损企业	工业总产值
总　计	35	4	45642067
一、按轻重工业分组:			
轻工业	13	2	22167456
重工业	22	2	23474611
二、按企业规模分组:			
大型企业	6	0	33074625
中型企业	12	0	7788251
小微企业	17	4	4779191
三、按行业分组:			
采矿业			
煤炭开采和洗选业			
石油和天然气开采业			
黑色金属矿采选业			
有色金属矿采选业			
非金属矿采选业			
开采辅助活动			
其他采矿业			
制造业	28	4	41195458
农副食品加工业	1	0	166271
食品制造业			
酒、饮料和精制茶制造业			
烟草制品业	1	0	17971143
纺织业	0	0	0
纺织服装、服饰业	2	0	484421
皮革、毛皮、羽毛及其制品和制鞋业			
木材加工和木、竹、藤、棕、草制品业			
家具制造业			

表7—3 续表1

指　标	企业单位数（个）	#亏损企业	工业总产值
造纸和纸制品业	0	0	0
印刷和记录媒介复制业	2	1	100481
文教、工美、体育和娱乐用品制造业			
石油加工、炼焦和核燃料加工业			
化学原料和化学制品制造业	3	0	4194816
医药制造业	1	0	1745588
化学纤维制造业	0	0	0
橡胶和塑料制品业	2	1	144122
非金属矿物制品业	3	1	1329536
黑色金属冶炼和压延加工业	1	0	2095822
有色金属冶炼和压延加工业			
金属制品业			
通用设备制造业	2	0	465653
专用设备制造业	3	0	1432475
汽车制造业	0	0	0
铁路、船舶、航空航天和其他运输设备制造业	3	0	5057996
电气机械和器材制造业	1	1	132853
计算机、通信和其他电子设备制造业	0	0	0
仪器仪表制造业	3	0	5874281
其他制造业			
废弃资源综合利用业			
金属制品、机械和设备修理业			
电力、燃气及水的生产和供应业	7	0	4446609
电力、热力生产和供应业	1	0	2790035
燃气生产和供应业	0	0	0
水的生产和供应业	6	0	1656574

表 7—3　续表 2

指　标	资产总计	流动资产	固定资产原价	累计折旧	负债	流动负债
总　计	77224542	47148880	27421983	9827032	34341256	23351906
一、按轻重工业分组：						
轻工业	40544886	25203236	12086956	3876119	14121258	8667983
重工业	36679656	21945644	15335027	5950913	20219998	14683923
二、按企业规模分组：						
大型企业	52274958	32825410	15355218	6261344	18378628	14956419
中型企业	19060195	10147695	10011997	2831484	12591427	6898769
小微企业	5889389	4175775	2054768	734204	3271201	1496718
三、按行业分组：						
采矿业						
煤炭开采和洗选业						
石油和天然气开采业						
黑色金属矿采选业						
有色金属矿采选业						
非金属矿采选业						
开采辅助活动						
其他采矿业						
制造业	54665881	38370685	16492481	7830968	19666203	17564709
农副食品加工业	60538	16352	69421	25235	6006	6006
食品制造业						
酒、饮料和精制茶制造业						
烟草制品业	18098676	14127378	3778411	1963103	1984991	1973553
纺织业						
纺织服装、服饰业	1161283	633504	414443	81925	723955	387302
皮革、毛皮、羽毛及其制品和制鞋业						
木材加工和木、竹、藤、棕、草制品业						
家具制造业						

表7—3 续表3

指标	资产总计	流动资产	固定资产原价	累计折旧	负债	流动负债
造纸和纸制品业						
印刷和记录媒介复制业	290496	86388	168724	73951	186555	186555
文教、工美、体育和娱乐用品制造业						
石油加工、炼焦和核燃料加工业						
化学原料和化学制品制造业	5173453	2681746	4192977	2454986	971836	920402
医药制造业	4147559	2482667	2270544	742531	1176578	1038303
化学纤维制造业						
橡胶和塑料制品业	140843	54204	50754	33850	87839	63340
非金属矿物制品业	1491027	1000579	587488	110043	863847	856605
黑色金属冶炼和压延加工业	1499506	996980	559446	211209	270996	247181
有色金属冶炼和压延加工业						
金属制品业						
通用设备制造业	577742	402393	162712	116043	396465	380655
专用设备制造业	1565398	1222941	853631	615039	1068169	1068169
汽车制造业						
铁路、船舶、航空航天和其他运输设备制造业	7704805	5671688	2527373	1068468	4250778	4047118
电气机械和器材制造业	142616	138982	34871	31920	120552	120552
计算机、通信和其他电子设备制造业						
仪器仪表制造业	12611939	8854883	821686	302665	7557636	6268968
其他制造业						
废弃资源综合利用业						
金属制品、机械和设备修理业						
电力、燃气及水的生产和供应业	22558661	8778195	10929502	1996064	14675053	5787197
电力、热力生产和供应业	5895768	1057213	5561627	1032975	4739421	818474
燃气生产和供应业						
水的生产和供应业	16662893	7720982	5367875	963089	9935632	4968723

表7—3　续表4

指　标	主营业务收　入	主营业务税金及附加	利　税总　额	盈亏相抵后利润总额	从业人员平均人数(人)
总　计	46291899	10605758	19894754	5686256	30418
一、按轻重工业分组:					
轻工业	23744176	10473210	16932679	3841493	13017
重工业	22547723	132548	2962075	1844763	17401
二、按企业规模分组:					
大型企业	34512835	10512897	18160073	4605610	19652
中型企业	7958597	48843	1281177	841688	8062
小微企业	3820467	44018	453504	238958	2704
三、按行业分组:					
采矿业					
煤炭开采和洗选业					
石油和天然气开采业					
黑色金属矿采选业					
有色金属矿采选业					
非金属矿采选业					
开采辅助活动					
其他采矿业					
制造业	41907660	10569553	18962590	5099041	25502
农副食品加工业	164036	4833	30868	17969	88
食品制造业					
酒、饮料和精制茶制造业					
烟草制品业	17743739	10424275	16227910	3428705	1550
纺织业					
纺织服装、服饰业	621998	1993	34792	21065	1265
皮革、毛皮、羽毛及其制品和制鞋业					
木材加工和木、竹、藤、棕、草制品业					
家具制造业					

表7—3 续表5

指　标	主营业务收　入	主营业务税金及附加	利　税总　额	盈亏相抵后利润总额	从业人员平均人数（人）
造纸和纸制品业					
印刷和记录媒介复制业	101076	525	1912	－1522	400
文教、工美、体育和娱乐用品制造业					
石油加工、炼焦和核燃料加工业					
化学原料和化学制品制造业	4823453	32888	646558	422735	4157
医药制造业	3466805	19710	449305	280914	5372
化学纤维制造业					
橡胶和塑料制品业	167370	187	－963	－2699	213
非金属矿物制品业	1192418	9896	113568	28248	1235
黑色金属冶炼和压延加工业	2172118	30953	313357	159845	324
有色金属冶炼和压延加工业					
金属制品业					
通用设备制造业	366045	3286	111935	94136	1143
专用设备制造业	1424149	5647	92779	39702	1167
汽车制造业					
铁路、船舶、航空航天和其他运输设备制造业	4025763	5119	242089	194025	3729
电气机械和器材制造业	168674	2753	1246	－3107	275
计算机、通信和其他电子设备制造业					
仪器仪表制造业	5470016	27488	697234	419025	4584
其他制造业					
废弃资源综合利用业					
金属制品、机械和设备修理业					
电力、燃气及水的生产和供应业	4384239	36205	932164	587215	4916
电力、热力生产和供应业	2816508	16635	731320	480300	784
燃气生产和供应业					
水的生产和供应业	1567731	19570	200844	106915	4132

表7—4 规模以上集体工业企业主要经济指标(2013年)

计量单位：千元

指　标	企　业 单位数 （个）	#亏损企业	工业总产值
总　计	33	7	7426948
一、按轻重工业分组：			
轻工业	12	2	5086522
重工业	21	5	2340426
二、按企业规模分组：			
大型企业			
中型企业	7	1	4021963
小微企业	26	6	3404985
三、按行业分组：			
采矿业			
煤炭开采和洗选业			
石油和天然气开采业			
黑色金属矿采选业			
有色金属矿采选业			
非金属矿采选业			
开采辅助活动			
其他采矿业			
制造业	32	7	7214567
农副食品加工业	2	0	222068
食品制造业			
酒、饮料和精制茶制造业			
烟草制品业			
纺织业	2	0	634168
纺织服装、服饰业	2	0	344847
皮革、毛皮、羽毛及其制品和制鞋业	1	0	243930
木材加工和木、竹、藤、棕、草制品业			
家具制造业			

表7—4 续表1

指 标	企业单位数（个）	#亏损企业	工业总产值
造纸和纸制品业			
印刷和记录媒介复制业			
文教、工美、体育和娱乐用品制造业	3	2	3023378
石油加工、炼焦和核燃料加工业	3	1	102012
化学原料和化学制品制造业	5	1	1125143
医药制造业			
化学纤维制造业			
橡胶和塑料制品业			
非金属矿物制品业	1	0	195149
黑色金属冶炼和压延加工业	1	0	41022
有色金属冶炼和压延加工业	2	1	404251
金属制品业	2	0	437200
通用设备制造业	1	1	39879
专用设备制造业			
汽车制造业			
铁路、船舶、航空航天和其他运输设备制造业	4	0	313479
电气机械和器材制造业			
计算机、通信和其他电子设备制造业			
仪器仪表制造业	2	1	55043
其他制造业			
废弃资源综合利用业			
金属制品、机械和设备修理业	1	0	32998
电力、燃气及水的生产和供应业	1	0	212381
电力、热力生产和供应业	1	0	212381
燃气生产和供应业			
水的生产和供应业			

表7—4　续表2

指　标	资产总计	流动资产	固定资产原价	累计折旧	负债	流动负债
总　计	1692282	1287145	597959	299503	1038066	993874
一、按轻重工业分组:						
轻工业	712381	477234	362153	198450	332621	332278
重工业	979901	809911	235806	101053	705445	661596
二、按企业规模分组:						
大型企业						
中型企业	880434	709531	294248	140613	565882	565293
小微企业	811848	577614	303711	158890	472184	428581
三、按行业分组:						
采矿业						
煤炭开采和洗选业						
石油和天然气开采业						
黑色金属矿采选业						
有色金属矿采选业						
非金属矿采选业						
开采辅助活动						
其他采矿业						
制造业	1624359	1219610	597052	298984	1009048	964856
农副食品加工业	49941	29539	31649	14752	26817	26817
食品制造业						
酒、饮料和精制茶制造业						
烟草制品业						
纺织业	124967	70356	102772	48161	45671	45671
纺织服装、服饰业	28147	21950	24655	18616	5126	5126
皮革、毛皮、羽毛及其制品和制鞋业	36758	29162	10873	3277	22527	22527
木材加工和木、竹、藤、棕、草制品业						
家具制造业						

表7—4 续表3

指 标	资产总计	流动资产	固定资产原价	累计折旧	负债	流动负债
造纸和纸制品业						
印刷和记录媒介复制业						
文教、工美、体育和娱乐用品制造业	346996	308739	69848	48814	192258	191915
石油加工、炼焦和核燃料加工业	38874	33711	1740	1647	18129	18129
化学原料和化学制品制造业	412778	268903	173077	86402	227003	227003
医药制造业						
化学纤维制造业						
橡胶和塑料制品业						
非金属矿物制品业	52264	51505	819	60	42850	42850
黑色金属冶炼和压延加工业	10568	5319	7679	2430	6691	6691
有色金属冶炼和压延加工业	89634	48022	28878	3722	114324	114324
金属制品业	79201	47563	56105	28415	15804	15794
通用设备制造业	26179	22103	5854	1778	23667	23667
专用设备制造业						
汽车制造业						
铁路、船舶、航空航天和其他运输设备制造业	279188	242787	58585	24365	228435	184596
电气机械和器材制造业						
计算机、通信和其他电子设备制造业						
仪器仪表制造业	35540	27516	21023	13939	28637	28637
其他制造业						
废弃资源综合利用业						
金属制品、机械和设备修理业	13324	12435	3495	2606	11109	11109
电力、燃气及水的生产和供应业	67923	67535	907	519	29018	29018
电力、热力生产和供应业	67923	67535	907	519	29018	29018
燃气生产和供应业						
水的生产和供应业						

表7—4 续表4

指　标	主营业务收入	主营业务税金及附加	利税总额	盈亏相抵后利润总额	从业人员平均人数（人）
总　计	7336132	46500	519498	282035	6557
一、按轻重工业分组：					
轻工业	5022941	37750	352452	201455	2880
重工业	2313191	8750	167046	80580	3677
二、按企业规模分组：					
大型企业					
中型企业	4084369	31256	185349	80159	3029
小微企业	3251763	15244	334149	201876	3528
三、按行业分组：					
采矿业					
煤炭开采和洗选业					
石油和天然气开采业					
黑色金属矿采选业					
有色金属矿采选业					
非金属矿采选业					
开采辅助活动					
其他采矿业					
制造业	7167058	45249	480751	253641	6449
农副食品加工业	217754	1400	33243	21671	161
食品制造业					
酒、饮料和精制茶制造业					
烟草制品业					
纺织业	624674	3177	72270	42232	846
纺织服装、服饰业	341762	1722	37238	23530	499
皮革、毛皮、羽毛及其制品和制鞋业	234260	915	25808	14726	262
木材加工和木、竹、藤、棕、草制品业					
家具制造业					

表7—4 续表5

指 标	主营业务收入	主营业务税金及附加	利税总额	盈亏相抵后利润总额	从业人员平均人数（人）
造纸和纸制品业					
印刷和记录媒介复制业					
文教、工美、体育和娱乐用品制造业	2994019	25648	69916	20358	876
石油加工、炼焦和核燃料加工业	102177	243	5880	2337	57
化学原料和化学制品制造业	1149825	6724	127744	79928	1206
医药制造业					
化学纤维制造业					
橡胶和塑料制品业					
非金属矿物制品业	176855	537	5139	87	260
黑色金属冶炼和压延加工业	40869	132	8912	6425	61
有色金属冶炼和压延加工业	418522	1029	19948	6230	176
金属制品业	432541	1548	46995	25377	594
通用设备制造业	40305	205	1093	-813	98
专用设备制造业					
汽车制造业					
铁路、船舶、航空航天和其他运输设备制造业	307785	1417	22162	11634	1047
电气机械和器材制造业					
计算机、通信和其他电子设备制造业					
仪器仪表制造业	56647	431	3245	-208	243
其他制造业					
废弃资源综合利用业					
金属制品、机械和设备修理业	29063	121	1158	127	63
电力、燃气及水的生产和供应业	169074	1251	38747	28394	108
电力、热力生产和供应业	169074	1251	38747	28394	108
燃气生产和供应业					
水的生产和供应业					

表7—5　规模以上有限责任公司工业企业主要经济指标(2013年)

计量单位:千元

指　标	企业单位数(个)	#亏损企业	工业总产值
总　计	1988	285	703051671
一、按经济类型分组:			
国有独资公司	25	5	24842783
私营有限责任公司	1217	147	178560868
与港澳台商合资经营	92	20	38985955
中外合资经营	171	35	249364448
其他有限责任公司	483	78	211297617
二、按轻重工业分组:			
轻工业	568	71	135613848
重工业	1420	214	567437823
三、按企业规模分组:			
大型企业	48	1	219810395
中型企业	289	32	192823796
小微企业	1651	252	290417480
四、按行业分组:			
采矿业	12	1	2785176
煤炭开采和洗选业			
石油和天然气开采业			
黑色金属矿采选业	2	1	358645
有色金属矿采选业	2	0	357259
非金属矿采选业	8	0	2069272
开采辅助活动			
其他采矿业			
制造业	1959	282	682324032
农副食品加工业	44	5	8417735
食品制造业	41	8	10023611
酒、饮料和精制茶制造业	12	1	4758362
烟草制品业	0	0	0
纺织业	31	4	5383925
纺织服装、服饰业	127	15	28025974
皮革、毛皮、羽毛及其制品和制鞋业	17	2	2103526
木材加工和木、竹、藤、棕、草制品业	11	0	957887

表7—5 续表1

指 标	企业单位数(个)	#亏损企业	工业总产值
家具制造业	10	0	955153
造纸和纸制品业	27	1	1885376
印刷和记录媒介复制业	39	6	3836767
文教、工美、体育和娱乐用品制造业	41	2	5975360
石油加工、炼焦和核燃料加工业	8	2	4949757
化学原料和化学制品制造业	172	32	84908854
医药制造业	37	5	10784876
化学纤维制造业	6	2	3217021
橡胶和塑料制品业	86	8	12994290
非金属矿物制品业	155	30	24728442
黑色金属冶炼和压延加工业	58	8	45785989
有色金属冶炼和压延加工业	48	5	25483716
金属制品业	166	15	26873342
通用设备制造业	169	36	29062095
专用设备制造业	125	11	15788301
汽车制造业	89	11	149301035
铁路、船舶、航空航天和其他运输设备制造业	71	8	25821150
电气机械和器材制造业	175	32	46755426
计算机、通信和其他电子设备制造业	124	24	89850934
仪器仪表制造业	58	9	10538397
其他制造业	1	0	16400
废弃资源综合利用业	8	0	2988284
金属制品、机械和设备修理业	3	0	152047
电力、燃气及水的生产和供应业	17	2	17942463
电力、热力生产和供应业	6	0	12712511
燃气生产和供应业	8	2	5065586
水的生产和供应业	3	0	164366

表7—5 续表2

指 标	资产总计	流动资产	固定资产原价	累计折旧	负债	流动负债
总 计	551815326	295075752	265902354	104901854	333008600	275631556
一、按经济类型分组：						
国有独资公司	48519377	19151807	24758579	10980178	26848182	22640246
私营有限责任公司	104494842	63063089	43404473	16493529	61808269	56061016
与港澳台商合资经营	34709157	20648865	15899682	6419531	19109227	17050278
中外合资经营	127934973	65913607	82493313	34155126	66866392	55025854
其他有限责任公司	236156977	126298384	99346307	36853490	158376530	124854162
二、按轻重工业分组：						
轻工业	67765245	39598788	33137131	13696629	36029251	34011278
重工业	484050081	255476964	232765223	91205225	296979349	241620278
三、按企业规模分组：						
大型企业	267009591	128752836	137269108	58373383	169969178	136382903
中型企业	128569589	71541533	64546467	23709931	75860610	63097496
小微企业	156236146	94781383	64086779	22818540	87178812	76151157
四、按行业分组：						
采矿业	1984383	1064884	759141	373131	1154179	976904
煤炭开采和洗选业						
石油和天然气开采业						
黑色金属矿采选业	769510	364772	207574	130584	479733	404733
有色金属矿采选业	444209	195221	276252	135943	236280	181491
非金属矿采选业	770664	504891	275315	106604	438166	390680
开采辅助活动						
其他采矿业						
制造业	522218293	288028716	239834367	97024024	317555329	265684731
农副食品加工业	3427143	1912058	1582219	423172	1661638	1580245
食品制造业	9046409	5633323	3298189	1109512	4334036	4044178
酒、饮料和精制茶制造业	2322812	995839	2117065	947708	1270048	1286027
烟草制品业						
纺织业	2485609	1488892	1479288	748746	1523538	1485502
纺织服装、服饰业	12172371	7013010	6417785	3643579	6370611	6210917
皮革、毛皮、羽毛及其制品和制鞋业	689339	379916	320847	92267	424256	319675
木材加工和木、竹、藤、棕、草制品业	516977	362813	192580	78140	388314	380159

表7—5　续表3

指　标	资产总计	流动资产	固定资产原价	累计折旧	负债	流动负债
家具制造业	739219	445080	154292	46577	447934	375679
造纸和纸制品业	1229553	745251	600834	253929	662349	626530
印刷和记录媒介复制业	4651583	2312471	2793171	1186534	2412421	2009272
文教、工美、体育和娱乐用品制造业	1975686	1048009	1051365	326600	1060589	1033015
石油加工、炼焦和核燃料加工业	3439899	2388994	700627	348961	1063588	1000710
化学原料和化学制品制造业	88518803	33827669	62770932	26830581	53456632	37782050
医药制造业	8583101	5534584	2928735	1126578	3979415	3726322
化学纤维制造业	3160004	1169013	2529444	802136	2166853	2110541
橡胶和塑料制品业	10067542	5075806	6312312	2290586	5858384	5351146
非金属矿物制品业	27293034	14778308	14661270	5388112	16821848	14548876
黑色金属冶炼和压延加工业	43089554	14745469	28876691	13206851	31616382	23677097
有色金属冶炼和压延加工业	5074455	3479381	2119743	937950	2566002	2380297
金属制品业	14454424	7908963	7571055	2914603	7445219	7244587
通用设备制造业	42530695	28620127	15466265	5908255	24294629	21352704
专用设备制造业	13983022	9681880	3744961	1131798	8161966	7477238
汽车制造业	66267243	43501754	27697785	12125064	42160440	37477527
铁路、船舶、航空航天和其他运输设备制造业	34322027	19689580	9328733	3259995	24384740	21135503
电气机械和器材制造业	37951969	29468090	8229691	3067569	20663950	19357065
计算机、通信和其他电子设备制造业	75487745	40209839	22915499	6834239	47485805	37406206
仪器仪表制造业	7978158	5148159	3295003	1574666	4509373	3941294
其他制造业	5581	4321	0	0	5155	5155
废弃资源综合利用业	663738	390418	631195	391314	294905	294905
金属制品、机械和设备修理业	90598	69699	46791	28002	64309	64309
电力、燃气及水的生产和供应业	27612650	5982152	25308846	7504699	14299092	8969921
电力、热力生产和供应业	22710081	4519401	21738123	6622337	11540412	6370746
燃气生产和供应业	4246372	1355805	2901153	692070	2422375	2372292
水的生产和供应业	656197	106946	669570	190292	336305	226883

表7—5　续表4

指　标	主营业务收　入	主营业务税金及附加	利　税总　额	盈亏相抵后利润总额	从业人员平均人数（人）
总　计	689731607	7057126	92794044	63203794	489874
一、按经济类型分组：					
国有独资公司	25541294	89260	2293468	1716383	31299
私营有限责任公司	177208197	953403	21759767	13868270	194028
与港澳台商合资经营	39137073	193311	5621806	3469117	34378
中外合资经营	220526730	4130031	39603195	28493481	67659
其他有限责任公司	227318313	1691121	23515808	15656543	162510
二、按轻重工业分组：					
轻工业	137257419	624804	20247150	13647947	153744
重工业	552474188	6432322	72546894	49555847	336130
三、按企业规模分组：					
大型企业	236452010	2160504	22970326	14742882	141683
中型企业	194659619	801562	27181107	19672876	152346
小微企业	258619978	4095060	42642611	28788036	195845
四、按行业分组：					
采矿业	2637684	43377	404383	208117	4036
煤炭开采和洗选业					
石油和天然气开采业					
黑色金属矿采选业	289712	7481	9953	-28606	1027
有色金属矿采选业	359601	11054	134642	85828	920
非金属矿采选业	1988371	24842	259788	150895	2089
开采辅助活动					
其他采矿业					
制造业	668974062	6897709	88714208	60369329	479957
农副食品加工业	8369202	47730	1235432	864070	6892
食品制造业	10782376	42204	1598358	1039687	13835
酒、饮料和精制茶制造业	4899259	28268	673425	377617	4667
烟草制品业					
纺织业	5291554	31055	620324	366938	8941
纺织服装、服饰业	28723661	131604	3171044	1848930	47336
皮革、毛皮、羽毛及其制品和制鞋业	2077487	17644	240205	134461	4922
木材加工和木、竹、藤、棕、草制品业	929961	4141	73731	41131	949

表7—5 续表5

指　标	主营业务收　入	主营业务税金及附加	利　税总　额	盈亏相抵后利润总额	从业人员平均人数（人）
家具制造业	997201	5066	122809	77153	1510
造纸和纸制品业	1989455	9310	253842	171955	2847
印刷和记录媒介复制业	3734109	20319	458258	291910	7348
文教、工美、体育和娱乐用品制造业	5979206	52952	698508	379495	12050
石油加工、炼焦和核燃料加工业	6070058	24784	398594	238924	2071
化学原料和化学制品制造业	86462365	240963	7024829	4668557	42210
医药制造业	10513513	120206	2576403	1378154	11588
化学纤维制造业	2855288	3662	-45530	-105021	3476
橡胶和塑料制品业	12923168	61947	1145952	661716	16127
非金属矿物制品业	24545657	145387	2948054	1770817	25500
黑色金属冶炼和压延加工业	46497703	174494	2191192	1289992	23346
有色金属冶炼和压延加工业	25446554	48554	1566672	1003156	5061
金属制品业	26526309	143308	3928323	2833375	22684
通用设备制造业	28141152	185752	3115152	1868425	36769
专用设备制造业	15740032	82828	2023565	1390132	20768
汽车制造业	127150851	4694361	28149098	18723095	39663
铁路、船舶、航空航天和其他运输设备制造业	27321052	116638	2554983	1719758	31670
电气机械和器材制造业	45535279	215478	7316843	4594019	33194
计算机、通信和其他电子设备制造业	95943647	160028	12524700	11273682	41412
仪器仪表制造业	10470868	72631	1733753	1227647	10367
其他制造业	18665	59	70	11	30
废弃资源综合利用业	2878758	14844	398787	234029	2418
金属制品、机械和设备修理业	159672	1492	16832	5514	306
电力、燃气及水的生产和供应业	18119861	116040	3675453	2626348	5881
电力、热力生产和供应业	13612101	108534	3225359	2256480	3097
燃气生产和供应业	4343395	7340	394939	331677	2502
水的生产和供应业	164365	166	55155	38191	282

表7—6 规模以上股份有限公司工业企业主要经济指标（2013年）

计量单位：千元

指 标	企业单位数（个）	#亏损企业	工业总产值
总 计	232	41	264182914
一、按经济类型分组：			
股份有限公司	126	25	237203375
私营股份有限公司	92	13	25102738
港澳台商投资股份有限公司	7	1	1040071
外商投资股份有限公司	7	2	836730
二、按轻重工业分组：			
轻工业	52	8	12200885
重工业	180	33	251982029
三、按企业规模分组：			
大型企业	13	2	217461494
中型企业	53	4	27480422
小微企业	166	35	19240998
四、按行业分组：			
采矿业			
煤炭开采和洗选业			
石油和天然气开采业			
黑色金属矿采选业			
有色金属矿采选业			
非金属矿采选业			
开采辅助活动			
其他采矿业			
制造业	226	39	260491596
农副食品加工业	1	0	118648
食品制造业	1	1	22038
酒、饮料和精制茶制造业			
烟草制品业			
纺织业	3	0	311242
纺织服装、服饰业	6	1	733319
皮革、毛皮、羽毛及其制品和制鞋业	1	1	222867
木材加工和木、竹、藤、棕、草制品业			

表7—6　续表1

指　标	企业单位数（个）	#亏损企业	工业总产值
家具制造业	2	1	843722
造纸和纸制品业	2	1	155381
印刷和记录媒介复制业	3	0	300348
文教、工美、体育和娱乐用品制造业	5	0	1179419
石油加工、炼焦和核燃料加工业	2	0	103299263
化学原料和化学制品制造业	23	6	66735492
医药制造业	7	0	3534843
化学纤维制造业	1	0	1496410
橡胶和塑料制品业	7	1	887389
非金属矿物制品业	18	2	6022331
黑色金属冶炼和压延加工业	6	1	27673735
有色金属冶炼和压延加工业	4	2	5025620
金属制品业	22	2	7943824
通用设备制造业	20	5	2756825
专用设备制造业	22	2	4317450
汽车制造业	6	1	1805288
铁路、船舶、航空航天和其他运输设备制造业	8	1	1811713
电气机械和器材制造业	29	6	9174077
计算机、通信和其他电子设备制造业	11	1	4094391
仪器仪表制造业	15	4	9592135
其他制造业	0	0	0
废弃资源综合利用业	0	0	0
金属制品、机械和设备修理业	1	0	433826
电力、燃气及水的生产和供应业	6	2	3691318
电力、热力生产和供应业	4	2	3404607
燃气生产和供应业	1	0	113001
水的生产和供应业	1	0	173710

表7—6　续表2

指　标	资产总计	流动资产	固定资产原价	累计折旧	负债	流动负债
总　计	173596609	82583323	110831574	54228474	98781890	93782197
一、按经济类型分组：						
股份有限公司	154428905	70365281	103515030	51647626	88030470	83670246
私营股份有限公司	17117376	10950555	6551334	2366057	10047893	9509109
港澳台商投资股份有限公司	952697	445644	587552	155476	567944	488198
外商投资股份有限公司	1097631	821843	177658	59315	135583	114644
二、按轻重工业分组：						
轻工业	12824178	7400617	5457095	1841617	5285062	5305363
重工业	160772431	75182706	105374479	52386857	92496828	88476834
三、按企业规模分组：						
大型企业	123782573	54051093	89444623	45335691	73578775	71456045
中型企业	29756707	16995936	13697658	6313380	15620089	14436268
小微企业	20057329	11536294	7689293	2579403	9583026	7889884
四、按行业分组：						
采矿业						
煤炭开采和洗选业						
石油和天然气开采业						
黑色金属矿采选业						
有色金属矿采选业						
非金属矿采选业						
开采辅助活动						
其他采矿业						
制造业	167232183	80891390	103717839	50982382	95156250	91291460
农副食品加工业	15717	4359	13097	3813	14811	14811
食品制造业	114118	84601	31495	7254	108874	108874
酒、饮料和精制茶制造业						
烟草制品业						
纺织业	212724	158268	43546	21930	194444	181511
纺织服装、服饰业	622127	489373	71364	31653	71167	67882
皮革、毛皮、羽毛及其制品和制鞋业	394775	141958	78108	45204	314422	191456
木材加工和木、竹、藤、棕、草制品业						

表7—6 续表3

指 标	资产总计	流动资产	固定资产原价	累计折旧	负债	流动负债
家具制造业	474104	89029	750859	365784	29744	29744
造纸和纸制品业	146196	82954	66792	14723	104698	86478
印刷和记录媒介复制业	648517	201859	560007	188214	204768	172289
文教、工美、体育和娱乐用品制造业	649955	411031	243952	107328	258313	258312
石油加工、炼焦和核燃料加工业	22820737	9742242	19321836	9259362	15602687	15549323
化学原料和化学制品制造业	36090512	13802983	30950434	22212397	13622473	13281974
医药制造业	2675981	1723687	644498	181005	579344	517578
化学纤维制造业	3600030	2063290	1707170	503460	2497160	2213130
橡胶和塑料制品业	397581	216858	170625	112678	285876	215876
非金属矿物制品业	5407107	2889313	2885775	1556543	2987234	2724161
黑色金属冶炼和压延加工业	37852473	9537695	34057878	12428460	26212221	25256124
有色金属冶炼和压延加工业	4473509	2548610	1823023	559559	2758770	2630822
金属制品业	4903806	3588713	1546375	461376	3548673	3460565
通用设备制造业	3070123	1711983	1597992	554237	1231400	974099
专用设备制造业	5263059	3682709	1583098	670595	2999513	2899225
汽车制造业	648012	506189	130140	61795	395484	395484
铁路、船舶、航空航天和其他运输设备制造业	1773884	1373652	406704	122618	1116295	1040976
电气机械和器材制造业	16803497	12175028	2477398	658493	11116817	10268850
计算机、通信和其他电子设备制造业	4250820	2943364	1157163	485775	2787038	2747589
仪器仪表制造业	13865407	10694084	1355244	354714	6081872	5972175
其他制造业						
废弃资源综合利用业						
金属制品、机械和设备修理业	57412	27558	43266	13412	32152	32152
电力、燃气及水的生产和供应业	6364426	1691933	7113735	3246092	3625640	2490737
电力、热力生产和供应业	5089192	859181	6775910	3122689	2900860	2098136
燃气生产和供应业	214860	63624	16036	4816	2393	2393
水的生产和供应业	1060374	769128	321789	118587	722387	390208

表7—6　续表4

指　标	主营业务收　入	主营业务税金及附加	利　税总　额	盈亏相抵后利润总额	从业人员平均人数（人）
总　计	266732146	14213626	39303874	9317579	91712
一、按经济类型分组：					
股份有限公司	240600805	14075288	35635110	6681462	67063
私营股份有限公司	24283602	121803	3181447	2242036	21739
港澳台商投资股份有限公司	1022010	4230	121301	82886	1907
外商投资股份有限公司	825729	12305	366016	311195	1003
二、按轻重工业分组：					
轻工业	11512570	156139	1922032	1362548	17384
重工业	255219576	14057487	37381842	7955031	74328
三、按企业规模分组：					
大型企业	221324528	13930714	32966450	5011657	43178
中型企业	26959121	167575	4106097	2769802	26661
小微企业	18448497	115337	2231327	1536120	21873
四、按行业分组：					
采矿业					
煤炭开采和洗选业					
石油和天然气开采业					
黑色金属矿采选业					
有色金属矿采选业					
非金属矿采选业					
开采辅助活动					
其他采矿业					
制造业	263011665	14183942	38686191	8949348	90355
农副食品加工业	60022	0	3142	3142	62
食品制造业	21521	6	－3077	－4892	75
酒、饮料和精制茶制造业					
烟草制品业					
纺织业	313761	910	21367	11806	527
纺织服装、服饰业	751227	8198	200290	184215	1335
皮革、毛皮、羽毛及其制品和制鞋业	213861	782	－2971	－7804	802
木材加工和木、竹、藤、棕、草制品业					

表7—6 续表5

指 标	主营业务收入	主营业务税金及附加	利税总额	盈亏相抵后利润总额	从业人员平均人数（人）
家具制造业	848293	4738	46548	4705	728
造纸和纸制品业	139625	63	1806	1743	171
印刷和记录媒介复制业	302513	807	55241	44051	724
文教、工美、体育和娱乐用品制造业	1184061	8979	204666	130809	1781
石油加工、炼焦和核燃料加工业	101993329	10485608	26209185	3185042	5090
化学原料和化学制品制造业	69257333	3192107	3176800	-304951	12804
医药制造业	3144023	19833	864092	715783	1782
化学纤维制造业	1597300	92380	175770	62130	3302
橡胶和塑料制品业	848908	5699	62166	31780	1034
非金属矿物制品业	5597247	27544	677743	386880	6339
黑色金属冶炼和压延加工业	29484831	32816	373796	95309	6176
有色金属冶炼和压延加工业	4700363	32207	183872	24907	3037
金属制品业	7958645	24262	1377317	1102529	5984
通用设备制造业	2670418	16660	385280	245383	5237
专用设备制造业	4068226	42465	647158	410036	4965
汽车制造业	1837970	5208	84920	38887	1915
铁路、船舶、航空航天和其他运输设备制造业	1760628	11504	278146	198819	2898
电气机械和器材制造业	10137010	67542	1140034	624494	10700
计算机、通信和其他电子设备制造业	4054225	22334	200956	70221	6714
仪器仪表制造业	9640091	75528	2256314	1646312	5874
其他制造业					
废弃资源综合利用业					
金属制品、机械和设备修理业	426234	5762	65630	48012	299
电力、燃气及水的生产和供应业	3720481	29684	617683	368231	1357
电力、热力生产和供应业	3433753	25834	531069	291249	1059
燃气生产和供应业	113001	229	34798	32843	23
水的生产和供应业	173727	3621	51816	44139	275

表7—7　规模以上"三资"工业企业主要经济指标(2013年)

计量单位:千元

指　标	企业单位数(个)	#亏损企业	工业总产值
总　计	673	163	513545634
一、按轻重工业分组:			
轻工业	226	41	137465094
重工业	447	122	376080540
二、按企业规模分组:			
大型企业	42	6	205610540
中型企业	163	34	132546470
小微企业	468	123	175388624
三、按行业分组:			
采矿业			
煤炭开采和洗选业			
石油和天然气开采业			
黑色金属矿采选业			
有色金属矿采选业			
非金属矿采选业			
开采辅助活动			
其他采矿业			
制造业	662	163	503287434
农副食品加工业	11	0	8327285
食品制造业	16	3	5973998
酒、饮料和精制茶制造业	12	1	5376315
烟草制品业	0	0	0
纺织业	18	4	5173320
纺织服装、服饰业	48	7	11146985
皮革、毛皮、羽毛及其制品和制鞋业	11	3	4446479
木材加工和木、竹、藤、棕、草制品业	1	0	347584

表7—7 续表1

指　标	企业单位数（个）	#亏损企业	工业总产值
家具制造业	6	2	608827
造纸和纸制品业	6	0	1418962
印刷和记录媒介复制业	5	1	823004
文教、工美、体育和娱乐用品制造业	21	3	2887823
石油加工、炼焦和核燃料加工业	1	0	38752
化学原料和化学制品制造业	71	28	61876657
医药制造业	17	1	11365752
化学纤维制造业	2	1	2938335
橡胶和塑料制品业	27	11	4881905
非金属矿物制品业	23	6	4176540
黑色金属冶炼和压延加工业	9	1	1534634
有色金属冶炼和压延加工业	12	3	19107808
金属制品业	26	4	3052819
通用设备制造业	68	17	15564160
专用设备制造业	43	8	7150984
汽车制造业	44	9	109413878
铁路、船舶、航空航天和其他运输设备制造业	11	1	5553353
电气机械和器材制造业	51	15	27700211
计算机、通信和其他电子设备制造业	85	33	176123142
仪器仪表制造业	16	1	6233412
其他制造业	0	0	0
废弃资源综合利用业	1	0	44510
金属制品、机械和设备修理业	0	0	0
电力、燃气及水的生产和供应业	11	0	10258200
电力、热力生产和供应业	3	0	4552923
燃气生产和供应业	6	0	5570134
水的生产和供应业	2	0	135143

表 7—7　续表 2

指　标	资产总计	流动资产	固定资产原价	累计折旧	负债	流动负债
总　计	294323528	157429461	167324789	68018427	159687133	135283447
一、按轻重工业分组：						
轻工业	72685628	39492433	32442654	13598129	36944171	32185425
重工业	221637900	117937028	134882135	54420298	122742962	103098022
二、按企业规模分组：						
大型企业	129693764	69531635	76875959	34220974	74370307	64027822
中型企业	76153949	36884353	45153259	17135685	42594853	35717090
小微企业	88475815	51013473	45295571	16661768	42721973	35538535
三、按行业分组：						
采矿业						
煤炭开采和洗选业						
石油和天然气开采业						
黑色金属矿采选业						
有色金属矿采选业						
非金属矿采选业						
开采辅助活动						
其他采矿业						
制造业	281656281	154058997	156636469	65531785	152274129	129293487
农副食品加工业	10135718	2924631	898627	379729	6300319	3985223
食品制造业	7246975	4668402	2591788	1080047	2495482	2391794
酒、饮料和精制茶制造业	4256618	1937728	3210125	1301169	2307763	2323742
烟草制品业						
纺织业	4618394	2329690	3295138	1268711	2140773	1222523
纺织服装、服饰业	3966816	1889699	3099923	2269047	2265694	2237861
皮革、毛皮、羽毛及其制品和制鞋业	1296091	801729	659883	237095	527672	425339
木材加工和木、竹、藤、棕、草制品业	175129	114645	47757	11800	99316	99316

表7—7 续表3

指　标	资产总计	流动资产	固定资产原价	累计折旧	负债	流动负债
家具制造业	465557	252514	139747	55175	232598	202545
造纸和纸制品业	2073808	995076	1229675	248968	984572	515608
印刷和记录媒介复制业	879371	530450	585043	255350	466737	418785
文教、工美、体育和娱乐用品制造业	1212394	570442	818758	242534	479947	429107
石油加工、炼焦和核燃料加工业	46794	22666	31586	10770	30492	8704
化学原料和化学制品制造业	64239410	21104840	55531784	22447274	33840409	21283046
医药制造业	7240940	4357946	2618285	1098375	2161372	2109702
化学纤维制造业	3000691	1120242	2355124	734551	2076011	2025531
橡胶和塑料制品业	5320463	2109513	4709032	1822992	2789009	2346391
非金属矿物制品业	6436550	2850235	4702288	2246866	3088508	2893036
黑色金属冶炼和压延加工业	988443	666657	500348	209714	293212	293212
有色金属冶炼和压延加工业	3312630	2469325	1496072	745314	1702801	1490432
金属制品业	2154548	1413591	1088363	521010	1098765	1056333
通用设备制造业	21222247	13917570	7939560	3101583	11472155	10559401
专用设备制造业	7170465	5104615	1739527	584957	3787743	3707461
汽车制造业	37161464	22913150	19256060	6557923	19141528	16829005
铁路、船舶、航空航天和其他运输设备制造业	4673532	3662629	1300026	481460	3475624	3460274
电气机械和器材制造业	19833924	12865759	7743469	3201961	12428813	11393796
计算机、通信和其他电子设备制造业	58083761	39593292	27022068	13461074	34256255	33652080
仪器仪表制造业	4408356	2846793	2006516	946463	2326175	1928856
其他制造业	0	0	0	0	0	0
废弃资源综合利用业	35192	25168	19897	9873	4384	4384
金属制品、机械和设备修理业	0	0	0	0	0	0
电力、燃气及水的生产和供应业	12667247	3370464	10688320	2486642	7413004	5989960
电力、热力生产和供应业	7676547	1897388	7130564	1647000	4817591	3526530
燃气生产和供应业	4549726	1418182	3143347	743552	2450372	2400389
水的生产和供应业	440974	54894	414409	96090	145041	63041

表7—7　续表4

指　标	主营业务收　入	主营业务税金及附加	利　税总　额	盈亏相抵后利润总额	从业人员平均人数（人）
总　计	481075642	4869268	70538342	50774229	267662
一、按轻重工业分组：					
轻工业	139620777	463808	23402651	18286131	93864
重工业	341454865	4405460	47135691	32488098	173798
二、按企业规模分组：					
大型企业	202716687	1056655	25121718	17456280	116944
中型企业	131661322	330287	16914255	13393768	88919
小微企业	146697633	3482326	28502369	19924181	61799
三、按行业分组：					
采矿业					
煤炭开采和洗选业					
石油和天然气开采业					
黑色金属矿采选业					
有色金属矿采选业					
非金属矿采选业					
开采辅助活动					
其他采矿业					
制造业	471600984	4821830	68855406	49548359	263573
农副食品加工业	8271838	9153	1241540	1137991	2626
食品制造业	6588782	27449	1386529	1007529	8007
酒、饮料和精制茶制造业	5399524	120082	843601	479402	6173
烟草制品业	0	0	0	0	0
纺织业	5206848	23089	617346	493573	6916
纺织服装、服饰业	11040365	43351	1065152	590415	20475
皮革、毛皮、羽毛及其制品和制鞋业	4465888	7831	503815	310998	3913
木材加工和木、竹、藤、棕、草制品业	347584	1645	52195	32895	290

表7—7 续表5

指 标	主营业务收入	主营业务税金及附加	利税总额	盈亏相抵后利润总额	从业人员平均人数（人）
家具制造业	624537	4299	79285	43093	1372
造纸和纸制品业	1450958	2234	152740	118921	1353
印刷和记录媒介复制业	996389	2225	151537	120581	1332
文教、工美、体育和娱乐用品制造业	2920092	20186	353433	208981	6974
石油加工、炼焦和核燃料加工业	39392	207	2224	2017	25
化学原料和化学制品制造业	60781269	197151	3792368	2273837	13239
医药制造业	10860407	97403	2864434	1747243	5961
化学纤维制造业	2578770	2810	－67207	－110441	3114
橡胶和塑料制品业	4861475	20963	267964	127888	5890
非金属矿物制品业	4112861	28539	505951	310556	4435
黑色金属冶炼和压延加工业	1504462	6177	134440	95221	887
有色金属冶炼和压延加工业	19252402	10047	567006	316863	1969
金属制品业	2964148	12029	211016	130225	5182
通用设备制造业	15438725	94205	1405135	728162	19751
专用设备制造业	6681578	29393	617569	433772	8814
汽车制造业	79445994	3803339	24075841	16766733	18992
铁路、船舶、航空航天和其他运输设备制造业	5541833	18991	544229	362498	5149
电气机械和器材制造业	27131518	76531	3395601	1826492	20826
计算机、通信和其他电子设备制造业	176488969	121526	22977451	19068921	81061
仪器仪表制造业	6561319	40966	1108421	920721	8749
其他制造业	0	0	0	0	0
废弃资源综合利用业	43057	9	5790	3772	98
金属制品、机械和设备修理业	0	0	0	0	0
电力、燃气及水的生产和供应业	9474658	47438	1682936	1225370	4089
电力、热力生产和供应业	4480792	37589	1135418	787482	1240
燃气生产和供应业	4858724	9849	496546	401793	2742
水的生产和供应业	135142	0	50972	36095	107

表7—8　规模以上大中型工业企业主要经济指标(2013年)

计量单位:千元

指　标	企业单位数(个)	#亏损企业	工业总产值
总　计	544	68	882087067
一、按登记注册类型分组			
内资企业	339	28	543930057
国有企业	18	0	40862876
集体企业	7	1	4021963
股份合作企业	0	0	0
联营企业	1	0	360382
有限责任公司	105	11	185615921
股份有限公司	43	4	226773795
私营企业	162	11	85453573
其他企业	3	1	841547
港、澳、台商投资企业	60	9	52706150
外商投资企业	145	31	285450860
二、按轻重工业分组:			
轻工业	214	24	192306993
重工业	330	44	689780074
三、按企业规模分组:			
大型企业	92	8	598405741
中型企业	452	60	283681326
四、按行业分祖:			
采矿业	3	1	1356270
煤炭开采和洗选业	0	0	0
石油和天然气开采业	0	0	0
黑色金属矿采选业	1	1	312402
有色金属矿采选业	1	0	272750
非金属矿采选业	1	0	771118
开采辅助活动	0	0	0
其他采矿业	0	0	0
制造业	528	67	857632395
农副食品加工业	6	0	5708470
食品制造业	11	4	7738516
酒、饮料和精制茶制造业	4	1	3773808
烟草制品业	1	0	17971143

表7—8 续表1

指 标	企业单位数（个）	#亏损企业	工业总产值
纺织业	22	4	7567263
纺织服装、服饰业	69	2	27598549
皮革、毛皮、羽毛及其制品和制鞋业	10	3	2007998
木材加工和木、竹、藤、棕、草制品业	0	0	0
家具制造业	3	1	1284422
造纸和纸制品业	0	0	0
印刷和记录媒介复制业	4	0	1473744
文教、工美、体育和娱乐用品制造业	23	1	8524990
石油加工、炼焦和核燃料加工业	4	0	106887745
化学原料和化学制品制造业	37	7	138522416
医药制造业	18	2	16493359
化学纤维制造业	3	1	4434745
橡胶和塑料制品业	12	1	7203359
非金属矿物制品业	21	1	16291316
黑色金属冶炼和压延加工业	13	1	66658226
有色金属冶炼和压延加工业	5	1	5122316
金属制品业	20	2	17819719
通用设备制造业	41	9	21161958
专用设备制造业	30	1	12669906
汽车制造业	33	5	64670728
铁路、船舶、航空航天和其他运输设备制造业	21	0	23219149
电气机械和器材制造业	43	7	51031649
计算机、通信和其他电子设备制造业	53	13	199082616
仪器仪表制造业	19	0	20391264
其他制造业	0	0	0
废弃资源综合利用业	2	0	2323021
金属制品、机械和设备修理业	0	0	0
电力、燃气及水的生产和供应业	13	0	23098402
电力、热力生产和供应业	7	0	17673356
燃气生产和供应业	4	0	4112604
水的生产和供应业	2	0	1312442

表7—8 续表2

指 标	资产总计	流动资产	固定资产原价	累计折旧	负债	流动负债
总 计	710324418	365245492	374068327	161798685	419493953	354019049
一、按登记注册类型分组						
内资企业	504476705	258829504	252039109	110442026	302528793	254274137
国有企业	71335153	42973105	25367215	9092828	31070055	21855188
集体企业	880434	709531	294248	140613	565882	565293
股份合作企业	0	0	0	0	0	0
联营企业	98214	57246	49757	15072	76550	76550
有限责任公司	239179639	117892364	107900772	42714188	157732515	123805026
股份有限公司	140854890	62722553	98417042	50125023	81893437	79026596
私营企业	49323857	31890587	19864219	8318582	28508327	26614442
其他企业	2804518	2584118	145856	35720	2682027	2331042
港、澳、台商投资企业	50206602	26925739	20168117	7950472	28619879	24036952
外商投资企业	155641111	79490249	101861101	43406187	88345281	75707960
二、按轻重工业分组：						
轻工业	123248439	70711294	48399059	19545821	57005625	48306653
重工业	587075979	294534198	325669268	142252864	362488328	305712396
三、按企业规模分组：						
大型企业	501531245	248324057	268733012	122213698	296404258	252434853
中型企业	208793173	116921435	105335315	39584987	123089695	101584196
四、按行业分祖：						
采矿业	1304332	624807	521555	270355	644854	515065
煤炭开采和洗选业						
石油和天然气开采业						
黑色金属矿采选业	739189	342618	205060	130543	452318	377318
有色金属矿采选业	369711	171915	220352	128827	173036	118247
非金属矿采选业	195432	110274	96143	10985	19500	19500
开采辅助活动						
其他采矿业						
制造业	659573288	352503116	333463882	149728124	391297158	338430737
农副食品加工业	9351920	1938494	1048662	334498	5837354	3478540
食品制造业	7706465	4933815	2862496	1176562	3589521	3360368
酒、饮料和精制茶制造业	1932750	895559	1606602	709915	1338827	1357006
烟草制品业	18098676	14127378	3778411	1963103	1984991	1973553

表7—8 续表3

指 标	资产总计	流动资产	固定资产原价	累计折旧	负债	流动负债
纺织业	5279334	2793364	3532703	1325919	2676377	1752975
纺织服装、服饰业	12884078	7626718	6485928	3762181	6620311	6164181
皮革、毛皮、羽毛及其制品和制鞋业	1013122	564583	269603	109574	622929	395630
木材加工和木、竹、藤、棕、草制品业	0	0	0	0	0	0
家具制造业	748345	221911	810342	385064	196922	166919
造纸和纸制品业	0	0	0	0	0	0
印刷和记录媒介复制业	1947416	961956	1155482	586659	967854	759924
文教、工美、体育和娱乐用品制造业	2423200	1450394	1141767	360636	983748	953095
石油加工、炼焦和核燃料加工业	25040205	11275331	19570497	9366494	16473729	16420104
化学原料和化学制品制造业	113286634	41990104	90618866	48428958	59304910	46958702
医药制造业	13640270	7980630	6111787	2371558	5025382	4675064
化学纤维制造业	6600721	3183532	4062294	1238011	4573171	4238661
橡胶和塑料制品业	6416581	2980852	4895217	1866361	3690427	3228131
非金属矿物制品业	18100349	9785690	9970617	4389198	10999500	9558677
黑色金属冶炼和压延加工业	77342350	22181653	61365017	25031143	55839606	46995478
有色金属冶炼和压延加工业	4105010	2184575	2159560	647815	2556188	2179485
金属制品业	9909209	6580367	4716817	1919835	5478249	5391708
通用设备制造业	35899877	25234524	12220623	4908080	20249134	17374785
专用设备制造业	13052697	9549551	3561072	1401196	7943648	7672701
汽车制造业	51787244	31670226	23981663	10999446	38413602	33827740
铁路、船舶、航空航天和其他运输设备制造业	37116543	22581885	9453490	3629824	25476580	21987865
电气机械和器材制造业	53498288	40215942	10954132	3754844	32765906	30617958
计算机、通信和其他电子设备制造业	101749847	57502230	42236600	16883319	61979161	52931660
仪器仪表制造业	30303237	21949754	4376490	1857609	15617212	13917908
其他制造业	0	0	0	0	0	0
废弃资源综合利用业	338920	142098	517144	320322	91919	91919
金属制品、机械和设备修理业	0	0	0	0	0	0
电力、燃气及水的生产和供应业	49446798	12117569	40082890	11800206	27551941	15073247
电力、热力生产和供应业	31139796	5532581	32073450	10354502	17429196	8243859
燃气生产和供应业	4160231	1160032	3076197	706504	2364362	2314379
水的生产和供应业	14146771	5424956	4933243	739200	7758383	4515009

表7—8　续表4

指　标	主营业务收　入	主营业务税金及附加	利　税总　额	盈亏相抵后利润总额	从业人员平均人数（人）
总　计	902033950	27992686	128904627	64404526	525388
一、按登记注册类型分组					
内资企业	567655941	26605744	86868654	33554478	319525
国有企业	42471432	10561740	19441250	5447298	27714
集体企业	4084369	31256	185349	80159	3029
股份合作企业	0	0	0	0	0
联营企业	354976	1592	47683	28397	465
有限责任公司	202972472	1524929	20832720	14354391	143449
股份有限公司	230701130	14017247	34639527	5991615	56520
私营企业	85774653	466073	11675268	7634905	86669
其他企业	1296909	2907	46857	17713	1679
港、澳、台商投资企业	51792027	217147	7444763	5133250	47253
外商投资企业	282585982	1169795	34591210	25716798	158610
二、按轻重工业分组：					
轻工业	196577688	11242660	44629114	24177402	163083
重工业	705456262	16750026	84275513	40227124	362305
三、按企业规模分组：					
大型企业	617834554	26787422	91394448	37825440	286470
中型企业	284199396	1205264	37510179	26579086	238918
四、按行业分祖：					
采矿业	1250905	35171	264201	119207	3220
煤炭开采和洗选业					
石油和天然气开采业					
黑色金属矿采选业	243469	6240	5778	-29589	979
有色金属矿采选业	275092	10933	127053	79365	843
非金属矿采选业	732344	17998	131370	69431	1398
开采辅助活动					
其他采矿业					
制造业	877425173	27783487	123615741	60852268	511518
农副食品加工业	5717533	31746	1108944	855280	3514
食品制造业	8541711	31144	1364030	899430	11069
酒、饮料和精制茶制造业	3844933	76660	505913	219135	4791
烟草制品业	17743739	10424275	16227910	3428705	1550

表7—8 续表5

指 标	主营业务收入	主营业务税金及附加	利税总额	盈亏相抵后利润总额	从业人员平均人数(人)
纺织业	7541526	34757	861310	617687	10773
纺织服装、服饰业	28471060	131231	3389323	2061093	47026
皮革、毛皮、羽毛及其制品和制鞋业	2001336	18233	265123	178061	5452
木材加工和木、竹、藤、棕、草制品业	0	0	0	0	0
家具制造业	1315382	8074	127428	54450	1253
造纸和纸制品业	0	0	0	0	0
印刷和记录媒介复制业	1328089	9367	124018	69797	3047
文教、工美、体育和娱乐用品制造业	8466583	72221	897431	495139	12033
石油加工、炼焦和核燃料加工业	106397738	10502681	26471936	3337430	6659
化学原料和化学制品制造业	141654015	3378814	9391287	4047749	45127
医药制造业	17746006	144573	3787305	2183521	16347
化学纤维制造业	4176070	95190	108563	-48311	6416
橡胶和塑料制品业	7143202	33715	593158	320620	9486
非金属矿物制品业	15771917	93492	2093859	1211003	15289
黑色金属冶炼和压延加工业	69544567	161491	1873676	945448	23275
有色金属冶炼和压延加工业	4880570	33873	259630	70180	3382
金属制品业	17732924	78455	3360477	2637184	12557
通用设备制造业	20423288	138014	2571996	1669838	29825
专用设备制造业	12258976	86905	1718659	1229344	15583
汽车制造业	72525657	1541807	5605056	2517203	39825
铁路、船舶、航空航天和其他运输设备制造业	24810540	94220	2086434	1482724	30193
电气机械和器材制造业	51766651	235626	8102079	5006574	37332
计算机、通信和其他电子设备制造业	202959845	175503	26421746	22260575	100193
仪器仪表制造业	20421583	140313	4002155	2928641	17697
其他制造业	0	0	0	0	0
废弃资源综合利用业	2239732	11107	296295	173768	1824
金属制品、机械和设备修理业	0	0	0	0	0
电力、燃气及水的生产和供应业	23357872	174028	5024685	3433051	10650
电力、热力生产和供应业	18624648	146884	4420112	2996057	4487
燃气生产和供应业	3469557	8918	450223	363113	2558
水的生产和供应业	1263667	18226	154350	73881	3605

表7—9　规模以上工业企业能源购进、消费及库存(2013 年)

项　　目	购进量		消费量合计	#工业生产消费	年末库存
	实物量	金额(万元)			
原煤(吨)	27993216.24	1773598.00	28128467.75	28122370.10	1437191.13
洗精煤(吨)	6702061.20	650822.40	6698439.20	6698439.20	241723.00
其他洗煤(吨)	81773.43	4415.76	69052.21	66991.21	27870.54
焦炭(吨)	1052739.22	156643.40	5649335.65	5649301.36	63274.82
焦炉煤气(万立方米)	10706.16	22495.00	117912.74	117912.74	
高炉煤气(万立方米)	526973.26	53063.71	1661594.82	1661594.82	
转炉煤气(万立方米)	33505.05	6787.67	81707.56	81503.56	
发生炉煤气(万立方米)					
天然气(气态)(万立方米)	228250.52	529359.50	228250.49	228015.38	
原油(吨)	24717563.10	11872561.00	24723032.10	24723032.10	747771.00
汽油(吨)	31111.25	26461.62	31734.53	19110.56	150.51
煤油(吨)	560.44	471.22	623.13	601.71	11.25
柴油(吨)	85137.39	65136.99	86364.14	74856.51	2887.46
燃料油(吨)	8456.86	5678.25	37183.22	35652.89	998.79
液化石油气(吨)	55167.53	34775.19	254879.19	254802.76	1095.96
炼厂干气(吨)	50845.59	12601.77	892212.59	890384.59	
石脑油(吨)	2234854.00	1292141.00	2254933.00	2254933.00	45016.00
润滑油(吨)	975.46	1107.99	984.24	930.24	4.93
石蜡(吨)	51.00	81.10	51.00	51.00	
溶剂油(吨)	5433.14	2772.29	5691.64	5691.64	745.99
其他石油制品(吨)	2795631.11	2119621.00	10133936.48	10133805.58	37079.13
热力(百万千焦)	50745928.27	283430.40	70783129.53	69354342.01	
电力(万千瓦时)	1987005.08	1505240.00	2701283.50	2666411.29	

注:本表口径为年主营业务收入在2000万元及以上的工业企业。

表7—10 规模以上工业企业能源产品生产销售与库存(2013年)

产品名称	年初库存	本年生产	本年销售	年末库存
原油加工量(吨)		24695479		
汽油(吨)	17640	4059743	4059536	17769
煤油(吨)	17014	2448412	2455219	10141
柴油(吨)	45153	6710396	6720976	34073
润滑油(吨)				
燃料油(吨)	16454	107594	89183	6250
石脑油(吨)	11616	3323625	3335239	
溶剂油(吨)		12536	12533	
润滑脂(吨)				
液化石油气(吨)	4625	1457882	1215796	8756
石油焦(吨)	9700	1743002	1730291	8108
石油沥青(吨)	0	868560	868556	0
焦炭(吨)	21345	4600042	0	8882
其中:机焦(吨)	21345	4600042	0	8882
发电量(万千瓦时)	0	5141608	0	0
其中:火力发电量(万千瓦时)	0	5141608	0	0
煤气生产量(万立方米)	0	2338382	0	0

注:本表口径为年主营业务收入在2000万元及以上的工业企业。

表7—11　主要能源品种按工业行业分组消费量(2013年)

行业分类	原煤(吨)	洗精煤(吨)	其他洗煤(吨)	煤制品(吨)
总　计	28128467.75	6698439.20	69052.21	189.38
黑色金属矿采选业	4628.00			
有色金属矿采选业				
非金属矿采选业	814.57			
农副食品加工业	10231.46		6961.00	
食品制造业	17052.03			
酒、饮料和精制茶制造业	17605.26			
烟草制品业				
纺织业	2214.25			
纺织服装、服饰业	5421.56	7.20		
皮革、毛皮、羽毛及其制品和制鞋业	1335.80			
木材加工及木、竹、藤、棕、草制品业	75.86			
家具制造业	99.00			
造纸及纸制品业	5646.07			
印刷业和记录媒介复制业				
文教、工美、体育和娱乐用品制造业	1006.00	20.00		
石油加工、炼焦及核燃料加工业	1828503.02			
化学原料及化学制品制造业	2305702.33			
医药制造业	2668.09			189.38
化学纤维制造业	82608.00			
橡胶和塑料制品业	10274.31			
非金属矿物制品业	1429286.60	1025.00		
黑色金属冶炼及压延加工业	2086437.61	6696793.00		
有色金属冶炼及压延加工业	4157.76			
金属制品业	11587.87			
通用设备制造业	330.44			
专用设备制造业	273.00			
汽车制造业	71312.60			
铁路、船舶、航空航天和其他运输设备制造业	2035.75			
电气机械及器材制造业	710.40			
计算机、通信和其他电子设备制造业		594.00		
仪器仪表制造业				
其他制造业				
废弃资源综合利用业	3569.24		52091.21	
金属制品、机械和设备修理业				
电力、热力的生产和供应业	20222880.87			
燃气生产和供应业				
水的生产和供应业				

注:本表口径为年主营业务收入在2000万元及以上的工业企业。

表7—11 续表1

行业分类	焦炭(吨)	其它焦化产品(吨)	焦炉煤气(万立方米)	高炉煤气(万立方米)
总 计	5649335.65	4375.00	117912.74	1661594.82
黑色金属矿采选业				
有色金属矿采选业				
非金属矿采选业				
农副食品加工业	241.00			
食品制造业				
酒、饮料和精制茶制造业				
烟草制品业				
纺织业				
纺织服装、服饰业	892.00			
皮革、毛皮、羽毛及其制品和制鞋业				
木材加工及木、竹、藤、棕、草制品业				
家具制造业				
造纸及纸制品业				
印刷业和记录媒介复制业				
文教、工美、体育和娱乐用品制造业				
石油加工、炼焦及核燃料加工业			2.76	
化学原料及化学制品制造业	220.60			
医药制造业		4375.00		
化学纤维制造业				
橡胶和塑料制品业				
非金属矿物制品业	16.00		23.53	13304.32
黑色金属冶炼及压延加工业	5639021.14		107206.58	1134621.56
有色金属冶炼及压延加工业	887.98			
金属制品业	4250.00			
通用设备制造业	1521.78			
专用设备制造业	519.50			
汽车制造业				
铁路、船舶、航空航天和其他运输设备制造业	1725.65			
电气机械及器材制造业	40.00			
计算机、通信和其他电子设备制造业				
仪器仪表制造业				
其他制造业				
废弃资源综合利用业				
金属制品、机械和设备修理业				
电力、热力的生产和供应业			10679.87	513668.94
燃气生产和供应业				
水的生产和供应业				

注:本表口径为年主营业务收入在2000万元及以上的工业企业。

表7—11　续表2

行业分类	转炉煤气（万立方米）	发生炉煤气（万立方米）	天然气（气态）（万立方米）	液化天然气（液态）（吨）
总　计	81707.56		228250.49	1542.97
黑色金属矿采选业				
有色金属矿采选业				
非金属矿采选业				
农副食品加工业			54.84	
食品制造业			185.20	
酒、饮料和精制茶制造业				
烟草制品业			424.01	
纺织业			657.43	
纺织服装、服饰业			166.74	512.00
皮革、毛皮、羽毛及其制品和制鞋业				
木材加工及木、竹、藤、棕、草制品业				
家具制造业			0.98	
造纸及纸制品业				
印刷业和记录媒介复制业			46.00	
文教、工美、体育和娱乐用品制造业				
石油加工、炼焦及核燃料加工业			7319.00	
化学原料及化学制品制造业			135690.17	163.06
医药制造业			105.26	
化学纤维制造业			1126.18	
橡胶和塑料制品业			1170.70	
非金属矿物制品业			4539.06	
黑色金属冶炼及压延加工业	48202.51		293.02	
有色金属冶炼及压延加工业			3116.33	
金属制品业			38.64	
通用设备制造业			185.44	29.00
专用设备制造业			91.43	
汽车制造业			2548.21	569.16
铁路、船舶、航空航天和其他运输设备制造业			241.92	169.52
电气机械及器材制造业			693.50	100.23
计算机、通信和其他电子设备制造业			437.98	
仪器仪表制造业			15.29	
其他制造业				
废弃资源综合利用业				
金属制品、机械和设备修理业				
电力、热力的生产和供应业	33505.05		69103.16	
燃气生产和供应业				
水的生产和供应业				

注：本表口径为年主营业务收入在2000万元及以上的工业企业。

表 7—11　续表 3

行业分类	煤层气(煤田)(万立方米)	原油(吨)	汽油(吨)	煤油(吨)
总　计		24723032.10	31734.53	623.13
黑色金属矿采选业			1.00	
有色金属矿采选业				
非金属矿采选业			18.50	
农副食品加工业			316.20	
食品制造业			254.79	165.36
酒、饮料和精制茶制造业			45.43	
烟草制品业				
纺织业			143.16	
纺织服装、服饰业			575.71	
皮革、毛皮、羽毛及其制品和制鞋业			99.25	
木材加工及木、竹、藤、棕、草制品业			64.10	
家具制造业			39.60	
造纸及纸制品业			161.48	
印刷业和记录媒介复制业			309.27	
文教、工美、体育和娱乐用品制造业			390.29	
石油加工、炼焦及核燃料加工业		17145554.00	57.20	6.00
化学原料及化学制品制造业		7577475.00	5315.26	72.64
医药制造业			970.97	
化学纤维制造业			60.18	
橡胶和塑料制品业			427.90	
非金属矿物制品业			1393.26	57.57
黑色金属冶炼及压延加工业			1263.64	38.00
有色金属冶炼及压延加工业			180.85	12.50
金属制品业			738.57	78.75
通用设备制造业			4932.20	52.03
专用设备制造业			1047.62	2.25
汽车制造业			4504.82	63.03
铁路、船舶、航空航天和其他运输设备制造业		3.10	1102.49	56.64
电气机械及器材制造业			2963.20	15.81
计算机、通信和其他电子设备制造业			1633.63	2.39
仪器仪表制造业			2059.52	0.16
其他制造业				
废弃资源综合利用业			19.60	
金属制品、机械和设备修理业			2.40	
电力、热力的生产和供应业			35.00	
燃气生产和供应业			304.33	
水的生产和供应业			303.11	

注:本表口径为年主营业务收入在2000万元及以上的工业企业。

表7—11 续表4

行业分类	柴油（吨）	燃料油（吨）	液化石油气（吨）	炼厂干气（吨）
总 计	86364.14	37183.22	255249.19	891842.59
黑色金属矿采选业	695.00			
有色金属矿采选业				
非金属矿采选业	2097.52			
农副食品加工业	1605.84	152.00	60.00	
食品制造业	1413.97		56.43	
酒、饮料和精制茶制造业	201.94			
烟草制品业	631.47			
纺织业	1053.69	912.78		
纺织服装、服饰业	448.37			
皮革、毛皮、羽毛及其制品和制鞋业	19.20		300.00	
木材加工及木、竹、藤、棕、草制品业	178.98			
家具制造业	23.11			
造纸及纸制品业	1109.97	754.00	10.00	
印刷业和记录媒介复制业	180.40			
文教、工美、体育和娱乐用品制造业	362.90			
石油加工、炼焦及核燃料加工业	310.61	251.00	2300.00	671345.69
化学原料及化学制品制造业	5238.26	29608.23	240169.68	216473.30
医药制造业	2030.54			
化学纤维制造业	735.74		116.35	
橡胶和塑料制品业	598.16	639.20		
非金属矿物制品业	40099.63	2326.00	982.53	4023.60
黑色金属冶炼及压延加工业	5596.86	975.44	3039.34	
有色金属冶炼及压延加工业	289.41	521.00	937.00	
金属制品业	1809.69	6.47	415.00	
通用设备制造业	2411.16		349.87	
专用设备制造业	1142.96	2.10	19.43	
汽车制造业	5302.76		5684.00	
铁路、船舶、航空航天和其他运输设备制造业	3686.00	834.00	231.00	
电气机械及器材制造业	1715.52		114.48	
计算机、通信和其他电子设备制造业	854.77		464.08	
仪器仪表制造业	323.26			
其他制造业	16.20			
废弃资源综合利用业	1202.81			
金属制品、机械和设备修理业	7.20			
电力、热力的生产和供应业	2479.98	201.00		
燃气生产和供应业	392.02			
水的生产和供应业	98.24			

注：本表口径为年主营业务收入在2000万元及以上的工业企业。

表7—11 续表5

行业分类	石脑油(吨)	润滑油(吨)	石蜡(吨)	溶剂油(吨)
总 计	2254933.00	984.24	51.00	5691.64
黑色金属矿采选业				
有色金属矿采选业				
非金属矿采选业				
农副食品加工业				
食品制造业				
酒、饮料和精制茶制造业				
烟草制品业				
纺织业				
纺织服装、服饰业				
皮革、毛皮、羽毛及其制品和制鞋业				
木材加工及木、竹、藤、棕、草制品业		1.23		
家具制造业				
造纸及纸制品业				464.00
印刷业和记录媒介复制业				
文教、工美、体育和娱乐用品制造业		10.00		
石油加工、炼焦及核燃料加工业	2.00			3.00
化学原料及化学制品制造业	2254931.00	13.92		5217.50
医药制造业				
化学纤维制造业				
橡胶和塑料制品业				
非金属矿物制品业				
黑色金属冶炼及压延加工业		421.47	21.00	
有色金属冶炼及压延加工业				
金属制品业		26.00	30.00	
通用设备制造业		21.99		7.14
专用设备制造业		28.99		
汽车制造业		348.66		
铁路、船舶、航空航天和其他运输设备制造业		111.98		
电气机械及器材制造业				
计算机、通信和其他电子设备制造业				
仪器仪表制造业				
其他制造业				
废弃资源综合利用业				
金属制品、机械和设备修理业				
电力、热力的生产和供应业				
燃气生产和供应业				
水的生产和供应业				

注:本表口径为年主营业务收入在2000万元及以上的工业企业。

表7—11 续表6

行业分类	其它石油制品（吨）	热力（百万千焦）	电力（万千瓦时）
总　计	10133936.48	70783129.53	2701283.50
黑色金属矿采选业			3927.70
有色金属矿采选业			3826.17
非金属矿采选业			4817.37
农副食品加工业		636954.00	13861.91
食品制造业		925000.40	15352.83
酒、饮料和精制茶制造业		448840.89	14726.96
烟草制品业			2835.11
纺织业		606713.25	31199.72
纺织服装、服饰业		50263.50	21882.73
皮革、毛皮、羽毛及其制品和制鞋业	754.00		4906.25
木材加工及木、竹、藤、棕、草制品业			1250.70
家具制造业			1662.10
造纸及纸制品业		176905.17	10688.66
印刷业和记录媒介复制业		5277.00	7706.94
文教、工美、体育和娱乐用品制造业	5.00		7294.51
石油加工、炼焦及核燃料加工业	5687142.72	9602883.78	174068.94
化学原料及化学制品制造业	4422005.00	37870854.94	727445.50
医药制造业		454645.47	15703.99
化学纤维制造业		2160074.19	32963.72
橡胶和塑料制品业		147939.00	37535.40
非金属矿物制品业	30.79	201052.15	120840.48
黑色金属冶炼及压延加工业	3323.00	14971216.98	625714.53
有色金属冶炼及压延加工业		36138.00	23336.29
金属制品业		116060.00	46913.75
通用设备制造业	1236.97	9172.00	65599.88
专用设备制造业	178.00	202186.60	24572.88
汽车制造业		285764.49	104862.95
铁路、船舶、航空航天和其他运输设备制造业		27055.60	37536.38
电气机械及器材制造业		115566.39	55079.87
计算机、通信和其他电子设备制造业		822385.05	146715.46
仪器仪表制造业		41468.68	13547.78
其他制造业			202.81
废弃资源综合利用业			3104.91
金属制品、机械和设备修理业			310.89
电力、热力的生产和供应业	19261.00	868712.00	266483.76
燃气生产和供应业			1848.48
水的生产和供应业			30955.19

注：本表口径为年主营业务收入在2000万元及以上的工业企业。

表7—12　工业行业综合能耗汇总(2013年)

行业分类	综合能源消费量(吨标准煤)	工业总产值(万元)	产值能耗(吨标准煤/万元)	增幅(%)		
				综合能源消费量	工业总产值	产值能耗
全部工业企业	35172212.33	126417799.10	0.2782	1.07	10.33	-8.39
黑色金属矿采选业	7935.65	59257.30	0.1339	-31.05	-30.23	-1.17
有色金属矿采选业	4702.36	36108.30	0.1302	57.26	-11.37	77.43
非金属矿采选业	8885.19	208805.90	0.0426	-27.53	-15.14	-14.60
农副食品加工业	51302.26	1690362.31	0.0303	-1.97	11.90	-12.39
食品制造业	67693.77	1152802.33	0.0587	-5.82	8.24	-12.99
酒、饮料和精制茶制造业	47669.08	601386.80	0.0793	1.36	-1.74	3.16
烟草制品业	8394.67	1797114.40	0.0047	-10.08	9.01	-17.51
纺织业	77034.80	849824.66	0.0906	-9.61	7.42	-15.85
纺织服装、服饰业	36948.07	3746825.73	0.0099	-7.71	18.89	-22.37
皮革、毛皮、羽毛及其制品和制鞋业	8605.68	738483.20	0.0117	-12.60	16.81	-25.18
木材加工及木、竹、藤、棕、草制品业	1765.47	131572.20	0.0134	-11.81	20.56	-26.85
家具制造业	2122.42	180968.51	0.0117	30.99	32.09	-0.83
造纸及纸制品业	26581.72	408733.65	0.0650	-13.79	13.30	-23.91
印刷业和记录媒介复制业	10286.95	311527.95	0.0330	0.55	3.13	-2.50
文教、工美、体育和娱乐用品制造业	10399.48	1124001.50	0.0093	-14.37	17.34	-27.03
石油加工、炼焦及核燃料加工业	3065265.47	10832320.54	0.2830	20.22	17.09	2.67
化学原料及化学制品制造业	12925563.34	17830981.41	0.7249	1.56	2.40	-0.82
医药制造业	48515.40	2122785.97	0.0229	-1.40	5.37	-6.43
化学纤维制造业	151231.61	489402.50	0.3090	-20.41	2.78	-22.56
橡胶和塑料制品业	73633.65	1641941.91	0.0448	-11.62	5.52	-16.24
非金属矿物制品业	1298079.68	3309064.99	0.3923	-11.93	11.93	-21.32
黑色金属冶炼及压延加工业	8047622.62	8016056.64	1.0039	1.00	-3.92	5.11
有色金属冶炼及压延加工业	77680.40	3043545.80	0.0255	-8.38	-6.24	-2.28
金属制品业	78484.28	3812752.32	0.0206	-5.21	12.25	-15.56
通用设备制造业	94413.69	4017421.88	0.0235	9.26	6.92	2.19
专用设备制造业	41556.94	2728499.72	0.0152	8.57	10.04	-1.33
汽车制造业	232915.82	16364551.39	0.0142	10.57	29.22	-14.44
铁路、船舶、航空航天和其他运输设备制造业	59166.54	3555964.89	0.0166	2.80	2.69	0.11
电气机械及器材制造业	85200.21	7884830.92	0.0108	7.74	19.78	-10.05
计算机、通信和其他电子设备制造业	209545.78	21754870.21	0.0096	-2.14	9.78	-10.86
仪器仪表制造业	19170.84	2685301.00	0.0071	0.53	19.16	-15.63
其他制造业	249.26	9616.10	0.0259	-0.32	-7.79	8.11
废弃资源综合利用业	37435.32	359046.41	0.1043	-50.56	-4.37	-48.30
金属制品、机械和设备修理业	396.10	61887.60	0.0064	-11.41	12.22	-21.06
电力、热力的生产和供应业	8215202.45	2057693.84	3.9924	-1.85	-3.38	1.58
燃气生产和供应业	2474.39	598892.40	0.0041	-9.82	12.83	-20.08
水的生产和供应业	38080.97	202595.90	0.1880	1.83	24.77	-18.38

注:本表口径为年主营业务收入在2000万元及以上的工业企业。

表7—13　规模以上工业企业主要单位产品能源消耗(2013年)

指标名称	计量单位	本期	上年同期	比上年增减%
吨粘胶纤维综合能耗(长丝)	千克标准煤/吨	2193.34	2605.09	-15.81
吨粘胶纤维用电量(长丝)	千瓦时/吨	6044.15	6163.16	-1.93
炼焦工序单位能耗	千克标准煤/吨	90.55	106.08	-14.64
原油加工单位耗电	千瓦时/吨	57.30	51.46	11.35
原油加工单位综合能耗	千克标准油/吨	51.77	45.63	13.45
单位烧碱生产综合能耗(离子膜法30%)	千克标准煤/吨	309.57	324.60	-4.63
单位烧碱生产耗交流电(离子膜法30%)	千瓦时/吨	2203.37	2299.47	-4.18
单位乙烯生产综合能耗	千克标准煤/吨	854.04	858.16	-0.48
单位乙烯生产耗电	千瓦时/吨	132.30	130.22	1.60
单位合成氨生产综合能耗	千克标准煤/吨	1534.44	1476.99	3.89
单位合成氨耗电	千瓦时/吨	295.76	262.69	12.59
单位合成氨耗原料煤	千克标煤/吨	1090.01	1074.37	1.46
吨水泥熟料综合能耗	千克标准煤/吨	114.10	118.00	-3.30
吨水泥熟料综合电耗	千瓦时/吨	54.83	56.33	-2.66
吨水泥熟料烧成标准煤耗	千克标准煤/吨	104.21	106.65	-2.29
吨水泥综合能耗	千克标准煤/吨	89.91	94.74	-5.10
吨水泥综合电耗	千瓦时/吨	70.78	73.65	-3.89
吨水泥标准煤耗	千克标准煤/吨	78.70	83.83	-6.12
每重量箱平板玻璃综合能耗	千克标准煤/重量箱	13.60	13.36	1.76
每重量箱平板玻璃耗电	千瓦时/重量箱	7.45	7.45	0.01
每重量箱平板玻璃耗燃油	千克/重量箱	9.24	9.24	0.02
吨钢综合能耗	千克标准煤/吨	619.18	638.35	-3.00
吨钢耗电	千瓦时/吨	459.08	478.99	-4.16
吨钢可比能耗	千克标准煤/吨	541.11	563.10	-3.91
炼铁工序单位能耗	千克标准煤/吨	394.25	399.47	-1.31
铁矿烧结工序单位能耗	千克标准煤/吨	52.03	51.24	1.53
转炉炼钢综合工序单位能耗	千克标准煤/吨	-8.25	-4.76	73.47
电炉炼钢综合工序单位能耗	千克标准煤/吨	57.87	61.57	-6.01
电炉炼钢综合电力消耗	千瓦时/吨	236.99	255.92	-7.40
轧钢工序单位能耗	千克标准煤/吨	60.71	60.66	0.08
轧钢工序单位电力消耗	千瓦时/吨	116.58	115.70	0.76
吨钢耗新水	吨/吨	3.51	3.92	-10.42
电厂火力发电标准煤耗	克标准煤/千瓦时	286.91	289.44	-0.87
电厂火力供电标准煤耗	克标准煤/千瓦时	300.24	304.22	-1.31
发电厂用电率	%	4.36	4.57	-4.56

注:1.本表口径为年耗能万吨及以上工业企业。

2.本表中的本同期指标值为按国家目录统计的生产每单位产品的能源消耗量。

表7—14 规模以上工业企业取水总量按行业分类(2013年)

计量单位:万立方米

行业分类	工业取水总量				重复用水总量
	合 计	#自来水	地表水	地下水	
总 计	170812.36	20681.53	119686.11	70.58	678021.21
黑色金属矿采选业	104.07	0.07	104.00	0.00	40.43
有色金属矿采选业	31.56	22.56	0.00	9.00	181.43
非金属矿采选业	9.75	4.16	5.36	0.00	80.00
农副食品加工业	208.86	208.01	0.36	0.43	3.66
食品制造业	367.26	366.76	0.50		1.73
酒、饮料和精制茶制造业	476.30	476.30			309.76
烟草制品业	36.31	32.80			590.84
纺织业	412.65	205.42	35.67		5.25
纺织服装、服饰业	262.50	259.65	2.56	0.30	1.50
皮革、毛皮、羽毛及其制品和制鞋业	58.10	58.10			
木材加工及木、竹、藤、棕、草制品业	8.05	8.05			
家具制造业	10.31	10.08		0.05	0.17
造纸及纸制品业	49.01	49.01			
印刷业和记录媒介复制业	53.58	53.05		0.52	0.22
文教、工美、体育和娱乐用品制造业	45.37	44.63	0.51	0.22	1.94
石油加工、炼焦及核燃料加工业	2794.91	180.19	2521.25		1313.34
化学原料及化学制品制造业	16289.30	10032.97	5689.55	10.27	359688.81
医药制造业	456.22	447.42			387.70
化学纤维制造业	1137.52	453.88	683.64		376.00
橡胶和塑料制品业	224.17	223.00	1.11	0.06	1113.23
非金属矿物制品业	1813.23	762.60	1029.52	20.10	1257.37
黑色金属冶炼及压延加工业	33553.84	148.91	6732.92	2.51	236869.74
有色金属冶炼及压延加工业	133.57	123.07	1.65	8.84	81.31
金属制品业	328.17	327.11	1.05		11.18
通用设备制造业	483.62	479.51	0.19	3.91	185.87
专用设备制造业	418.67	417.66		1.02	38.84
汽车制造业	1070.98	1056.98	0.06	12.81	1382.64
铁路、船舶、航空航天和其他运输设备制造业	451.83	377.18	74.13		459.60
电气机械及器材制造业	495.05	492.71		0.54	6.49
计算机、通信和其他电子设备制造业	1682.33	1675.35	6.98		175.21
仪器仪表制造业	121.38	121.38			63.34
其他制造业	1.23	1.23			
废弃资源综合利用业	118.28	25.31	92.97		102.47
金属制品、机械和设备修理业	2.06	1.46			
电力、热力的生产和供应业	13152.90	167.15	10624.30		73291.14
燃气生产和供应业	22.19	22.19			
水的生产和供应业	93927.23	1345.62	92077.84		

注:本表口径为年主营业务收入在2000万元及以上的工业企业。

表 7—15 主要年份工业总产值

计量单位：万元

年 份	全部工业总产值（不变价）	#国有工业	全部工业总产值（现行价）	#国有工业
1949	4545	1407		
1952	28887	14678		
1957	84484	69886		
1962	120146	102393		
1965	221733	188043		
1970	420409	359978		
1975	604664	475537		
1978	845115	649434		
1979	942842	717360		
1980	1050111	747636		
1985	1773545	1187474		
1990	3089759	1990637		
1995	8798479	4137823	10381596	5307304
1997	12756605	4931719	13831951	5762074
1998	13147188	5996638	14112659	6437752
1999	13697772	5845505	15455462	6928660
2000	16869869	8317084	18430481	9036654
2004	—	—	34285905	12080749
2005	—	—	43828843	16767938
2006	—	—	51628106	18956614
2007	—	—	63016700	21337481
2008	—	—	69858400	22088550
2009	—	—	71824500	23046627
2010	—	—	90198900	30524263
2011	—	—	109255852	35991523
2012	—	—	120592300	39576980
2013	—	—	131157281	43394322

注：1995 年以后的产值数按新规定计算；1998 年以后国有工业产值数为国有控股数。

表7—16　主要年份规模以上工业企业职工人数、主营业务收入和利税总额

年　份	职工人数（万人）	主营业务收入（万元）	利税总额（万元）
1978	—	479852	124043
1979	55.26	567621	136507
1980	58.66	616995	93441
1981	62.90	610863	85509
1982	65.58	668852	87733
1983	70.87	752944	127087
1984	71.41	876503	165675
1985	78.50	1120919	260540
1986	81.32	1151405	241801
1987	85.18	1508476	254047
1988	86.52	1845851	284969
1989	85.66	2202471	324272
1990	86.26	2477840	310481
1992	89.50	4081394	451528
1993	87.95	5642341	495640
1994	90.74	6608363	681163
1995	92.17	8645998	723396
1996	86.92	9197414	693749
1997	81.97	10077056	851273
1998	75.04	11624513	975555
1999	68.13	12534665	1200216
2000	62.04	15402200	1423719
2004	55.24	30914407	3442973
2005	56.27	40273019	3650834
2006	55.86	47141295	4079848
2007	59.29	58189978	6172559
2008	70.96	66355400	4703237
2009	73.39	67309878	7388915
2010	80.59	86253519	10799554
2011	78.11	104723129	11925432
2012	79.71	112832558	13727842
2013	79.71	124252054	17891738

主要统计指标解释

工业 指从事自然资源的开采,对采掘品和农产品进行加工和再加工的物质生产部门。具体包括:(1)对自然资源的开采,如采矿、晒盐、森林采伐等(但不包括禽兽捕猎和水产捕捞);(2)对农副产品的加工、再加工,如粮油加工、食品加工、轧花、缫丝、纺织、制革等;(3)对采掘品的加工、再加工,如炼铁、炼钢、化工生产、石油加工、机器制造、木材加工等,以及电力、自来水、煤气的生产和供应等;(4)对工业品的修理、翻新,如机器设备的修理、交通运输工具(包括小卧车)的修理等。

1984 年以前农村的村及村以下办工业归属农业,1984 年以后划归工业。

国有及国有控股企业 指国有企业加上国有控股企业。国有企业是指企业全部资产归国家所有,并按《中华人民共和国企业法人登记管理条例》规定登记注册的非公司制的经济组织。1957 年以前的公私合营和私营工业,后均改造为国营工业,1992 年改为国有工业,这部分工业的资料不单独分列时,均包括在国有企业内。国有控股企业是对混合所有制经济的企业进行的"国有控股"分类。它是指这些企业的全部资产中国有资产(股份)相对其他所有者中的任何一个所有者占资(股)最多的企业。该分组反映了国有经济控股情况。

集体企业 指企业资产归集体所有,并按《中华人民共和国企业法人登记管理条例》规定登记注册的经济组织。是社会主义公有制经济的组成部分。包括城乡所有使用集体投资举办的企业,以及部分个人通过集资自愿放弃所有权并依法经工商行政管理机关认定为集体所有制的企业。

股份合作企业 指以合作制为基础,由企业职工共同出资入股,吸收一定比例的社会资产投资组建,实行自主经营,自负盈亏,共同劳动,民主管理,按劳分配与按股分红相结合的一种集体经济组织。

联营企业 指两个及两个以上相同或不同所有制性质的企业法人或事业单位法人,按自愿、平等、互利的原则,共同投资组成的经济组织。联营企业包括:国有联营企业指国有企业与国有企业间的联营;集体联营企业指集体企业与集体企业间的联营;国有与集体联营企业指国有企业与集体企业间的联营。

有限责任公司 指根据《中华人民共和国公司登记管理条例》规定登记注册,由两个以上,五十个以下的股东共同出资,每个股东以其所认缴的出资额对公司承担有限责任,公司以其全部资产对其债务承担责任的经济组织。

有限责任公司包括国有独资公司以及其他有限责任公司。

股份有限公司 指根据《中华人民共和国企业法人登记管理条例》规定登记注册,其全部注册资本由等额股份构成并通过发行股票筹集资本,股东以其认购的股份对公司承担有限责任,公司以其全部资产对其债务承担责任的经济组织。

私营企业 指由自然人投资设立或由自然人控股，以雇佣劳动为基础的营利性经济组织。包括按照《公司法》、《合伙企业法》、《私营企业暂行条例》规定登记注册的私营有限责任公司、私营股份有限公司、私营合伙企业和私营独资企业。

港、澳、台商投资企业 指企业注册登记类型中的港、澳、台资合资、合作、独资经营企业和股份有限公司之和。

外商投资企业 指企业注册登记类型中的中外合资、合作经营企业、外资企业和外商投资股份有限公司之和。

“三资”企业 系指港、澳、台商投资企业和外资企业的简称。

轻工业 指主要提供生活消费品和制作手工工具的工业。按其所使用的原料不同，可分为两大类：(1)以农产品为原料的轻工业，是指直接或间接以农产品为基本原料的轻工业。主要包括食品制造、饮料制造、烟草加工、纺织、缝纫、皮革和毛皮制作、造纸以及印刷等工业；(2)以非农产品为原料的轻工业，是指以工业品为原料的轻工业。主要包括文教体育用品、化学药品制造、合成纤维制造、日用化学制品、日用玻璃制品、日用金属制品、手工工具制造、医疗器械制造、文化和办公用机械制造等工业。

重工业 是指为国民经济各部门提供物质技术基础的主要生产资料的工业。按其生产性质和产品用途，可以分为下列三类：(1)采掘(伐)工业，是指对自然资源的开采，包括石油开采、煤炭开采、金属矿开采、非金属矿开采和木材采伐等工业；(2)原材料工业，指向国民经济各部门提供基本材料、动力和燃料的工业。包括金属冶炼及加工、炼焦及焦炭、化学、化工原料、水泥、人造板以及电力、石油和煤炭加工等工业；(3)加工工业，是指对工业原材料进行再加工制造的工业。包括装备国民经济各部门的机械设备制造工业、金属结构、水泥制品等工业，以及为农业提供的生产资料如化肥、农药等工业。

根据上述划分原则，修理业中以重工业产品为修理作业对象的划为重工业，反之划为轻工业。

工业总产值 是以货币表现的工业企业在一定时期内生产的已出售或可供出售工业产品总量，它反映一定时间内工业生产的总规模和总水平。它包括：在本企业内不再进行加工，经检验、包装入库(规定不需包装的产品除外)的成品价值，对外加工费收入，自制半成品、在产品期末初差额价值。工业总产值采用“工厂法”计算，即以工业企业作为一个整体，按企业工业生产活动的最终成果来计算，企业内部不允许重复计算，不能把企业内部各个车间(分厂)生产的成果相加。但在企业之间、行业之间、地区之间存在着重复计算。

轻重工业总产值的划分是按“工厂法”计算的，即一个工业企业生产的主要产品性质属于轻工业，则该企业的全部总产值作为轻工业总产值；如它的主要产品性质属于重工业，则该企业的全部总产值作为重工业总产值。

实收资本 指企业实际收到的投资人投入的资本。按投资主体可分为国家资本、集体资本、法人资本、个人资本、港澳台资本和外商资本等。

资产合计 指企业拥有或控制的能以货币计量的经济资源。包括各种财产、债权和其他权利。资产按其流动性划分为流动资产、长期投资、固定资产、无形及递延资产和其他资产。

(1)流动资产 指企业可以在一年内或者超过一年的一个生产周期内变现或耗用的资产合计。包括现金及各种存款、短期投资、应收及预付款项、存货等。

(2)固定资产 指企业固定资产净值、固定资产清理、在建工程、待处理固定资产损失所占用的资金合计。

(3)无形资产 指企业长期使用而没有实物形态的资产。包括专利权、非专利技术、商标权、著作权、土地使用权、商誉等。

负债合计 指企业承担的能以货币计量,将以资产或劳务偿付的债务。负债一般按偿还期长短分为流动负债和长期负债、递延税项等。

(1)流动负债 指企业在一年内或者超过一年的一个营业周期内需要偿还的债务合计,其中包括短期借款、应付及预收款项、应付工资、应交税金和应交利润等。

(2)长期负债 指企业在一年以上或者超过一年的一个营业周期以上需要偿还的债务合计,其中包括长期借款、应付债务、长期应付款项等。

所有者权益 指企业投资人对企业净资产的所有权。企业净资产等于企业全部资产减去全部负债后的余额,其中包括投资者对企业的最初投入,以及资本公积金、盈余公积金和未分配利润,对股份制企业即为股东权益。

固定资产原价 指企业在建造、购置、安装、改建、扩建、技术改造某项固定资产时所支出的全部货币总额。它一般包括买价、包装费、运杂费和安装费等。

固定资产净值 是指固定资产原价减去历年已提折旧额后的净额。

流动资产 是指可以在一年或者超过一年的一个营业周期内变现或者耗用的资产,包括现金及各种存款、短期投资、应收及预付货款、存货等。

主营业务收入 指企业销售产品和提供劳务等主要经营业务取得的收入总额。

主营业务成本 指企业销售产品和提供劳务等主要经营业务的实际成本。

主营业务税金及附加 指企业销售产品和提供工业性劳务等主要经营业务应负担的城市维护建设税、消费税、资源税和教育费附加。

主营业务利润 指企业销售产品和提供工业性劳务等主要经营业务收入扣除其成本、费用、税金后的利润。

利润总额 指企业实现的利润。

应交增值税 指企业在报告期内应交纳的增值税额。

能源购进量 根据企业生产、经营性质划分，购进量分两种情况，一种是能源经销企业（批发、零售企业）用于销售的能源购进数量，另一种是能源使用企业用于消费的能源购进数量，分别在不同表式中统计。

能源经销企业能源购进量，指能源经销企业在报告期内购入的、用于销售的各种一次能源和二次能源。能源经销企业能源购进量由能源经销企业（批发、零售企业）填报。

能源使用企业能源购进量，指能源使用单位在报告期内外购的、用于企业消费的各种一次能源和二次能源。能源使用企业能源购进量由能源使用企业填报。

购进量金额 指本单位在报告期实际购进的、已办理验收入库手续的各种一次能源和二次能源的金额。其金额以购货发票上的总金额（含增值税）计算，统计原则、范围与购进量相同。

能源消费量 指能源使用单位在报告期内实际消费的一次能源或二次能源的数量。

能源消费量统计的原则是：

（1）谁消费、谁统计。

（2）何时投入使用，何时计算消费量。

（3）消费量只能计算一次。

（4）耗能工质（如水、氧气、压缩空气等），不论是外购的还是自产自用的，均不统计在能源消费量中（计算单位产品能耗时除外）。

（5）企业自产的能源，凡作为企业生产另一种产品的原材料、燃料，又分别计算产量的，消费量要统计，

工业企业能源消费量 工业企业能源消费包括工业企业在生产过程中作为燃料、动力、原料、辅助材料使用的能源以及工艺用能、非生产用能；作为能源加工转换企业，还要包括能源加工转换的投入量。

工业生产能源消费 指工业企业为进行工业生产活动所使用的能源。

车辆用油 指在厂区内、外进行交通运输活动的车辆所消费的成品油。但是如果工业企业所属的车队是独立核算的企业，其消费的成品油既不能包括在“工业企业能源消费”中，亦不能包括在“车辆用油”中，它的消费应为交通运输业企业消费。

能源加工、转换消费 能源加工、转换是指为了特定的用途，将一种能源（一般为一次能源），经过一定的工艺，加工或转换成另外一种能源（二次能源）。

能源加工转换产出量 指各种能源经过加工转换后产出的各种二次能源产品（包括不作能源使用的其他

副产品和联产品），比如火力发电产出的电力，热电联产同时产出的电力、蒸汽、热水，洗煤产出的洗精煤、洗中煤、煤泥等；炼焦产出的焦炭、焦炉煤气和其他焦化产品；炼油产出的汽油、煤油、柴油、燃料油、液化石油气、炼厂干气和其他石油制品（石脑油、各种原料油、溶剂油、石蜡、润滑油、石油沥青等）；制气产出的是焦炉煤气、其他煤气、焦炭和其他焦化产品（煤焦油、粗苯等）。

能源加工转换损失量　指在能源加工、转换过程中产生的各种损失量，即能源加工、转换过程中投入的能源数量和产出的能源数量之差。

能源用作原材料　指能源产品不作能源使用，即不作燃料、动力使用，而作为生产另外一种产品（非能源产品）的原料或作为辅助材料使用，作原料使用时通常构成这种产品的实体。

综合能源消费量　指报告期内企业实际消费的各种能源的总和。计算综合能源消费量时，需要先将使用的各种能源折算成标准燃料后再进行计算。

能源库存量　本制度中所涉及的能源库存量是指企业能源库存量，它是企业在报告期的某时间点所拥有的各种能源数量。根据企业的生产经营活动性质，企业库存量分为生产企业产成品库存、经销企业（批发、零售企业）用于经营销售的库存、使用企业用于消费的库存。

库存量的核算原则：（1）时点性原则；（2）实际数量原则。

工业取水总量　指工业企业从各种水源提取的，并用于工业生产活动的水量总和，包括自来水、地下水、地表水、海水、苦咸水、经城市污水处理厂处理后回用于工业的水量，以及企业从市场购得的其他水或水的产品（如纯净水、矿泉水、蒸汽、热水、地热水等）。工业取水总量包括主要工业生产用水、辅助生产（包括机修、运输、空压站等）用水和附属生产（包括厂内绿化、职工食堂、非营业的浴室及保健站、厕所等）用水；不包括非工业生产单位的用水，如厂内居民家庭用水和企业附属幼儿园、学校、对外营业的浴室、游泳池等的用水量。

(八)
交通运输和邮电通讯业

CHAPTER 8
TRANSPORTATION, POST AND TELECOMMUNICATION SERVICES

表8—1 铁路运输基本情况(南京市辖范围)

指　标	2013年	2012年
车站(个)	18	18
货物发送量(万吨)	802.34	807.06
旅客发送量(万人次)	3613.95	3078.12

表8—2 航空运输情况

指　标	2013年	2012年
民用航空里程(公里)	66615	62745
#国际航线(公里)	5493	5493
民用机场数(个)	1	1
飞机架数(架)	37	32
旅客吞吐量(万人)	1501.18	1400.15
#旅客发出量	806.06	748.01
货邮吞吐量(吨)	255788.60	248067.50
#货邮发出量	140368.10	141572.20
年末职工人数(人)	5941	5497

注:货邮吞吐量中不含行李重量;民用航空里程按不重复距离计算。

8—3 全社会客货运输(吞吐)量(2013年)

指 标	客运量(万人)	旅客周转量(万人公里)	货运量(万吨)	货物周转量(万吨公里)	货物吞吐量(万吨)	集装箱(万标箱)
全社会	49407.11	4533225.28	44052.08	50804592.81	20226.77	267
公路运输	45070	2274460	23738	1865320		
#个体及联户			6748	319247		
水上运输	7.30	43.80	15556	47684350		
内河	7.30	43.80	2955	1415800		
沿海			6236	6572300		
远洋			6365	39696250		
港口					20201.19	267
铁路运输	3602.32	1318675.38	1701.55	932925.00		
民航运输	727.49	940046.10	6.67	9519.43	25.58	
管道运输			3049.86	312478.38		

注:本表数据不含城市公共交通,管道运输包括输油管道运输和天然气管道运输;全社会货运量和货物周转量包含管道运输。

表8—4　公路基本情况

计量单位：公里

指　标	2013 年	2012 年
公路总里程	11177	11029
按等级分		
高速	585	507
一级	903	896
二级	1441	1407
三级	1024	894
四级	6259	6351
按行政等级分		
国道	636	636
省道	619	586
县道	1902	1886
乡道	5009	4993
村道	3009	2970
按路面标准分		
高级	9812	9693
次高级	60	64
其他	1305	1336

表8—5 独立核算内河(沿海)港主要设备及吞吐量

指 标	2013年	2012年
码头长度(米)	35172	33261
泊位个数(个)	345	316
#万吨级	59	56
仓库总面积(平方米)	298780	296381
#容量(吨)	794866	793866
堆场总面积(平方米)	2581711	2599691
#容量(吨)	11324741	11730692
货物吞吐量(千吨)	211060	191970
出口量	81000	76940
#外贸	10670	8720
进口量(千吨)	130050	115030
#外贸	11370	8720
箱数(标箱)	2669214	2300344
#40英尺	988734	818586
重量(千吨)	24680	21916

表 8—6　全市民用车辆拥有量(2013 年)

计量单位:辆

指　标	总　计	#私　人
一、汽车	1404121	1177291
1、载客汽车	1299950	1128213
#大型	17595	283
轿车	960480	866282
2、载货汽车	93144	45504
#重型	33604	10437
中型	12621	6060
#普通载货	40548	24056
3、其他汽车	11027	3574
二、摩托车	376563	374826
1、普通	308560	306890
2、轻便	68003	67936
三、拖拉机	19228	19228
1、大型	3085	3085
2、小型	1073	1073
四、挂车	6843	462
五、其他类型车	5	2

表8—7 民用运输船舶拥有量(2013年)

指 标	总 计	#交通部门	#私 人
一、机动船(艘)	1672	1665	7
载客量(客位)	5000	5000	
净载重量(吨位)	13961771	13960116	1655
总功率(千瓦)	2861082	2861082	
(一)客船(艘)	31	31	
载客量(客位)	5000	5000	
(二)货船(艘)	1598	1598	7
净载重量(吨位)	13959771	13958116	1655
(三)拖船(艘)	43	43	
功率(千瓦)	93653	93653	
二、驳船(艘)	118	118	
净载重量(吨位)	369734	369734	

表8—8 邮政电信基本情况

指 标	2013年	2012年
一、局所及通信网络		
营业网点(所)	1648	1017
#邮政	216	183
信筒信箱(个)	896	798
邮运汽车(辆)	742	730
邮路总长度(公里)	16900	17482
#邮路	15043	12090
铁路邮路	1162	4972
农村投递线路总长度(公里)	14691	12042
二、通信业务		
邮电业务总量(亿元)	182.29	134.81
#邮政业务总量	47.43	8.88
邮电业务收入(亿元)	163.51	116.04
#邮政业务收入	39.77	9.75
函件(万件)	10195.18	10220.90
#国际函件	444.00	330.90
汇票(万张)	103.00	114.14
#国际汇票	0.01	0.01
包裹(万件)	64.88	80.63
#国际包裹	1.49	1.58
快递(万份)	19728.88	1143.28
#国际快递	464.95	35.43
订销报纸累计份数(万份)	18356.66	19125.50

注:邮电业务总量为2010年不变价计算,2012年市邮政管理局成立,2013年邮政业务总量、邮政业务收入等指标口径进行了调整,2013年邮政业务总量、邮政业务收入由基本邮政业务调整为含快递业务。

表8—8 续表

指 标	2013年	2012年
订销杂志累计份数(万份)	1162.21	1243.80
邮政储蓄平均余额(亿元)	269.42	220.46
集邮业务(万枚)	2392.32	3057.67
固定电话年末用户(万户)	288.15	288.92
#城市电话用户	235.36	230.06
住宅电话年末用户(万户)	124.44	159.97
#农村住宅电话用户	52.80	58.10
公用电话(万户)	38.59	30.12
互联网接入用户(万户)	323.58	269.63
#宽带用户	323.18	260.50
移动电话用户(万户)	1206.70	1153.10
三、电信主要通信能力		
城乡电话交换机总容量(万门)	250.88	342.90
移动电话交换机容量(万户)	2158.90	2044.00
四、电话普及率(含移动及农话)(部/千人)	1826	1699

注:邮路总长度不含航空速递公司数据。

表8—9 城市公共交通情况

指 标	2013年	2012年
一、公共汽电车		
1、运营车数(辆)	6946	6569
#天然气燃料车CNG	2337	1071
2、标准运营车数(标台)	8569	8186
3、运营线路网长度(公里)	8143	7588
4、公交专用车道长度(公里)	81	71
5、客运总量(万人次)	106434.10	109511.00
二、出租汽车		
1、运营车辆(辆)	11612	10643
2、客运总量(万人次)	29185.90	29498.60
三、轨道交通		
1、运营车数(辆)	480	480
#地铁	480	480
2、标准运营车数(标台)	1200	1200
3、运营线路网长度(公里)	81.60	81.60
4、运营线路长度(公里)	85	85
(1)地铁	85	85
(2)轻轨		
(3)有轨电车		
5、客运总量(万人次)	45216.00	40060.20
四、客运轮渡		
1、运营船数(艘)	13	19
2、客运总量(万人次)	630.10	1004.40

表8—10 主要年份旅客和货物运输量、邮电业务总量

年 份	旅客运输量（万人）	#公路	货物运输量（万吨）	#公路	#水运	邮电业务总量（万元）
1985	4863	3467	9315	3853	3120	3394
1986	4919	3487	10359	4790	3203	4095
1987	5230	3693	10455	4718	3366	5021
1988	5360	3680	10475	4253	3761	6521
1989	4943	3618	9552	3472	3733	7410
1990	4595	3211	9304	3756	3337	9339/19628
1991	4512	3099	9043	3406	3538	26633
1992	4625	3100	9555	3773	3696	37882
1993	4343	2823	9142	3366	3749	57924
1994	7918	6427	10365	4103	4287	89371
1995	10068	8765	12168	5666	4600	117843
1996	11098	9926	13632	7094	4644	155441
1997	13051	11795	12612	7249	3531	206193
1998	13784	12523	11941	6368	3703	271030
1999	14218	12838	12389	6285	4037	355474
2000	15294	13869	14102	7590	4275	515111
2001	16197	14778	15749	9156	4123	682007/307959
2004	19394	17641	16942	9741	6206	523906
2005	20537	18660	18083	10530	6483	717821
2006	22123	19999	18402	11249	6042	935544
2007	24810	22212	19861	12686	6077	937675
2008	26641	23720	24118	13650	9485	1045995
2009	36071	32895	26014	14983	9561	1217155
2010	39104	36004	34225	17683	11292	1390704
2011	42289	39080	35737	19820	14090	1209088/1514472.3
2012	46255	42519	41999	22020	15090	1348100
2013	49407	45070	44052	23738	15556	1822877

注：邮电业务总量1990年以前为1980年不变价，1990年以后为1990年不变价；1990年当年有两个价格计算的数字。2000年以前为1990年不变价，2001年当年有1990年不变价和2000年不变价两个价格计算的数字，其中：682007万元为按1990年不变价计算，307959万元为2000年不变价计算。2011年为2010年不变价计算。

主要统计指标解释

(一)铁路运输

铁路运输 指有固定的运行轨道,以铁路机车、客、货车辆为运输工具,承担旅客、货物运送任务的一种运输方式。具有全天候、大批量、长距离、成本低、高效率的现代化运输特点,是我国综合运输体系中,起骨干力量的重要运输方式。我国铁路运输是由国家铁路、地方铁路、合资铁路和铁路专用线及专用铁道组成,主要承担大宗货物中长距离运输和中长途旅客运输。

铁路旅客周转量 指一定时期内使用铁路客车运送的旅客人数与运输距离的乘积之和。计算公式为:

旅客周转量(人公里)=∑(实际运送的每一乘客×该旅客出发站与到达站间距离)

=实际运送的旅客人数×旅客平均运程

铁路货物周转量 指一定时期内使用铁路货车完成的货物运量与运送距离的乘积之和。计算公式为:

货物周转量(吨公里)=∑(每批货物重量×该批货物的运送距离)

=实际运送货物吨数×货物平均运程

铁路运输总收入 指铁路运输企业在完成客货运输工作中,按照国家批准的运费标准收取的货币收入。包括货运收入,客运收入,行李、包裹收入,邮运收入,车站和列车补收的旅客客票收入,到站补收的货物和行包运费、货物行包变更手续费等。

(二)公路运输

公路运输 指以汽车为主在公路上运送旅客和货物的一种运输方式。具有线路网密度大、分布广、运输中转环节少等特点,适合承担短途旅客、货物运输及铁路、公路、航空港(站)的集散和接运任务。

公路里程 指在一定时期内实际达到《公路工程技术标准 JTG B01-2003》规定的技术等级的公路,并经公路主管部门正式验收交付使用的公路里程数。包括大、中城市的郊区公路,以及公路通过小城镇(指县城、集镇)街道的公路里程和公路桥梁长度、隧道长度、渡口的宽度以及分期修建的公路已验收交付使用的里程,不包括大中城市的街道、厂矿、林区生产用道和农业生产用道的里程。两条或多条公路共同经由同一路段,只计算一次,不得重复计算里程长度。按公路技术等级分为等级公路和等外公路,其中等级公路分为高速公路、一级公路、二级公路、三级公路和四级公路。

民用汽车拥有量 指报告期末,在公安交通管理部门按照《机动车注册登记工作规范》,已注册登记领有民用车辆牌照的全部汽车数量。汽车拥有量统计的主要分类:根据汽车结构分为载客汽车、载货汽车、其他汽车;根据汽车所有者不同分为个人(私人)汽车、单位汽车;根据汽车的使用性质分为营运汽车、非营运汽车;根据汽车大小规格不同，载客汽车分为大型、中型、小型和微型，载货汽车分为重型、中型、轻型和微型。

其他类型车　指除民用汽车、摩托车及拖拉机以外的其他民用机动车辆，如简易机动车、电瓶车等。

载货挂车　指自身没有动力，需依靠机动牵引车拖带的公路载货用挂车。

机动车驾驶员　指持有正式驾驶执照的各类机动车驾驶人员。

公路运输汽车　指在公路运输管理部门注册登记的从事公路运输的营业性及非营业性运输工具。

公路营运汽车拥有量　指报告期末公路运输管理部门注册登记的未办理报废、销、转出手续从事公路运输的营业性客货汽车数量。不包括出租汽车、公共汽车。

普通载货汽车　指具有一般构造的栏板式、平板式及厢式货运汽车，包括自卸车、半挂车、厢式车等。

专用载货汽车　指具有特殊构造及附属设备从事专门用途的货运汽车，包括集装箱车、大件运输车、商品汽车运输车、冷藏保温车、罐车和其他货车。

公路货运量　指一定时期内由各种公路运输工具实际运送到目的地并卸完的货物数量。反映公路货运量的指标有发送货物吨数、到达货物吨数和运送货物吨数。

公路货物周转量　指一定时期内由各种公路运输工具实际完成的货物运量与相应的运送距离的乘积之和。计算公式为：

货物周转量（吨公里）= Σ（每批货物重量 × 该批货物的运送距离）

公路客运量　指公路运输企业及由其组织的其他单位在一定时期内实际运送的旅客人数。公路客运量的计算方法：不论乘车路程远近和票价的多少，以客票为依据，“人”为计量单位；不足购票年龄的免票儿童不计算客运量。

公路旅客周转量　指一定时期内由各种公路运输工具实际运送的旅客人数与相应的运送距离的乘积之和。计算公式为：

旅客周转量（人公里）= Σ（实际运送的每一旅客 × 该旅客出发站与到达站间距离）

（三）水路运输

水路运输　指利用船舶、排筏和其他浮运工具，在江、河、湖泊、水库、人工水道和海上运送旅客和货物的一种运输方式。在水运运输中，远洋及江海水运干线具有成本低、运量大的特点，适合于大宗货物的运送；支流小河运输线星罗密布，深入小港小巷，沟通城乡货物运输和人员出入。

内河航道通航里程　指在一定时期内，能通航运输船舶及排筏的天然河流、湖泊水库、运河及通航渠道的长度。包括全年季节性通航累计三个月以上的航道，不包括仅供零散流放竹、木排的河道。两省以河为界的航道里程，双方均按一半计算，以免重复。该指标可以反映内河水运网的规模、水平和发展情况。

民用运输船舶拥有量 指报告期末在水路运输管理部门注册登记的从事水上客、货运输活动的我国企业或私人拥有的营业性运输船舶(含我国企业或私人拥有的悬挂外国旗的船舶)数量。不包括非运输船舶及农业、渔业生产船舶。

机动船 又称自航船,指装有各种发动机推进装置,以机械动力行驶的船舶。

驳船 指本身无动力装置,或只设简易动力装置,依靠拖船或推船带动的平底船。

拖船 指专门拖带其他船舶、船队、木排的船舶。

船舶净载重量 指报告期末所拥有船舶的总载重量减去燃(物)料、淡水、粮食及供应品、人员及其行李等的重量及船舶常数后,能够装载货物的实际重量。

水路货运量 指在一定时期内由各种水运工具实际运送的货物数量,包括内河、江海、远洋货运量。

水路货物周转量 指一定时期内由各种水路运输工具实际完成的货物运量与相应的运送距离的乘积之和。

水路客运量 指水运企业及由其组织的其他单位在一定时期内实际运送的旅客人数。

水路旅客周转量 指水运企业和由其组织的其他单位在一定时期内实际运送的旅客人数与相应的运送距离的乘积之和。

自有和租用船舶数量 指该企业自己所有的和租用外单位的从事营业性水路运输的船舶数量,包括悬挂外国旗的船舶,不包括非运输船舶、驳船及农业、渔业生产船舶。

挂靠船舶数量 指挂靠到该企业的从事营业性水路运输的船舶数量,不包括非运输船舶、驳船及农业、渔业生产船舶。

柴油消费量 指该企业从事生产运输和行政管理等全部的柴油消费总量,包括企业租用和挂靠到该企业的从事营业性水路运输的船舶的柴油消费量。

(四)港口

港口 指位于江河湖海或水库沿岸,具有一定的设施和条件(如装卸机械、仓库堆场、码头泊位、客运设备等),供船舶停靠、旅客上下、货物装卸、生活物料供应或其他专门业务的地方。包括港内水域及紧接水域的陆地。按港口所处的水域分为海港、河港、湖港等;按港口是否对外国船舶开放分为对外开放港口和不对外开放港口。

港口码头长度 指报告期末港口用于靠泊船舶,进行装卸货物和上下旅客地段的实际长度,包括固定的、浮动的各种形式码头的长度。固定式码头,指顺水域自码头的一端至另一端的全部长度。浮动式码头,只计算其本身可靠泊船舶的正面长度,不包括浮动码头两端及其靠岸边的内档长度。

港口码头泊位个数 指设有系靠船舶装置、同时可供靠泊船舶的泊位数量，包括码头泊位、浮筒泊位以及供船舶锚泊的锚地泊位、水路过驳的平台泊位等。供停泊一艘船舶所备的位置，称为一个泊位。按泊位的使用性质可分为生产用泊位和非生产用泊位，按靠泊能力可分为万吨级泊位。

港口货物吞吐量 指经由水路进、出港区范围，并经过装卸的货物数量。按货物流向分为进港吞吐量和出港吞吐量，按货物的贸易性质分为内贸和外贸吞吐量。按货物的类别分，可根据现行的交通行业标准《运输货物分类和代码》分类。

港口旅客吞吐量 指由水路乘船进、出港区范围的旅客人数，不包括免票儿童、船舶船员人数、轮渡和港区内短途客运的旅客人数。按旅客流向分为旅客发送量和旅客到达量。

柴油消费量 指该港口从事装卸生产、辅助生产和行政管理等全部的柴油消费总量。

（五）民用航空运输

民用航空运输 指利用飞机和空中航线运送旅客和货邮的一种运输方式，具有速度快和不受地形限制的特点。航空运输成本高、运量小，适合对时间要求高的运输事务。

航线条数 指定期航班营运的航线条数。按国内航线（其中：港澳航线）、国际航线分类统计。

国际航线 指航线中任一航段的起讫点（技术经停点除外）在外国领土上的航线。

国内航线 指航线中各航段的起讫点（技术经停点除外）都在国内的航线。

地区航线 指航线中任一航段的起讫点在香港、澳门或台湾的航线（经香港、澳门、台湾飞往外国的航线统计为国际航线）。

定期航班航线长度 指定期航班营运里程的总长度，以万公里为计算单位。航线里程的统计分为按重复距离计算和按不重复距离计算两种形式。“按重复距离计算”是指不同航线的相同航段距离可以重复累加；“按不重复距离计算”则不同航线相同航段只统计一次。

定期航班通航机场 指有定期航班执飞的机场。

民用飞机期末架数 指报告期末实有的、持有有效适航证书的飞机数量。

运输飞机 指从事公共航空运输的民用飞机。分为大中型飞机和小型飞机，大中型飞机指100座及以上的运输飞机，小型飞机指100座以下的运输飞机。

民用航空飞机平均在册架数 指报告期平均每天在册的飞机架数。计算公式为：

民用航空飞机平均在册架数 = 报告期在册飞机总架/报告期日历天数

民用航空飞机班次 指飞机自始发到终点航站的一次飞行，去回程各按一个班次统计。专、包机飞行，按任务和架次统计。一项任务和一项包机，是由一架飞机完成的，按一架次统计；由两架飞机或由一架飞机两次完成的,按两架次统计。

民用航空客运量 指公共航空运输飞行所载运的旅客人数。成人和儿童各按一人计算,婴儿不计人数。每一特定航班的每一旅客只计算一次。唯一例外的是,乘坐定期航班既经过国内航段又经过国际航段的旅客,同时计算一个国内旅客和一个国际旅客。不定期航班运送的旅客每一特定航班(同一航班)只计算一次。

民用航空旅客周转量 反映旅客在空中实现位移的综合性生产指标,体现航空运输企业所完成的旅客运输工作量。计算单位为人公里(或称“客公里”)。计算公式为:

旅客周转量(人公里)=∑(航段旅客运输量×航段距离)

民用航空货邮运量 指公共航空运输飞行所载运的货物、邮件重量。每一特定航班的货邮只计算一次。唯一例外的是,定期航班既经过国内航段又经过国际航段运输的货邮,同时各计算一次国内货邮和一次国际货邮。不定期航班运输的货物每一特定航班(同一航班)只计算一次。

民用航空货邮周转量 指一定时期内,公共航空运输单位实际运送的货物、邮件的重量与相应的货邮运输距离乘积之和。计算公式为:

货邮周转量(吨公里)=∑(每批货邮重量×该批货邮运送距离)

民用航空总周转量 指反映旅客、货邮在空中运载工具的作用下发生位移的综合性指标,体现航空运输过程的生产效果。计算公式为:

民用航空总周转量=旅客周转量+邮件周转量+货物周转量

旅客的重量换算:成人90公斤,儿童45公斤,婴儿9公斤。

通用航空 指用民用航空器从事公共航空运输以外的民用航空活动,包括从事工业、农业、林业、渔业和建筑业的作业飞行以及医疗卫生、抢险救灾、气象探测、海洋监测、科学实验、教育训练、文化体育等方面的飞行活动。

飞行小时 指从飞机滑动前撤除轮档起至飞机着陆停稳后安放轮档止的全部时间。为方便操作,可以计为飞机靠自身动力开始滑行起至飞行航段结束至停机位置的全部时间,即飞机地面滑行时间和空中飞行时间之和。

(六)管道运输

管道运输 指以管道输送的方式将原油、天然气、成品油、其他气体等输送到用户的一种运输形式。包括油气田企业直接通向炼油厂、化工厂、电站等用户及装车站、油码头的管道,炼油厂通向用户(包括商业石油公司油库)的成品油、气管道,管道运输企业通向用户及装车(站)栈桥、油码头的管道;不包括油气田、炼油厂内的集输管线和工艺管线,油气井口输送到集气站或经集气站到净化处理装置的管线。

输油(气)能力 指在油气产量及设备正常的条件下,在年度有效工作时间内,最大可能的输油(气)量。一般按设计能力填报,当实际条件发生很大变化时,则按上级批准的查定能力计算。在计算输油气管道的输送能力时,对于一条输油气管道的输送能力只能根据干线的输送能力来确定,可以不考虑干线与支线的能力平衡。在几条输油气管线连网时,该管网的输油气能力则应根据各输油气管网的运行情况由有关部门综合确定,而不是把各条管道的能力简单相加。

输油(气)量 指输油气管道实际输送的油气数量。计算一条管线的管输量指首站和各进油点的输出量之和。一个单位管几条输油气管线,在计算输油气量时,应分别列出每条管线的输油气量。天然气按一千立方米折一吨原油计算。

输油(气)周转量 指在一定时期内输油气管道输送油气数量与输送距离的乘积。计算公式为:

输油气周转量 = 输油气量 × 输油气里程 - 自用量 × 输油气里程

(七)城市公共交通

城市公共交通 指城市中供公众乘用的、经济方便的各种交通方式的总称。包括公共汽车、电车、轨道交通(地铁、轻轨、有轨电车、索道、缆车)、出租汽车、公共轮渡等客运交通设施。

运营线路总长度 指全部运营线路长度之和。计算公式为:

运营线路长度 = Σ各条运营线路长度

= Σ〔1/2(上行起点至终点里程 + 下行起点至终点里程 + 上下行终点掉头里程〕

单向行驶的环行线路长度等于起点至终点里程与终点下客站至起点里程之和的一半,不包括折返、试车、联络线等非运营线路。

公交专用车道 指为了调整公共交通车辆与其他社会车辆的路权使用分配关系,提高公共交通车辆运营速度和道路资源利用率,而科学、合理设置的公共交通优先车道、专用车道(路)、路口专用线(道)、专用街道、单向优先专用线(道)等。

运营车数 指城市中用于公共交通运营业务的全部车辆数。地铁和轻轨在统计时一自然节为一辆。出租汽车指已经领取出租汽车专用牌照的运营车辆,包括技术完好的、在修的、长期行驶的以及拟报废尚未经上级机关批准的车辆。

轮渡运营船数 指用于城市客渡运营业务的全部船舶数。不含旅游客轮(长途旅游,市内供游人游览江、河、湖泊的船只)。

城市公共交通客运总量 指报告期内城市公共交通各种运输方式运送乘客的总人次。

(八)邮电通信

邮路 指各邮政局所、代办所之间及邮政局所、代办所与车站、码头、机场、转运站、报刊社之间,由自编或委代办人员按固定班期规定路线交换邮件、报刊的路线。包括农村地区运邮为主兼投递邮件、报刊的路线。不包括城市、农村地区纯投递(邮件报刊所走的)路线。邮路按级别分为:国际及港澳邮路、一级邮路、二级邮路、市内邮路、农村邮路;按运输工具分为:航空邮路、铁道邮路、汽车邮路、水运邮路、其他邮路。

农村投递线路 指农村邮政支局所自编或委办人员按固定班期、规定路线至农村乡(镇)、行政村等收件单位投递邮件、报刊所走的路线。

通信设备 指通信企业为社会提供传递信息或其他邮电服务的设备。包括本地电话、长途电信、移动电话、卫星通信、数据通信等主要设备。

邮电业务总量(又称通信业务总量) 指以价值量形式表现的邮电通信企业为社会提供各类邮电通信服务的总数量。邮电业务量按专业分类包括函件、包件、汇票、报刊发行、邮政快件、特快专递、邮政储蓄、集邮、传真、长途电话、出租电路、移动电话、分组交换数据通信、出租代维等。计算方法为各类产品乘以相应的平均单价(不变价)之和,再加上出租电路和设备、代用户维护电话交换机和线路等的服务收入。该指标综合反映了一定时期邮电业务发展的总成果,是研究邮电业务量构成和发展趋势的重要指标。计算公式为:

邮电业务总量 = Σ(各类邮电业务量 × 不变单价) + 出租代维及其他业务收入

= 邮政业务总量 + 电信业务总量

移动短信业务量 指移动电话用户通过移动通信网络短信平台使用短信业务的通信量。

移动电话用户 指通过移动电话交换机进入移动电话网、占用移动电话号码的电话用户。用户数量以报告期末在移动电话营业部门实际办理登记手续进入移动电话网的户数进行计算,一部移动电话统计为一户。

固定电话用户 指在电信运营企业营业网点办理开户登记手续并已接入固定电话网上的全部电话用户。包括普通电话用户、公用电话用户、窄带综合业务数字网(N—ISDN)用户、智能网专用接入终端用户等。按行政区划分为城市电话用户和农村电话用户。1997 年以前,“市内电话用户”是指接入县城及县以上城市电话网的电话用户;“农村电话用户”是指接入县邮电局农话台及县以下农村电话交换点,以县城为中心(除市话用户外)联通县、乡(镇)、行政村、村民小组的用户。从 1997 年起,电话用户数分组调整为以用户所在区域划分为“城市电话用户”和“乡村电话用户”,与过去的按市内电话和农村电话划分方法不同。而电话用户总数、电话机总部数统计范围不变。

城市电话用户 指直辖市、省辖市、地级市、县级市的市区、市郊区及县城(包括县人民政府所在地的县城关区或行政建制相当于县人民政府所在地的镇)范围内接入局用交换机的电话用户数,包括分布在农村地区的独立工矿区、林区、驻军等接入局用交换机的电话用户数。

农村电话用户　指县城关区以下的集镇和农村接入局用交换机的电话用户数。

住宅电话用户　指安装在居民住宅或农民家里并按照住宅电话用户登记注册和收费的电话用户。包括私人付费、单位付费和按规定免费安装的住宅电话用户。

局用交换机容量　指安装在本地电信运营商内用于接续本地固定电话的电话交换机容量，有倍增设备按倍增后的数量计数。包括现用和备用的人工或自动交换机的全部容量。计量单位：门。

移动电话交换机容量　指移动电话交换机根据一定话务模型和交换机处理能力计算出来的最大同时服务用户的数量。

互联网宽带接入端口　指用于接入互联网用户的各类实际安装运行的宽带接入端口的数量，包括 xDSL 用户接入端口、LAN 接入端口以及其他类型的宽带用户接入端口等，不包括窄带拨号接入端口。

营业网点服务面积　指报告期行政区域平均每一营业网点服务的面积。计算公式：

$$第一营业网点服务面积=\frac{行政区域土地面积(平方公里)}{营业网点总数(处)}$$

营业网点服务人口　指报告期行政区域平均每一营业网点服务的人口数。计算公式：

$$第一营业网点服务人口=\frac{行政区域总人口(万人)}{营业网点总数(处)}$$

电话普及率　指报告期行政区域总人口中，平均每百人拥有的话机数。计算公式：

$$电话普及率=\frac{电话机总数(部)}{行政区域总人口数(人)}$$

(九)
固定资产投资和建筑业

CHAPTER 9
INVESTMENT IN FIXED ASSETS AND CONSTRUCTION

2014' NANJING STATISTICAL YEARBOOK 2014' NANJING STATISTICAL YEARBOOK 2014' NANJING STATISTICAL YEARBOOK 2014' NANJING STATISTICAL YEARBOOK

表9—1　全社会固定资产投资

计量单位:亿元

指　标	2013年	2012年	2013年为上年%
全市投资总额	5265.55	4683.45	112.4
按产业分			
第一产业	23.55	23.59	99.8
第二产业	2518.53	2414.95	104.3
#工业	2509.40	2400.93	104.5
第三产业	2723.47	2244.91	121.3
#房地产开发投资	1120.18	1015.76	110.3
按经济类型分			
国有经济	2070.89	1852.71	111.8
非国有经济	3194.66	2830.74	112.9
#外资	412.36	511.26	80.7
私营、个体经济	1581.93	1228.11	128.8
本年新增固定资产	3014.42	3105.93	97.1

表9—2　全社会房屋建筑面积(2013年)

计量单位:万平方米

指　标	施工面积		竣工面积	
		#住　宅		#住　宅
全　市	13188.13	4362.62	3526.12	804.60
一、城镇投资	5607.90	36.61	1611.86	22.31
二、房地产开发投资	6407.20	4292.21	1039.39	754.04
三、农村非农户投资	1173.03	33.80	874.87	28.25

表9—3 城镇固定资产投资(2013年)

计量单位:万元

指 标	施工项目个数(个)	#本年新开工	本年投产项目个数(个)	计划总投资	#本年新开工	累计完成投资
总计	3706	2761	2726	84825235	30994505	58330117
一、按登记注册类型						
内资	3501	2609	2562	80340739	29418422	54324703
国有	984	499	420	46399216	12915787	28388922
集体	185	139	154	2278130	924947	1501549
股份合作	3	2	3	77330	10000	90005
联营企业	2	2	2	14245	8375	15419
国有联营	1	1	1	9870	4000	11044
集体联营						
国有与集体联营	1	1	1	4375	4375	4375
其他联营						
有限责任公司	871	706	745	13518038	6392257	10526058
国有独资公司	14	5	10	869960	113360	803956
其他有限责任公司	857	701	735	12648078	6278897	9722102
股份有限公司	116	58	70	5316158	1085395	3883222
私营	1317	1185	1149	12258329	7677369	9488628
其他	23	18	19	479293	404292	430900
港澳台商投资	74	59	60	1361145	444690	1180245
合资经营	24	19	16	255275	206437	227399
合作经营						
独资	44	34	38	1074262	206645	920846
股份有限	1	1	1	9500	9500	9500
其他港澳台商投资企业	5	5	5	22108	22108	22500
外商投资	129	91	102	3116151	1124193	2817305
合资经营	48	32	38	1043090	426070	1031743
合作经营	1	0	1	106000	0	124345
独资	74	55	59	1872727	673373	1584831
股份有限	6	4	4	94334	24750	76386
其他外商投资企业						
个体经营	2	2	2	7200	7200	7864
个体户	1	1	1	4800	4800	5124
个人合伙	1	1	1	2400	2400	2740
二、按国民经济行业						
农、林、牧、渔业	24	24	24	56791	56791	57279
采矿业	21	20	20	123944	69945	122720

表9—3　续表1

指　标	施工项目个数(个)	#本年新开工	本年投产项目个数(个)	计　划总投资	#本年新开工	累计完成投　资
制造业	2109	1812	1817	37393340	17558205	27358008
电力、燃气及水的生产和供应业	107	55	41	2130698	770586	1624269
建筑业	11	6	7	112702	46880	78836
批发和零售业	75	47	54	1656964	183400	1009807
交通运输、仓储和邮政业	92	48	52	13532784	862461	9322015
住宿和餐饮业	33	23	26	571170	66252	535517
信息传输、计算机服务和软件业	102	74	71	2215031	866455	1455696
金融业	17	8	8	1454319	189317	719290
房地产业	68	36	44	1961215	964453	1086774
租赁和商务服务业	97	57	55	2989438	1692364	1796055
科学研究、技术服务和地质勘查业	70	43	37	1855838	782103	1064306
水利、环境和公共设施管理业	575	351	294	12466971	4393728	8189769
居民服务和其他服务业	16	14	15	86556	45550	76427
教育	106	43	45	1423490	374476	1081597
卫生、社会保障和社会福利业	26	11	14	999708	295437	678146
文化、体育和娱乐业	58	29	33	2384446	1155342	1209958
公共管理和社会组织	99	60	69	1409830	620760	863648
国际组织						
三、按隶属关系						
中央	173	79	68	10535056	5015956	4222391
省	92	28	38	4534152	807850	3045009
市	420	221	173	22075140	2844170	16270872
区	479	281	286	11793188	4439755	7497451
其他	2542	2152	2161	35887699	17886774	27294394
四、按建设性质						
新建	1336	846	800	53963945	18840941	33469981
扩建	1449	1091	1104	24051033	8349089	18970609
改建	857	784	785	5829279	3669866	5154890

表9—3　续表2

指　标	施工项目个数(个)	#本年新开工	本年投产项目个数(个)	计　划总投资	#本年新开工	累计完成投　资
单纯建造生活设施	43	32	26	214256	89309	187063
迁建	19	8	9	360070	45300	243011
恢复	2	0	2	6300	0	6285
单纯购置	0	0	0	400352	0	298278
五、按控股情况						
国有控股	1148	571	510	53683068	14696727	33447476
集体控股	218	153	180	3381256	1016563	2535043
私人控股	2072	1825	1821	21757987	12740814	17343297
港澳台商控股	70	55	59	1329375	412982	1166948
外商控股	111	78	87	2776104	928440	2485330
六、按期末项目建设状态						
在建	987	570	7	60761495	20103671	33722906
全部投产	2719	2191	2719	24063740	10890834	24607211
全部停缓建						
七、按投资规模						
100万元以下						
100－500万元	28	28	25	14000	14000	13415
500－1000万元	282	268	258	243448	230587	246529
1000－3000万元	1116	1044	1016	2897965	2632969	3344132
3000－5000万元	526	456	444	2332941	2016659	2200746
5000－1亿元	927	644	696	7598881	5229203	7564570
1亿元－5亿元	538	243	217	14402886	6337521	11242122
5亿元－10亿元	132	37	44	9972881	2743108	7648893
10亿以上	157	41	26	47362233	11790458	26069710

表9—3 续表3

指 标	本 年 完成投资	#本年新开工	#住 宅	本年新增 固定资产
总 计	35005407	17930418	37464	19552606
一、按登记注册类型				
内资	32397429	16642430	37464	17411778
国有	14082010	4451952	5300	4207394
集体	955882	481738	25305	607698
股份合作	70670	10000	0	70670
联营企业	15419	8375	0	8375
国有联营	11044	4000	0	4000
集体联营				
国有与集体联营	4375	4375	0	4375
其他联营				
有限责任公司	7038219	4656303	6859	5417751
国有独资公司	244099	81889	0	316949
其他有限责任公司	6794120	4574414	6859	5100802
股份有限公司	1835079	670594	0	872783
私营	8020755	6012988	0	6154379
其他	379395	350480	0	72728
港澳台商投资	827903	425143	0	646652
合资经营	211375	174255	0	141518
合作经营				
独资	584528	218888	0	475153
股份有限	9500	9500	0	8788
其他港澳台商投资企业	22500	22500	0	21193
外商投资	1772211	854981	0	1486312
合资经营	696847	380117	0	547692
合作经营	944	0	0	124345
独资	1028947	454016	0	777843
股份有限	45473	20848	0	36432
其他外商投资企业				
个体经营	7864	7864	0	7864
个体户	5124	5124	0	5124
个体合伙	2740	2740	0	2740
二、按国民经济行业				
农、林、牧、渔业	57279	57279	0	57279
采矿业	77071	71745	0	77071

表9—3 续表4

指标	本年完成投资	#本年新开工	#住宅	本年新增固定资产
制造业	19309942	12184109	3175	13300585
电力、燃气及水的生产和供应业	896905	525645	0	306183
建筑业	41993	31469	0	49543
批发和零售业	562046	168849	0	193686
交通运输、仓储和邮政业	4603434	399085	0	513359
住宿和餐饮业	201234	65903	0	197049
信息传输、计算机服务和软件业	934533	589234	0	575312
金融业	308258	32419	0	28000
房地产业	471137	252455	28989	576451
租赁和商务服务业	1043046	439544	0	528698
科学研究、技术服务和地质勘查业	602152	310577	0	172433
水利、环境和公共设施管理业	4103407	1970126	5300	1838099
居民服务和其他服务业	44455	34677	0	35118
教育	485723	199203	0	318116
卫生、社会保障和社会福利业	199292	105283	0	194444
文化、体育和娱乐业	660976	276533	0	232439
公共管理和社会组织	402524	216283	0	358741
国际组织				
三、按隶属关系				
中央	2635989	1237508	0	707598
省	1168101	286370	0	485937
市	7640837	1698666	0	1605687
区	3985313	1871852	8984	2746805
其他	19575167	12836022	28480	14006579
四、按建设性质				
新建	19869417	8920944	12022	8445464
扩建	10689547	5507120	22642	7423634
改建	3963856	3407157	2800	3445961

表9—3 续表5

指 标	本 年 完成投资	#本年新开工	#住 宅	本年新增 固定资产
单纯建造生活设施	107469	72325	0	90016
迁建	86830	22872	0	32699
恢复	210	0	0	6300
单纯购置	288078	0	0	108532
五、按控股情况				
国有控股	16438372	5274216	8984	5364108
集体控股	1406567	577347	25305	927538
私人控股	13743917	10069434	2175	10946284
港澳台商控股	818176	409347	0	648085
外商控股	1494653	679329	0	1307798
六、按期末项目建设状态				
在建	18119929	6520302	6850	364480
全部投产	16885478	11410116	30614	19188126
全部停缓建				
七、按投资规模				
100万元以下				
100－500万元	13415	13415	0	12375
500－1000万元	239064	233608	1800	230971
1000－3000万元	3135676	2650351	2950	2599959
3000－5000万元	2019958	1896430	0	1930098
5000－1亿元	6244388	4854041	9209	5265677
1亿元－5亿元	7206427	4249275	21955	4800251
5亿元－10亿元	3381559	1351461	1550	2196451
10亿以上	12764920	2681837	0	2516824

表9—3 续表6

指标	资金来源						
	合计	上年末结余资金	本年资金来源				
			小计	国家预算内资金	国内贷款	利用外资	#外商直接投资
总计	37237295	1419004	35818291	631401	6189391	163653	136288
一、按登记注册类型							
内资	34320886	1393155	32927731	631401	5850924	10630	5630
国有	14675673	854793	13820880	619429	3461632	0	0
集体	1154694	4845	1149849	0	374704	0	0
股份合作	75000	0	75000	0	8000	0	0
联营企业	15955	0	15955	0	0	0	0
国有联营	11580	0	11580	0	0	0	0
集体联营							
国有与集体联营	4375	0	4375	0	0	0	0
其他联营							
有限责任公司	7178025	267756	6910269	0	628843	0	0
国有独资公司	251771	50000	201771	0	39000	0	0
其他有限责任公司	6926254	217756	6708498	0	589843	0	0
股份有限公司	2218606	137479	2081127	600	141120	0	0
私营	8592682	128282	8464400	9460	1139423	10630	5630
其他	410251	0	410251	1912	97202	0	0
港澳台商投资	862134	7465	854669	0	67778	41094	28729
合资经营	223125	965	222160	0	29229	22169	9804
合作经营							
独资	607009	6500	600509	0	38549	18925	18925
股份有限	9500	0	9500	0	0	0	0
其他港澳台商投资	22500	0	22500	0	0	0	0
外商投资	2046411	18384	2028027	0	268589	111929	101929
合资经营	770120	0	770120	0	76475	5000	5000
合作经营	17334	17334	0	0	0	0	0
独资	1208932	1050	1207882	0	183037	106929	96929
股份有限	50025	0	50025	0	9077	0	0
其他外商投资企业							
个体经营	7864	0	7864	0	2100	0	0
个体户	5124	0	5124	0	2100	0	0
个人合伙	2740	0	2740	0	0	0	0
二、按国民经济行业							
农、林、牧、渔业	57279	0	57279	0	2000	0	0
采矿业	77205	0	77205	0	1500	0	0

表9—3　续表7

指　标	资金来源						
	合　计	上年末结余资金	本年资金来源				
			小　计	国家预算内资金	国内贷款	利用外资	#外商直接投资
制造业	19814332	292536	19521796	600	1889605	138743	123743
电力、燃气及水的生产和供应业	936182	107224	828958		292568		
建筑业	45635	391	45244		4000		
批发和零售业	658054	52459	605595		109634	12365	
交通运输、仓储和邮政业	4296626	259626	4037000	247030	1230724		
住宿和餐饮业	185105	1286	183819		20549	12545	12545
信息传输、计算机服务和软件业	1232144	48110	1184034		37703		
金融业	413531	38697	374834		25931		
房地产业	584349	14809	569540		58110		
租赁和商务服务业	1118242	46176	1072066		496080		
科学研究、技术服务和地质勘查业	818310	183875	634435	1912	166588		
水利、环境和公共设施管理业	4873923	208595	4665328	262543	1276766		
居民服务和其他服务业	45077		45077		12500		
教育	534159	4215	529944	48040	90296		
卫生、社会保障和社会福利业	243698	40634	203064	2899	77600		
文化、体育和娱乐业	849258	62306	786952	52937	366953		
公共管理和社会组织	454186	58065	396121	15440	30284		
国际组织							
三、按隶属关系							
中央	2549468	14910	2534558	40352	353187		
省	1186472	93630	1092842	40904	44393		
市	7941654	778083	7163571	494847	2394412	5000	5000
区	4452064	134742	4317322	20365	695389	12365	
其他	21107637	397639	20709998	34933	2702010	146288	131288
四、按建设性质							
新建	21138050	1017797	20120253	405054	4435342	104910	77545
扩建	11419671	363523	11056148	198958	1515672	48943	48943
改建	4106651	32706	4073945	600	191377	9800	9800

表9—3　续表8

指　标	资金来源						
			本年资金来源				
	合　计	上年末结余资金	小　计	国家预算内资金	国内贷款	利用外资	#外商直接投资
单纯建造生活设施	118416	3092	115324	2435	0	0	0
迁建	112588	1286	111302	24354	5000	0	0
恢复	0	0	0	0	0	0	0
单纯购置	341919	600	341319	0	42000	0	0
五、按控股情况							
国有控股	17388841	1022222	16366619	620029	3654275	5000	5000
集体控股	1663616	115074	1548542	0	411704	0	0
私人控股	14391526	250859	14140667	9460	1684179	10630	5630
港澳台商控股	845438	7465	837973	0	47505	41094	28729
外商控股	1730740	18384	1712356	0	259516	106929	96929
六、按期末项目建设状态							
在建	20223534	1216390	19007144	483604	4249358	105540	78175
全部投产	17013761	202614	16811147	147797	1940033	58113	58113
全部停缓建							
七、按投资规模							
100 万元以下							
100－500 万元	13734	0	13734	500	500	0	0
500－1000 万元	243995	12831	231164	3628	7900	0	0
1000－3000 万元	3133202	15063	3118139	23309	122173	5630	5630
3000－5000 万元	2114563	15611	2098952	28522	107217	43313	43313
5000－1 亿元	6595537	40936	6554601	79015	1099623	14800	9800
1 亿元－5 亿元	8227214	362930	7864284	119684	1135474	29910	17545
5 亿元－10 亿元	4007181	241895	3765286	129843	671440	0	0
10 亿以上	12901869	729738	12172131	246900	3045064	70000	60000

表9—3 续表9

指标	本年资金来源		
	自筹资金		其他资金来源
	小计	#企事业单位自筹	
总计	27705042	11192854	1128804
一、按登记注册类型			
内资	25305972	10909194	1128804
国有	8744123	3179342	995696
集体	735145	429608	40000
股份合作	67000	4000	0
联营企业	15955	8375	0
国有联营	11580	4000	0
集体联营			
国有与集体联营	4375	4375	0
其他联营			
有限责任公司	6193018	2954853	88408
国有独资公司	159971	112811	2800
其他有限责任公司	6033047	2842042	85608
股份有限公司	1939407	799691	0
私营	7300187	3507487	4700
其他	311137	25838	0
港澳台商投资	745797	94682	0
合资经营	170762	34328	0
合作经营			
独资	543035	60354	0
股份有限	9500	0	0
其他港澳台商投资企业	22500	0	0
外商投资	1647509	186238	0
合资经营	688645	101176	0
合作经营	0	0	0
独资	917916	53062	0
股份有限	40948	32000	0
其他外商投资企业			
个体经营	5764	2740	0
个体户	3024	0	0
个人合伙	2740	2740	0
二、按国民经济行业			
农、林、牧、渔业	55279	38300	0
采矿业	75705	61222	0

表9—3 续表10

指标	本年资金来源		
	自筹资金		其他资金来源
	小计	#企事业单位自筹	
制造业	17485148	6849728	7700
电力、燃气及水的生产和供应业	527747	215504	8643
建筑业	41244	28398	0
批发和零售业	482466	356770	1130
交通运输、仓储和邮政业	1752857	260758	806389
住宿和餐饮业	150725	100005	0
信息传输、计算机服务和软件业	1140331	556853	6000
金融业	203753	148844	145150
房地产业	506430	213939	5000
租赁和商务服务业	551436	274299	24550
科学研究、技术服务和地质勘查业	425935	200789	40000
水利、环境和公共设施管理业	3082225	1235307	43794
居民服务和其他服务业	32577	25499	0
教育	382922	254707	8686
卫生、社会保障和社会福利业	122285	62344	280
文化、体育和娱乐业	335580	116885	31482
公共管理和社会组织	350397	192703	0
国际组织			
三、按隶属关系			
中央	2135219	993824	5800
省	929826	673692	77719
市	3334347	1105917	934965
区	3513883	1198087	75320
其他	17791767	7221334	35000
四、按建设性质			
新建	14229374	4597701	945573
扩建	9172919	4254983	119656
改建	3861268	2217972	10900

表9—3　续表11

指　标	本年资金来源		
	自筹资金		其　他资金来源
	小　计	#企事业单位自　筹	
单纯建造生活设施	112889	82639	0
迁建	77638	11302	4310
恢复	0	0	0
单纯购置	250954	28257	48365
五、按控股情况			
国有控股	11012711	4687697	1074604
集体控股	1096338	638844	40500
私人控股	12428698	5624545	7700
港澳台商控股	749374	94482	0
外商控股	1345911	103230	0
六、按期末项目建设状态			
在建	13135647	5120366	1032995
全部投产	14569395	6072488	95809
全部停缓建			
七、按投资规模			
100万元以下			
100－500万元	12734	8368	0
500－1000万元	219636	62047	0
1000－3000万元	2964723	1522737	2304
3000－5000万元	1919900	1369337	0
5000－1亿元	5339353	2364304	21810
1亿元－5亿元	6492039	2343437	87177
5亿元－10亿元	2931514	724822	32489
10亿以上	7825143	2797802	985024

表9—4 全社会工业投资(2013年)

计量单位:万元

指 标	施工项目个数(个)	#本年新开工	本年投产项目个数(个)	计划总投资	#本年新开工	累计完成投资
总计	3814	3335	3322	45427343	22973816	34547537
一、按登记注册类型						
内资	3599	3161	3137	41645137	21535676	31034879
国有	204	99	87	14140944	5277915	7190718
集体	32	25	22	583327	138067	501029
股份合作	2	1	2	71330	4000	84005
联营企业	3	3	3	19184	11335	20358
国有联营	1	1	1	9870	4000	11044
集体联营	1	1	1	2960	2960	2960
国有与集体联营	1	1	1	6354	4375	6354
其他联营						
有限责任公司	782	685	709	8647914	5234483	7557525
国有独资公司	5	2	4	360560	12160	375372
其他有限责任公司	777	683	705	8287354	5222323	7182153
股份有限公司	91	50	62	3874312	735711	3087457
私营	2464	2283	2236	13829955	9742995	12165108
其他	21	15	16	478171	391170	428679
港澳台商投资	67	57	58	1184972	407397	1022258
合资经营	20	17	15	198862	169144	188211
合作经营						
独资	41	34	37	954502	206645	802047
股份有限	1	1	1	9500	9500	9500
其他港澳台商投资	5	5	5	22108	22108	22500
外商投资	129	98	108	2577089	1010598	2470255
合资经营	51	37	41	982727	436210	967265
合作经营	1	1	1	996	996	996
独资	71	56	62	1499032	548642	1425608
股份有限	6	4	4	94334	24750	76386
其他外商投资企业						
个体经营	19	19	19	20145	20145	20145
个体户	19	19	19	20145	20145	20145
个人合伙						

表9—4 续表1

指标	施工项目个数(个)	#本年新开工	本年投产项目个数(个)	计划总投资	#本年新开工	累计完成投资
二、按国民经济行业						
采矿业	50	49	48	186515	131517	183520
煤炭开采和洗选业						
石油和天然气开采业						
黑色金属矿采选业	15	14	13	115679	61680	112331
有色金属矿采选业	1	1	1	2736	2736	2736
非金属矿采选业	33	33	33	65200	64201	65553
开采辅助活动						
其他采矿业	1	1	1	2900	2900	2900
制造业	3638	3213	3218	42954308	22007891	32612119
农副食品加工业	62	59	54	963609	552248	789941
食品制造业	73	62	65	523523	258332	463928
饮料制造业	21	17	19	98990	57540	97613
烟草制品业	1	0	0	174000	0	184258
纺织业	55	51	52	152562	120336	151412
纺织服装、鞋、帽制造业	245	235	230	711369	616524	686559
皮革、毛皮、羽毛(绒)及其制品业	35	34	34	99018	96038	99993
木材加工及木、竹、藤、棕、草制品业	32	32	29	98237	95262	95964
家具制造业	36	31	34	579351	112520	583774
造纸及纸制品业	56	52	51	254047	192893	281272
印刷业和记录媒介的复制业	39	36	36	125441	116471	123326
文教体育用品制造业	74	71	67	279665	235672	244751
石油加工、炼焦及核燃料加工业	3	2	3	12945	4455	9495
化学原料及化学制品制造业	259	223	234	5026013	1868873	4791556
医药制造业	93	75	75	1152606	712857	1059470
化学纤维制造业	8	7	7	55940	46140	57158
橡胶和塑料制品业	167	160	152	654027	551862	597344

表9—4 续表2

指 标	施工项目个数(个)	#本年新开工	本年投产项目个数(个)	计 划总投资	#本年新开工	累计完成投 资
非金属矿物制品业	265	244	246	1268956	970767	1197111
黑色金属冶炼及压延加工业	58	53	56	736359	156533	487028
有色金属冶炼及压延加工业	35	33	35	134664	116046	143067
金属制品业	240	221	226	1052820	877255	1058348
通用设备制造业	457	415	403	3227977	2274694	2837069
专用设备制造业	341	300	305	4961313	1394023	2952105
汽车制造业	167	135	139	2381887	1586046	1892415
铁路船舶航空航天制造业	100	76	84	1903710	526241	1531329
电气机械及器材制造业	290	238	239	5652019	2157023	3995880
通信设备、计算机及其他电子设备制造业	238	209	187	7697165	5149069	3589607
仪器仪表及文化、办公用机械制造业	117	92	102	911471	403266	763229
工艺品及其他制造业	51	34	35	1515012	612988	1387126
废弃资源和废旧材料回收加工业	9	7	9	53752	30057	58904
金属制品、机械和设备修理业	11	9	10	495860	115860	401087
电力、燃气及水的生产和供应业	126	73	56	2286520	834408	1751898
电力、热力的生产和供应业	62	26	16	1271158	299288	1007878
燃气生产和供应业	5	4	4	30264	20480	29370
水的生产和供应业	59	43	36	985098	514640	714650
三、按隶属关系						
中央	117	54	50	9017267	4241188	3560610
省	9	2	4	505362	46000	478430
市	87	39	42	2882770	648709	2113184
区	133	111	121	2387113	847656	1989088
其他	3468	3129	3105	30634831	17190263	26406225
四、按建设性质						
新建	1004	758	755	27957357	12904754	18218530
扩建	1357	1239	1227	9362312	4862875	9015101
改建	1436	1332	1328	7468556	5174307	6783699

表9—4 续表3

指 标	施工项目个数(个)	#本年新开工	本年投产项目个数(个)	计 划总投资	#本年新开工	累计完成投 资
单纯建造生活设施	3	0	2	55501	0	45256
迁建	12	6	8	264369	31880	189261
恢复	2	0	2	15200	0	15200
单纯购置	0	0	0	304048	0	280490
五、按控股情况						
国有控股	291	144	140	17493425	6370433	9807971
集体控股	47	32	34	1386913	174243	1224199
私人控股	3255	2980	2966	21760756	14512517	19331507
港澳台商控股	65	55	56	1177812	400237	1014410
外商控股	103	78	88	2185986	778851	2106304
六、按期末项目建设状态						
在建	500	355	8	23565156	10260072	12210396
全部投产	3314	2980	3314	21862187	12713744	22337141
全部停缓建						
七、按投资规模						
100 万元以下						
100－500 万元	0	0	0	500	0	500
500－1000 万元	429	425	426	465228	398698	470137
1000－3000 万元	1704	1655	1589	4563594	4320182	4568578
3000－5000 万元	547	489	502	2389817	2141689	2324900
5000－1 亿元	712	562	600	5757947	4523857	5711349
1 亿元－5 亿元	293	168	155	7395234	3992150	6365344
5 亿元－10 亿元	57	23	27	4513344	1790098	3489462
10 亿以上	72	13	23	20341679	5807142	11617267

表9—4 续表4

指 标	本年完成投 资	#本年新开工	#住 宅	本年新增固定资产
总 计	25093923	17073976	14058	17965863
一、按登记注册类型				
内资	22656777	15810715	14018	15994672
国有	3742505	1608134	0	1434370
集体	353810	117247	0	117774
股份合作	64670	4000	0	64670
联营企业	20358	11335	0	13314
国有联营	11044	4000	0	4000
集体联营	2960	2960	0	2960
国有与集体联营	6354	4375	0	6354
其他联营				
有限责任公司	5780455	4377905	13440	4568661
国有独资公司	120070	14060	0	64070
其他有限责任公司	5660385	4363845	13440	4504591
股份有限公司	1539208	544245	0	780917
私营	10780167	8811590	578	8947039
其他	375604	336259	0	67927
港澳台商投资	752809	405075	0	636926
合资经营	178351	154187	0	133292
合作经营				
独资	542458	218888	0	473653
股份有限	9500	9500	0	8788
其他港澳台商投资企业	22500	22500	0	21193
外商投资	1664192	838041	0	1316270
合资经营	671497	390338	0	484031
合作经营	996	996	0	996
独资	946226	425859	0	794811
股份有限	45473	20848	0	36432
其他外商投资企业				
个体经营	20145	20145	40	17995
个体户	20145	20145	40	17995
个人合伙				

表9—4 续表5

指标	本年完成投资	#本年新开工	#住宅	本年新增固定资产
二、按国民经济行业				
采矿业	137871	131546	0	134323
煤炭开采和洗选业				
石油和天然气开采业				
黑色金属矿采选业	66682	61356	0	66682
有色金属矿采选业	2736	2736	0	2736
非金属矿采选业	65553	64554	0	62605
开采辅助活动				
其他采矿业	2900	2900	0	2300
制造业	23939923	16357561	14058	17475126
农副食品加工业	450564	363698	0	263646
食品制造业	339097	247728	0	311597
饮料制造业	75632	57109	0	63016
烟草制品业	55266	0	0	0
纺织业	139592	119183	0	135207
纺织服装、鞋、帽制造业	631003	581952	185	620153
皮革、毛皮、羽毛(绒)及其制品业	97913	97013	20	97361
木材加工及木、竹、藤、棕、草制品业	95964	92719	115	90921
家具制造业	126986	114521	0	332182
造纸及纸制品业	238733	180925	0	189096
印刷业和记录媒介的复制业	115666	113906	0	97431
文教体育用品制造业	232881	199749	225	207865
石油加工、炼焦及核燃料加工业	5445	4455	0	5495
化学原料及化学制品制造业	3335699	1884191	1945	2419641
医药制造业	857192	601265	0	535345
化学纤维制造业	52358	47358	600	49758
橡胶塑料制品业	544322	489929	20	466573

表9—4 续表6

指　标	本年完成投　资	#本年新开工	#住　宅	本年新增固定资产
非金属矿物制品业	1034494	893509	2015	991022
黑色金属冶炼及压延加工业	284305	160173	25	167215
有色金属冶炼及压延加工业	137047	119891	0	126546
金属制品业	947735	868333	353	888577
通用设备制造业	2336440	1973185	5655	1907391
专用设备制造业	2165147	1297604	1005	1385985
汽车制造业	1477618	1069508	600	1042897
铁路船舶航空航天制造业	1046034	503546	0	637744
电气机械及器材制造业	2654003	1455337	0	1848531
通信设备、计算机及其他电子设备制造业	2676929	1732956	1200	1458599
仪器仪表及文化、办公用机械制造业	531171	374331	95	439273
工艺品及其他制造业	932316	565561	0	523606
废弃资源和废旧材料回收加工业	55496	31817	0	56484
金属制品、机械和设备修理业	266875	116109	0	115969
电力、燃气及水的生产和供应业	1016129	584869	0	356414
电力、热力的生产和供应业	510295	230647	0	125005
燃气生产和供应业	27054	20525	0	19076
水的生产和供应业	478780	333697	0	212333
三、按隶属关系				
中央	2203370	1002002	0	645681
省	138123	25000	0	63555
市	947396	433251	0	487682
区	1398036	712124	0	1089945
其他	20406998	14901599	14058	15679000
四、按建设性质				
新建	12413610	7336254	8055	7191066
扩建	6802217	4803916	328	5751134
改建	5524734	4914526	5455	4892889

表9—4 续表7

指 标	本年完成投资	#本年新开工	#住 宅	本年新增固定资产
单纯建造生活设施	9095	0	0	1884
迁建	65827	19280	220	35047
恢复	8150	0	0	8150
单纯购置	270290	0	0	85693
五、按控股情况				
国有控股	5248153	2253687	0	1994024
集体控股	661566	157220	0	308107
私人控股	16243752	12980292	13058	13680928
港澳台商控股	744961	397227	0	629300
外商控股	1369878	642914	0	1121101
六、按期末项目建设状态				
在建	7805280	3894483	195	405819
全部投产	17288643	13179493	13863	17560044
全部停缓建				
七、按投资规模				
100万元以下				
100－500万元	500	0	0	1
500－1000万元	467657	403801	618	459735
1000－3000万元	4493799	4311160	4770	4079529
3000－5000万元	2169291	2069786	5000	2104605
5000－1亿元	4991802	4517322	2970	4558166
1亿元－5亿元	4652254	3181255	700	3489167
5亿元－10亿元	2043910	955377	0	1271577
10亿以上	6274710	1635275	0	2003083

表9—4 续表8

指标名称	资金来源合计	上年末结余资金	本年资金来源合计				
			小计	国家预算内资金	国内贷款	利用外资	#外商直接投资
总计	25698292	399760	25298532	600	2501008	143459	126743
一、按登记注册类型							
内资	23076624	391245	22685379	600	2310057	12346	5630
国有	3894808	197592	3697216	0	454517	0	0
集体	384973	1027	383946	0	153197	0	0
股份合作	69000	0	69000	0	8000	0	0
联营企业	20894	0	20894	0	0	0	0
国有联营	11580	0	11580	0	0	0	0
集体联营	2960	0	2960	0	0	0	0
国有与集体联营	6354	0	6354	0	0	0	0
其他联营							
有限责任公司	5494122	22774	5471348	0	375701	0	0
国有独资公司	139660	0	139660	0	0	0	0
其他有限责任公司	5354462	22774	5331688	0	375701	0	0
股份有限公司	1659697	105047	1554650	600	69620	0	0
私营	11145420	64805	11080615	0	1153694	12346	5630
其他	407710	0	407710	0	95328	0	0
港澳台商投资	779209	7465	771744	0	39549	28729	28729
合资经营	182271	965	181306	0	1000	9804	9804
合作经营							
独资	564938	6500	558438	0	38549	18925	18925
股份有限	9500	0	9500	0	0	0	0
其他港澳台商企业	22500	0	22500	0	0	0	0
外商投资	1822314	1050	1821264	0	151402	102384	92384
合资经营	739376	0	739376	0	72825	5000	5000
合作经营	996	0	996	0	0	0	0
独资	1031917	1050	1030867	0	69500	97384	87384
股份有限	50025	0	50025	0	9077	0	0
其他外商投资企业							
个体经营	20145	0	20145	0	0	0	0
个体户	20145	0	20145	0	0	0	0
个人合伙							

表9—4　续表9

指标名称	资金来源合计	上年末结余资金	本年资金来源合计				
			小计	国家预算内资金	国内贷款	利用外资	#外商直接投资
二、按国民经济行业							
采矿业	139955	0	139955	0	2260	0	0
煤炭开采和洗选业							
石油和天然气开采业							
黑色金属矿采选业	68776	0	68776	0	0	0	0
有色金属矿采选业	2736	0	2736	0	0	0	0
非金属矿采选业	65543	0	65543	0	2260	0	0
开采辅助活动							
其他采矿业	2900	0	2900	0	0	0	0
制造业	24490613	292536	24198077	600	2204130	143459	126743
农副食品加工业	419577	0	419577	0	39000	0	0
食品制造业	350264	7187	343077	0	9970	0	0
饮料制造业	75640	0	75640	0	3680	0	0
烟草制品业	80000	8200	71800	0	0	0	0
纺织业	139124	0	139124	0	10510	0	0
纺织服装、鞋、帽制造业	640451	3900	636551	0	35930	4867	4867
皮革、毛皮、羽毛（绒）及其制品业	96993	0	96993	0	3865	4974	4974
木材加工及木、竹、藤、棕、草制品业	98267	450	97817	0	6780	0	0
家具制造业	208803	0	208803	0	39853	0	0
造纸及纸制品业	300257	0	300257	0	13400	0	0
印刷业和记录媒介的复制业	117236	410	116826	0	4860	0	0
文教体育用品制造业	239310	1800	237510	0	15370	4892	4892
石油加工、炼焦及核燃料加工业	5445	0	5445	0	0	0	0
化学原料及化学制品制造业	3415138	1960	3413178	0	467392	0	0
医药制造业	1004094	4000	1000094	0	65737	0	0
化学纤维制造业	35359	0	35359	0	1200	0	0
橡胶和塑料制品业	559503	2300	557203	0	44150	2850	2850

表9—4　续表10

指标名称	资金来源合计	上年末结余资金	本年资金来源合计				
			小计	国家预算内资金	国内贷款	利用外资	#外商直接投资
非金属矿物制品业	1065725	970	1064755	0	116798	9202	9202
黑色金属冶炼及压延加工业	274028	0	274028	0	4030	0	0
有色金属冶炼及压延加工业	133641	0	133641	0	6560	0	0
金属制品业	960347	600	959747	0	114515	6569	4853
通用设备制造业	2384355	10410	2373945	0	188917	75780	65780
专用设备制造业	2047960	36552	2011408	0	249341	4918	4918
汽车制造业	1411348	2015	1409333	0	83320	4839	4839
铁路、船舶航空航天制造业	1086008	32771	1053237	0	25730	0	0
电气机械及器材制造业	2783897	29388	2754509	0	142070	9768	9768
通信设备、计算机及其他电子设备制品业	2809077	8723	2800354	0	186380	5000	0
仪器仪表及文化、办公用机械制造业	567927	900	567027	600	28280	9800	9800
工艺品及其他制造业	850914	0	850914	0	281992	0	0
废弃资源和废旧材料回收加工业	56805	0	56805	0	4500	0	0
金属制造品、机械和设备修理业	273120	140000	133120	0	10000	0	0
电力、燃气及水的生产和供应业	1067724	107224	960500	0	294618	0	0
电力、热力的生产和供应业	568966	105264	463702	0	245418	0	0
燃气生产和供应业	25513	0	25513	0	800	0	0
水的生产和供应业	473245	1960	471285	0	48400	0	0
三、按隶属关系							
中央	2098324	10271	2088053	0	301773	0	0
省	177575	8417	169158	0	11000	0	0
市	1051324	141960	909364	0	78854	5000	5000
区	1452062	104	1451958	0	190206	0	0
其他	20919007	239008	20679999	600	1919175	138459	121743
四、按建设性质							
新建	12615088	248408	12366680	0	1400684	80000	65000
扩建	7042616	117319	6925297	0	780427	53659	51943
改建	5677321	32705	5644616	600	311157	9800	9800

表 9—4　续表 11

指标名称	资金来源合计	上年末结余资金	本年资金来源合计				
			小计	国家预算内资金	国内贷款	利用外资	#外商直接投资
单纯建造生活设施	10673	728	9945	0	0	0	0
迁建	69042	0	69042	0	6740	0	0
恢复	8150	0	8150	0	0	0	0
单纯购置	275402	600	274802	0	2000	0	0
五、按控股情况							
国有控股	5469678	208352	5261326	600	533667	5000	5000
集体控股	741387	111256	630131	0	181197	0	0
私人控股	16308315	71637	16236678	0	1503002	12346	5630
港澳台商控股	771361	7465	763896	0	38549	28729	28729
外商控股	1482918	1050	1481868	0	121706	97384	87384
六、按期末项目建设状态							
在建	8455741	247865	8207876	600	968733	80630	65630
全部投产	17242551	151895	17090656	0	1532275	62829	61113
全部停缓建							
七、按投资规模							
100 万元以下							
100－500 万元	500	0	500	0	0	0	0
500－1000 万元	472035	11080	460955	0	4240	0	0
1000－3000 万元	4510415	12962	4497453	0	185651	5630	5630
3000－5000 万元	2238306	11736	2226570	0	108188	45029	43313
5000－1 亿元	5123930	0	5123930	0	610878	17800	12800
1 亿元－5 亿元	4915475	63962	4851513	600	648829	5000	5000
5 亿元－10 亿元	2317540	9460	2308080	0	315340	0	0
10 亿以上	6120091	290560	5829531	0	627882	70000	60000

表9—4　续表12

指　标	本年资金来源		
	自筹资金		其他资金来源
	小计	#企事业单位自筹	
总　计	22601462	10200507	52003
一、按登记注册类型			
内资	20314373	9897830	48003
国有	3241899	968547	800
集体	229149	135837	1600
股份合作	61000	4000	0
联营企业	20894	8375	0
国有联营	11580	4000	0
集体联营	2960	0	0
国有与集体联营	6354	4375	0
其他联营			
有限责任公司	5055904	2598513	39743
国有独资公司	139660	92500	0
其他有限责任公司	4916244	2506013	39743
股份有限公司	1484430	630557	0
私营	9909275	5518961	5300
其他	311822	33040	560
港澳台商投资	703466	108112	0
合资经营	170502	47758	0
合作经营			
独资	500964	60354	0
股份有限	9500	0	0
其他港澳台商投资企业	22500	0	0
外商投资	1563478	178740	4000
合资经营	661551	93677	0
合作经营	996	996	0
独资	859983	52067	4000
股份有限	40948	32000	0
其他外商投资企业			
个体经营	20145	15825	0
个体户	20145	15825	0
个人合伙			

表9—4 续表13

指 标	本年资金来源		
	自筹资金		其他资金来源
	小计	#企事业单位自筹	
二、按国民经济行业			
采矿业	137695	94024	0
煤炭开采和洗选业			
石油和天然气开采业			
黑色金属矿采选业	68776	58486	0
有色金属矿采选业	2736	2736	0
非金属矿采选业	63283	32802	0
开采辅助活动			
其他采矿业	2900	0	0
制造业	21808128	9860328	41760
农副食品加工业	377577	235913	3000
食品制造业	333107	172498	0
饮料制造业	71960	36676	0
烟草制品业	71800	71800	0
纺织业	128614	76479	0
纺织服装、鞋、帽制造业	593594	412584	2160
皮革、毛皮、羽毛(绒)及其制品业	88154	51994	0
木材加工及木、竹、藤、棕、草制品业	91037	64176	0
家具制造业	168950	66718	0
造纸及纸制品业	286857	133556	0
印刷业和记录媒介的复制业	111966	68475	0
文教体育用品制造业	215748	115868	1500
石油加工、炼焦及核燃料加工业	5445	2955	0
化学原料及化学制品制造业	2945786	1024254	0
医药制造业	932557	228973	1800
化学纤维制造业	34159	32301	0
橡胶和塑料制品业	510203	296087	0

表9—4 续表14

指　标	本年资金来源		
	自筹资金		其　他 资金来源
	小　计	#企事业单位 自　筹	
非金属矿物制品业	938655	603802	100
黑色金属冶炼及压延加工业	269998	89568	0
有色金属冶炼及压延加工业	127081	93571	0
金属制品业	835163	504835	3500
通用设备制造业	2097148	980723	12100
专用设备制造业	1750549	737325	6600
汽车制造业	1320674	554154	500
船舶航空航天制造业	1022807	507542	4700
电气机械及器材制造业	2598671	1118351	4000
通信设备、计算机及其他电子设备	2607174	906814	1800
仪器仪表及文化、办公用机械制造业	528347	283570	0
工艺品及其他制造业	568922	331112	0
废弃资源和废旧材料回收加工业	52305	21305	0
金属制品、机械和设备修理业	123120	36349	0
电力、燃气及水的生产和供应业	655639	246155	10243
电力、热力的生产和供应业	217484	72132	800
燃气生产和供应业	24713	24713	0
水的生产和供应业	413442	149310	9443
三、按隶属关系			
中央	1785480	713017	800
省	158158	73383	0
市	817667	297001	7843
区	1260152	255225	1600
其他	18580005	8861881	41760
四、按建设性质			
新建	10863735	3780872	22261
扩建	6063169	3047038	28042
改建	5321359	3334951	1700

表 9—4　续表 15

指　标	本年资金来源		
	自筹资金		其　他 资金来源
	小　计	#企事业单位 自　筹	
单纯建造生活设施	9945	8500	0
迁建	62302	10920	0
恢复	8150	8150	0
单纯购置	272802	10076	0
五、按控股情况			
国有控股	4713416	1974729	8643
集体控股	447334	245212	1600
私人控股	14683570	7784029	37760
港澳台商控股	696618	104922	0
外商控股	1258778	85195	4000
六、按期末项目建设状态			
在建	7139010	2835137	18903
全部投产	15462452	7365370	33100
全部停缓建			
七、按投资规模			
100 万元以下			
100－500 万元	500	500	0
500－1000 万元	456715	113380	0
1000－3000 万元	4305312	2837913	860
3000－5000 万元	2055653	1590114	17700
5000－1 亿元	4475752	2212331	19500
1 亿元－5 亿元	4188322	1404233	8762
5 亿元－10 亿元	1987559	373629	5181
10 亿以上	5131649	1668407	0

表9—5　城乡投资新增主要生产能力或效益(2013年)

能　力　名　称	本年新增生产能力
生铁(万吨/年)	0.20
铜加工材(吨/年)	65000
火力发电(万千瓦)	40
水泥(万吨/年)	210
氮肥(吨/年)	4000
磷肥(吨/年)	3500
钾肥(吨/年)	700
化学农药原药(吨/年)	13000
塑料树脂及共聚物(吨/年)	21750
合成橡胶(吨/年)	30000
客车制造(辆/年)	1500
轿车制造(辆/年)	50000
化为纤维(吨/年)	5000
新建公路(公里)	24.70
一级公路(公里)	5.70
二级公路(公里)	9.10
改建公路(公里)	123.38
一级公路(公里)	5.60
二级公路(公里)	42.78
新建独立公路桥梁(延长米)	430
新建独立公路桥梁(座)	8
新(扩)建港口码头(万吨)	300
城市污水处理能力(万吨/日)	0.50

表9—6　农村非农户投资(2013年)

计量单位:万元

指　标	施工项目个数(个)	#本年新开工	本年投产项目个数(个)	计　划总投资	#本年新开工	累计完成投　资
总　计	2012	1819	1823	8297261	5815339	7522922
一、按登记注册类型						
内资	1971	1779	1783	8096268	5729464	7324823
国有	72	61	59	516417	150719	309264
集体	187	161	162	992248	646628	824429
股份合作						
联营企业	2	2	2	7694	5715	7694
国有联营						
集体联营	1	1	1	2960	2960	2960
国有与集体联营	0	0	0	1979	0	1979
其他联营	1	1	1	2755	2755	2755
有限责任公司	204	165	172	1306792	848252	1173233
国有独资公司	6	6	5	78620	78620	78420
其他有限责任公司	198	159	167	1228172	769632	1094813
股份有限公司	9	6	9	56230	21730	56260
私营	1448	1339	1334	5094185	3963698	4841431
其他	49	45	45	122702	92722	112512
港澳台商投资	5	5	4	24045	24045	21070
合资经营	3	3	2	21245	21245	18270
合作经营						
独资	1	1	1	1600	1600	1600
股份有限	1	1	1	1200	1200	1200
其他港澳台商投资企业						
外商投资	12	11	12	51999	35021	52080
合资经营	6	5	6	26125	10140	26206
合作经营	1	1	1	996	996	996
独资	5	5	5	24878	23885	24878
股份有限						
其他外商投资企业						
个体经营	24	24	24	124949	26809	124949
个体户	23	23	23	116737	23897	116737
个人合伙	1	1	1	8212	2912	8212
二、按国民经济行业						
农、林、牧、渔业	70	54	68	329200	96293	315413
采矿业	29	29	28	62571	61572	60800

表9—6 续表1

指 标	施工项目个数(个)	#本年新开工	本年投产项目个数(个)	计 划总投资	#本年新开工	累计完成投 资
制造业	1529	1401	1401	5560968	4449686	5254111
电力、燃气及水的生产和供应业	19	18	15	155822	63822	127629
建筑业	11	10	10	51926	24168	50726
批发和零售业	29	28	25	100977	76252	97746
交通运输、仓储和邮政业	24	18	18	286674	55076	227570
住宿和餐饮业	16	11	13	201427	84172	186767
信息传输、计算机服务和软件业	1	1	1	6467	2700	6467
金融业	1	1	1	7782	2688	7782
房地产业	31	20	22	576013	215730	322920
租赁和商务服务业	23	19	18	101826	50175	97608
科学研究、技术服务和地质勘查业	8	7	7	57049	20797	53678
水利、环境和公共设施管理业	99	88	86	371300	302656	311485
居民服务和其他服务业	9	9	8	22321	21326	20341
教育	12	11	12	15000	11900	15128
卫生、社会保障和社会福利业	6	4	6	51495	9495	51496
文化、体育和娱乐业	23	21	20	121486	110344	112456
公共管理和社会组织	72	69	64	216957	156487	202799
国际组织						
三、按隶属关系						
中央	1	0	0	44724	0	8310
省	4	3	4	16600	7600	16606
市	2	2	1	7826	7826	4455
区	82	76	69	619220	327172	416974
其他	1923	1738	1749	7608891	5472741	7076577
四、按建设性质						
新建	548	458	463	3352982	2038232	2759252
扩建	817	753	760	2698461	2090259	2583879
改建	633	597	588	1873101	1649213	1813169

表9—6 续表2

指 标	施工项目个数(个)	#本年新开工	本年投产项目个数(个)	计 划总投资	#本年新开工	累计完成投 资
单纯建造生活设施	5	5	4	19020	19020	15020
迁建	6	5	5	20515	15860	18420
恢复	3	1	3	17955	2755	17955
单纯购置	0	0	0	315227	0	315227
五、按控股情况						
国有控股	90	78	74	736172	338495	515819
集体控股	199	170	173	1035868	669248	868199
私人控股	1671	1519	1532	6373801	4658154	6009124
港澳台商控股	3	3	2	19855	19855	16880
外商控股	7	7	7	28543	26565	28543
六、按期末项目建设状态						
在建	192	169	3	1744480	1165466	956589
全部投产	1820	1650	1820	6552781	4649873	6566333
全部停缓建						
七、按投资规模						
100 万元以下						
100－500 万元	5	5	4	3000	2500	2900
500－1000 万元	382	381	380	451376	359924	453641
1000－3000 万元	1111	1065	1029	3032144	2759508	2963169
3000－5000 万元	234	190	206	1032440	784240	987688
5000－1 亿元	200	136	166	1514031	1011022	1427383
1 亿元－5 亿元	74	41	34	1673657	835483	1306817
5 亿元－10 亿元	4	1	3	292535	62662	269572
10 亿以上	2	0	1	298078	0	111752

表9—6 续表3

指 标	本年完成投资	#本年新开工	#住宅	本年新增固定资产
总计	6448280	5316911	53642	5821120
一、按登记注册类型				
内资	6261831	5233930	52582	5687065
国有	204527	127044	7500	219029
集体	659900	496511	30375	532869
股份合作				
联营企业	7694	5715	0	7694
国有联营				
集体联营	2960	2960	0	2960
国有与集体联营	1979	0	0	1979
其他联营	2755	2755	0	2755
有限责任公司	935577	768643	10265	840439
国有独资公司	78420	78420	0	86200
其他有限责任公司	857157	690223	10265	754239
股份有限公司	28443	21760	0	51343
私营	4328084	3731725	699	3940645
其他	97606	82532	3743	95046
港澳台商投资	21070	21070	0	7131
合资经营	18270	18270	0	5930
合作经营				
独资	1600	1600	0	1
股份有限	1200	1200	0	1200
其他港澳				
外商投资	40430	35102	0	51267
合资经营	14556	10221	0	25393
合作经营	996	996	0	996
独资	24878	23885	0	24878
股份有限				
其他外商投资企业				
个体经营	124949	26809	1060	75657
个体户	116737	23897	1060	75647
个人合伙	8212	2912	0	10
二、按国民经济行业				
农、林、牧、渔业	178174	97448	68	229688
采矿业	60800	59801	0	57252

表9—6 续表4

指 标	本年完成投 资	#本年新开工	#住 宅	本年新增固定资产
制造业	4629981	4173452	10883	4174541
电力、燃气及水的生产和供应业	119224	59224	0	50231
建筑业	49366	22968	0	46054
批发零售业	89065	73015	0	72431
交通运输、仓储和邮政业	209785	31986	0	154861
住宿和餐饮业	140380	72892	0	179927
信息传输、计算机服务和软件业	6467	2700	0	6467
金融业	7782	2688	0	4816
房地产业	255130	136568	33676	130186
租赁和商务服务业	82899	43825	15	73273
科学研究、技术服务和地质勘查业	27778	17426	0	47949
水利、环境和公共设施管理业	269140	242045	2800	224127
居民服务和其他服务业	20341	19346	0	18521
教育	14978	11978	0	14978
卫生、社会保障和社会福利业	21689	9496	0	51496
文化、体育和娱乐业	107906	101314	0	103637
公共管理和社会组织	157395	138739	6200	180685
国际组织				
三、按隶属关系				
中央	4285	0	0	0
省	7925	7600	0	7762
市	4455	4455	0	3826
区	336834	275022	25330	322696
其他	6094781	5029834	28312	5486836
四、按建设性质				
新建	2169747	1678728	39638	1797592
扩建	2219783	1988030	3194	2200707
改建	1703018	1618618	2690	1559818

表9—6 续表5

指　标	本年完成投　资	#本年新开工	#住　宅	本年新增固定资产
单纯建造生活设施	15020	15020	7900	11020
迁建	14580	13760	220	14580
恢复	10905	2755	0	10905
单纯购置	315227	0	0	226498
五、按控股情况				
国有控股	385182	301620	7500	422940
集体控股	687270	519281	30375	568179
私人控股	5246048	4368208	12092	4726400
港澳台商控股	16880	16880	0	2941
外商控股	28543	26565	0	28543
六、按期末项目建设状态				
在建	827000	655308	7040	161948
全部投产	5621280	4661603	46602	5659172
全部停缓建				
七、按投资规模				
100万元以下				
100－500万元	2900	2400	0	2401
500－1000万元	453091	362189	1721	442230
1000－3000万元	2899760	2689733	6326	2599767
3000－5000万元	877511	727010	12575	838509
5000－1亿元	1109870	938373	23275	1010497
1亿元－5亿元	877178	534544	9745	786726
5亿元－10亿元	165790	62662	0	106415
10亿以上	62180	0	0	34575

表9—6　续表6

指　标　名　称	资金来源合　计	上年末结余资金	本年资金来源合计				
			小计	国家预算内资金	国内贷款	利用外资	
							#外商直接投资
总　计	6778468	2313	6776155	23103	474302	4716	3000
一、按登记注册类型							
内资	6592719	2313	6590406	23103	456222	1716	0
国有	297304	1893	295411	2800	3500	0	0
集体	793860	0	793860	20302	102249	0	0
股份合作							
联营企业	7694	0	7694	0	0	0	0
国有联营							
集体联营	2960	0	2960	0	0	0	0
国有与集体联营	1979	0	1979	0	0	0	0
其他联营	2755	0	2755	0	0	0	0
有限责任公司	953493	0	953493	1	81236	0	0
国有独资公司	78422	0	78422	0	0	0	0
其他有限责任公司	875071	0	875071	1	81236	0	0
股份有限公司	28445	0	28445	0	500	0	0
私营	4413747	420	4413327	0	268037	1716	0
其他	98176	0	98176	0	700	0	0
港澳台商投资	20370	0	20370	0	0	0	0
合资经营	17570	0	17570	0	0	0	0
合作经营							
独资	1600	0	1600	0	0	0	0
股份有限	1200	0	1200	0	0	0	0
其他港澳台投资企业							
外商投资	40430	0	40430	0	3350	3000	3000
合资经营	14556	0	14556	0	1350	0	0
合作经营	996	0	996	0	0	0	0
独资	24878	0	24878	0	2000	3000	3000
股份有限							
其他外商投资企业							
个体经营	124949	0	124949	0	14730	0	0
个体户	116737	0	116737	0	14730	0	0
个人合伙	8212	0	8212	0	0	0	0
二、按国民经济行业							
农、林、牧、渔业	227038	0	227038	0	24900	0	0
采矿业	62750	0	62750	0	760	0	0

表9—6 续表7

指标名称	资金来源合计	上年末结余资金	本年资金来源合计				
			小计	国家预算内资金	国内贷款	利用外资	#外商直接投资
制造业	4676281	0	4676281	0	314525	4716	3000
电力、燃气及水的生产和供应业	131542	0	131542	0	2050	0	0
建筑业	50566	0	50566	0	7670	0	0
批发零售业	91471	420	91051	0	6327	0	0
交通运输、仓储和邮政业	231382	0	231382	0	16932	0	0
住宿餐饮业	155650	0	155650	0	600	0	0
信息传输、计算机服务和软件业	6667	0	6667	0	0	0	0
金融业	7782	0	7782	0	0	0	0
房地产业	386934	0	386934	0	47880	0	0
租赁和商务服务业	88993	0	88993	0	9000	0	0
科学研究、技术服务和地质勘查业	33451	0	33451	1	6401	0	0
水利、环境和公共设施管理业	299111	0	299111	20302	31757	0	0
居民服务和其他服务业	22521	0	22521	0	0	0	0
教育	13978	0	13978	2800	500	0	0
卫生、社会保障和社会福利业	21489	293	21196	0	4000	0	0
文化、体育和娱乐业	107907	0	107907	0	0	0	0
公共管理和社会组织	162955	1600	161355	0	1000	0	0
国际组织							
三、按隶属关系							
中央	20000	0	20000	0	0	0	0
省	7930	0	7930	600	0	0	0
市	7826	0	7826	0	0	0	0
区	421851	1893	419958	14790	11500	0	0
其他	6320861	420	6320441	7713	462802	4716	3000
四、按建设性质							
新建	2373932	1893	2372039	3518	135233	0	0
扩建	2334778	420	2334358	19585	188527	4716	3000
改建	1713996	0	1713996	0	133592	0	0

表9—6　续表8

指标名称	资金来源合计	上年末结余资金	本年资金来源合计				
			小计	国家预算内资金	国内贷款	利用外资	#外商直接投资
单纯建造生活设施	15020	0	15020	0	0	0	0
迁建	14610	0	14610	0	1740	0	0
恢复	10905	0	10905	0	0	0	0
单纯购置	315227	0	315227	0	15210	0	0
五、按控股情况							
国有控股	490331	1893	488438	2801	9901	0	0
集体控股	821020	0	821020	20302	102249	0	0
私人控股	5338036	420	5337616	0	358652	1716	0
港澳台商控股	16180	0	16180	0	0	0	0
外商控股	28543	0	28543	0	2000	3000	3000
六、按期末项目建设状态							
在建	1070312	0	1070312	15507	101377	0	0
全部投产	5708156	2313	5705843	7596	372925	4716	3000
全部停缓建							
七、按投资规模							
100 万元以下							
100－500 万元	2901	0	2901	1000	0	0	0
500－1000 万元	457431	420	457011	3495	4240	0	0
1000－3000 万元	2935799	0	2935799	0	155977	0	0
3000－5000 万元	895241	0	895241	6017	54712	1716	0
5000－1 亿元	1139540	0	1139540	0	105715	3000	3000
1 亿元－5 亿元	1009275	1893	1007382	12591	124658	0	0
5 亿元－10 亿元	213281	0	213281	0	19000	0	0
10 亿以上	125000	0	125000	0	10000	0	0

表9—6 续表9

指标	本年资金来源		
	自筹资金		其他资金来源
	小计	#企事业单位自筹	
总计	6198353	3830091	75681
一、按登记注册类型			
内资	6041784	3711932	67581
国有	284941	53052	4170
集体	646135	227852	25174
股份合作			
联营企业	7694	0	0
国有联营			
集体联营	2960	0	0
国有与集体联营	1979	0	0
其他联营	2755	0	0
有限责任公司	842356	545794	29900
国有独资公司	78422	63201	0
其他有限责任公司	763934	482593	29900
股份有限公司	27945	15930	0
私营	4140974	2839324	2600
其他	91739	29980	5737
港澳台商投资	20370	17430	0
合资经营	17570	14630	0
合作经营			
独资	1600	1600	0
股份有限	1200	1200	0
其他港澳台投资企业			
外商投资	30080	24382	4000
合资经营	13206	10501	0
合作经营	996	996	0
独资	15878	12885	4000
股份有限			
其他外商投资企业			
个体经营	106119	76347	4100
个体户	97907	71047	4100
个人合伙	8212	5300	0
二、按国民经济行业			
农、林、牧、渔业	202138	39033	0
采矿业	61990	32802	0

表9—6 续表10

指 标	本年资金来源		
	自筹资金		其他资金来源
	小计	#企事业单位自筹	
制造业	4322980	3010600	34060
电力、燃气及水的生产和供应业	127892	30651	1600
建筑业	42896	22548	0
批发零售业	84024	57635	700
交通运输、仓储和邮政业	210350	138576	4100
住宿餐饮业	155050	155050	0
信息传输计算机服务和软件业	6667	0	0
金融业	7782	0	0
房地产业	323095	75049	15959
租赁和商务服务业	79993	30662	0
科学研究、技术服务和地质勘查业	27049	15507	0
水利、环境和公共设施管理业	240337	110858	6715
居民服务和其他服务业	21221	9820	1300
教育	10138	7860	540
卫生、社会保障和社会福利业	14796	4801	2400
文化、体育和娱乐业	106907	76529	1000
公共管理和社会组织	153048	12110	7307
国际组织			
三、按隶属关系			
中央	20000	0	0
省	7330	0	0
市	7826	0	0
区	383884	119399	9784
其他	5779313	3710692	65897
四、按建设性质			
新建	2207772	1269386	25516
扩建	2077465	1218635	44065
改建	1578404	1194965	2000

表9—6 续表11

指标	本年资金来源		
	自筹资金		其他资金来源
	小计	#企事业单位自筹	
单纯建造生活设施	15020	0	0
迁建	12870	10920	0
恢复	10905	8150	0
单纯购置	295917	128035	4100
五、按控股情况			
国有控股	470566	127215	5170
集体控股	673295	242952	25174
私人控股	4941088	3423704	36160
港澳台商控股	16180	13240	0
外商控股	19543	13845	4000
六、按期末项目建设状态			
在建	930448	384354	22980
全部投产	5267905	3445737	52701
全部停缓建			
七、按投资规模			
100万元以下			
100－500万元	1901	500	0
500－1000万元	448736	119868	540
1000－3000万元	2768467	1952427	11355
3000－5000万元	810386	634274	22410
5000－1亿元	1007849	692658	22976
1亿元－5亿元	851733	430364	18400
5亿元－10亿元	194281	0	0
10亿以上	115000	0	0

表9—7 房地产开发投资、资金和土地情况(2013年)

计量单位:万元

项目	合计	内资				
		内资小计	国有	集体	股份合作	国有联营
计划总投资	64493486	52110594	10894016	21700	35000	95378
累计完成投资	40992892	34123926	8221218	14133	39539	79907
本年完成投资额	11201783	9739770	2724047	3410	3089	22580
建筑工程	7044257	6207970	1749487	2914	3089	22580
安装工程	226739	190121	12292			
设备工器具购置	338429	279930	20028			
其它费用	3592358	3061749	942240	496		
#土地购置费	2237936	1840240	370552			
住宅	7739853	6821636	2040407	2581	2708	20738
其中:90平方米以下	3252905	3098275	1401635	1935	0	12
140平方米以上	1625357	1210459	89638	0	1532	5078
别墅、高档公寓	540566	351864	38516	0	1715	0
办公楼	737682	629676	117354	42	0	0
商业营业用房	1327882	1091761	214671	118	65	647
其他	1396366	1196697	351615	669	316	1195
本年新增固定资产	4770545	3910873	654279	3227	0	0

表9—7　续表1

项　目	内　资					
	国有与集体联营企业	其他联营企业	有限责任公司	国有独资公司	其他有限责任公司	股份有限公司
计划总投资				1094973	21756196	1380740
累计完成投资				529575	14011000	764264
本年完成投资额				290390	3035556	195540
建筑工程				248639	1960179	153156
安装工程				6176	87232	6614
设备工器具购置				3632	129916	13426
其它费用				31943	858229	22344
#土地购置费				26971	430577	18500
住宅				209910	1913226	173306
其中:90平方米以下				146098	599662	118471
140平方米以上				1939	554397	7470
别墅、高档公寓				2375	198985	746
办公楼				21500	377779	3380
商业营业用房				22610	396193	16280
其他				36370	348358	2574
本年新增固定资产				120645	1655737	41143

表9—7　续表2

项　目	内　资					
	私营企业小计	私营独资	私营合伙	私营有限责任公司	私营股份有限公司	其他企业
计划总投资	16261409	1720370	16000	14129115	395924	571182
累计完成投资	10108051	1144384	11460	8668128	284079	356239
本年完成投资额	3337660	341216	3950	2838307	154187	127498
建筑工程	1968844	204184	1300	1706922	56438	99082
安装工程	70781	11601	290	44285	14605	7026
设备工器具购置	103198	9997	250	75787	17164	9730
其它费用	1194837	115434	2110	1011313	65980	11660
#土地购置费	986980	111436	2000	813830	59714	6660
住宅	2397924	289699	720	2005131	102374	60836
其中:90平方米以下	784938	118481	100	665952	405	45524
140平方米以上	541753	45668	0	492402	3683	8652
别墅、高档公寓	109527	15289	0	94238	0	0
办公楼	91037	3982	2440	84374	241	18584
商业营业用房	426437	11144	0	396660	18633	14740
其他	422262	36391	790	352142	32939	33338
本年新增固定资产	1435842	144875	0	1258653	32314	0

表9—7　续表3

项　目	小计	港澳台商投资		
		与港澳台商合资经营	港澳台商独资	港澳台商股份
计划总投资	7032334	3315752		3597520
累计完成投资	3906554	1777959		2023050
本年完成投资额	1026671	372657		647970
建筑工程	528823	252569		270325
安装工程	33778	24929		8849
设备工器具购置	45907	31317		14590
其它费用	418163	63842		354206
#土地购置费	309479	20887		288592
住宅	577684	163135		411874
其中:90平方米以下	95804	34577		61227
140平方米以上	247516	43894		203622
别墅、高档公寓	183860	269		183591
办公楼	92884	56955		35929
商业营业用房	197821	97584		98367
其他	158282	54983		101800
本年新增固定资产	723849	148258		570458

表9—7 续表4

项 目	小 计	外商投资			
		中外合资经营	中外合作经营	外资企业	外商投资股份有限公司
计划总投资	5350558	1547493	141000	3662065	
累计完成投资	2962412	833398	123304	2005710	
本年完成投资额	435342	86646	21764	326932	
建筑工程	307464	64727	18090	224647	
安装工程	2840	926	0	1914	
设备工器具购置	12592	3791	0	8801	
其它费用	112446	17202	3674	91570	
#土地购置费	88217	12399	3674	72144	
住宅	340533	66044	20147	254342	
其中:90平方米以下	58826	5353	20147	33326	
140平方米以上	167382	35491	0	131891	
别墅、高档公寓	4842	0	0	4842	
办公楼	15122	320	0	14802	
商业营业用房	38300	13746	380	24174	
其他	41387	6536	1237	33614	
本年新增固定资产	135823	54581	900	80342	

表9—7 续表5

项目	合计	内资				
		内资小计	国有	集体	股份合作	国有联营
本年资金来源合计	26074733	21435958	3895553	18497	21334	79907
1. 上年末结余资金	3911408	3181009	587722	146	0	4474
2. 本年资金来源小计	22163325	18254949	3307831	18351	21334	75433
(1)国内贷款	5372326	4981307	1945162	10000	0	17700
其中:银行贷款	3863201	3472182	635162	0	0	17700
非银行金融机构贷款	1509125	1509125	1310000	10000	0	0
(2)利用外资	12690					
其中:外商直接投资	12690					
(3)自筹资金	5000041	4229044	404292	0	0	4058
其中:自有资金	2056113	1682264	173504	0	0	0
(4)其他资金来源	11778268	9044598	958377	8351	21334	53675
其中:定金及预收款	7264853	5399280	406418	8351	15886	29032
个人按揭贷款	3838025	2971088	210487	0	5448	24643
本年各项应付款合计	1342052	1267488	173751			
其中:工程款	814595	777252	87361			

表9—7　续表6

项　目	内		资			
	国有集体联营企业	其他联营企业	有限责任公司	国有独资公司	其他有限责任公司	股份有限公司
本年资金来源合计				457377	8064127	641730
1. 上年末结余资金				77104	1173219	65270
2. 本年资金来源小计				380273	6890908	576460
(1)国内贷款				175893	1557699	27540
其中:银行贷款				175893	1542299	0
非银行金融机构贷款				0	15400	27540
(2)利用外资						
其中:外商直接投资						
(3)自筹资金				123501	1455688	170185
其中:自有资金				90564	665994	50
(4)其他资金来源				80879	3877521	378735
其中:定金及预收款				72725	2432462	224854
个人按揭贷款				8154	1254822	153881
本年各项应付款合计				33937	481862	6181
其中:工程款				31870	273078	4321

表9—7　续表7

项　目	内资					
	私营企业小计	私营独资企业	私营合伙企业	私营有限责任公司	私营股份有限公司	其他企业
本年资金来源合计	7785840	656366	10460	6894845	224169	471593
1. 上年末结余资金	1201226	76259	0	1105796	19171	71848
2. 本年资金来源小计	6584614	580107	10460	5789049	204998	399745
(1)国内贷款	1131376	56069	1400	1064907	9000	115937
其中:银行贷款	985191	23069	0	953122	9000	115937
非银行金融机构贷款	146185	33000	1400	111785		
(2)利用外资						
其中:外商直接投资						
(3)自筹资金	1855378	169685	7925	1571171	106597	215942
其中:自有资金	603298	34838	7925	560535	0	148854
(4)其他资金来源	3597860	354353	1135	3152971	89401	67866
其中:定金及预收款	2165123	177969	0	1946508	40646	44429
个人按揭贷款	1290216	151356	1135	1094958	42767	23437
本年各项应付款合计	569603	82898	1000	462732	22973	2154
其中:工程款	378468	37694	1000	318046	21728	2154

表 9—7 续表 8

项 目	小计	港澳台商投资		
		与港澳台商合资经营	港澳台商独资	港澳台商股份
本年资金来源合计	2947865	1270558		1646810
1. 上年末结余资金	438326	265952		153966
2. 本年资金来源小计	2509539	1004606		1492844
(1)国内贷款	234991	55000		179991
其中:银行贷款	234991	55000		179991
非银行金融机构贷款	0	0		0
(2)利用外资	12690	2150		10540
其中:外商直接投资	12690	2150		10540
(3)自筹资金	526878	110063		416815
其中:自有资金	277194	46687		230507
(4)其他资金来源	1734980	837393		885498
其中:定金及预收款	1212941	550245		651196
个人按揭贷款	520879	285988		234302
本年各项应付款合计	39053	9801		22070
其中:工程款	25508	8159		17121

表9—7 续表9

项 目	小计	外商投资			
		中外合资经营	中外合作经营	外资企业	外商投资股份有限公司
本年资金来源合计	1690910	446708	49047	1195155	
1. 上年末结余资金	292073	129745	612	161716	
2. 本年资金来源小计	1398837	316963	48435	1033439	
(1)国内贷款	156028	56000	20000	80028	
其中:银行贷款	156028	56000	20000	80028	
非银行金融机构贷款					
(2)利用外资					
其中:外商直接投资					
(3)自筹资金	244119	84155	0	159964	
其中:自有资金	96655	82950	0	13705	
(4)其他资金来源	998690	176808	28435	793447	
其中:定金及预收款	652632	80244	28435	543953	
个人按揭贷款	346058	96564	0	249494	
本年各项应付款合计	35511	21717	4785	9009	
其中:工程款	11835	3500	4785	3550	

表9—8　房地产开发施工、竣工和销售按用途分组(2013年)

项　目	计量单位	合计数	住宅	其中		
				90平方米及以下	144平方米以上	别墅、高档公寓
房屋施工面积	平方米	56629059	37760802	14996414	6825723	2496014
其中:新开工面积	平方米	4399839	3543966	1217572	487127	401684
房屋竣工面积	平方米	2774343	2047352	647107	261127	67590
其中:不可销售面积	平方米	189148	3512		3037	199
商品住宅竣工套数	套		19685	8264	1184	182
竣工房屋价值	万元	790723	580351	187809	93158	24593
出租房屋面积	平方米	23637	18741	530		
商品房销售面积	平方米	3485906	3223736	1220759	593253	142737
其中:现房销售面积	平方米	649537	578980	430109	83440	41190
期房销售面积	平方米	2836369	2644756	790650	509813	101547
商品房销售额	万元	4107198	3727229	972162	1034670	199169
其中:现房销售额	万元	438191	338043	164626	115998	41227
期房销售额	万元	3669007	3389186	807536	918672	157942
商品住宅销售套数	套		30663	15298	3058	877
其中:现房销售套数	套		6239	5319	342	186
期房销售套数	套		24424	9979	2716	691

表9—8 续表

项目	计量单位	办公楼	商业营业用房	其他
房屋施工面积	平方米	3458783	6231221	9178253
其中:新开工面积	平方米	89860	206357	559656
房屋竣工面积	平方米	51646	141464	533881
其中:不可销售面积	平方米		8128	177508
商品住宅竣工套数	套			
竣工房屋价值	万元	32888	38673	138811
出租房屋面积	平方米		4756	140
商品房销售面积	平方米	91996	96866	73308
其中:现房销售面积	平方米	18537	31573	20447
期房销售面积	平方米	73459	65293	52861
商品房销售额	万元	133125	195689	51155
其中:现房销售额	万元	23079	66940	10129
期房销售额	万元	110046	128749	41026
商品住宅销售套数	套			
其中:现房销售套数	套			
期房销售套数	套			

表9—9　房地产企业财务状况(2013年)

项　目	计量单位	合计	内　资				
			内资小计	国有	集体	股份合作	国有联营
企业个数	个	675	590	35	2		
流动资产合计	千元	549898519	466548401	70416665	2730		
其中:存货	千元	297100852	259397412	27425019	2729		
固定资产原价	千元	21950328	17332111	349567	716		
累计折旧	千元	4550513	3492819	120570	288		
其中:本年折旧	千元	913148	748528	13429	72		
资产总计	千元	672360783	566538282	84777557	27730		
负债合计	千元	513405102	447282314	58972824	2250		
所有者权益合计	千元	158955681	119255968	25804733	25480		
营业收入	千元	151417346	123506860	6400876	9852		
营业成本	千元	103336153	84613670	4571768	8750		
营业税金及附加	千元	12969938	10644022	723735	850		
营业利润	千元	25906821	21017702	1164240	-23		
其他业务利润	千元	726257	599162	39204	0		
投资收益	千元	1353292	1327133	419415	0		
补贴收入	千元	1007232	1005922	1337	0		
营业外收入	千元	1571504	1550639	33292	0		
营业外支出	千元	417543	381295	41416	0		
利润总额	千元	27057101	22183322	1156117	-23		
应交所得税	千元	4297350	3088465	187827	0		
应付职工薪酬(本年贷方累计发生数)	千元	2405647	1970248	130478	359		

表9—9　续表1

项　目	计量单位	内　资					
		国有与集体联营企业	其他联营企业	有限责任公司	国有独资公司	其他有限责任公司	股份有限公司
企业个数	个	1			15	248	28
流动资产合计	千元	8850			13656155	220570734	17448167
其中:存货	千元	0			8233476	129188074	10756250
固定资产原价	千元	553			643537	9588142	2258911
累计折旧	千元	336			75063	1843890	242327
其中:本年折旧	千元	0			20392	356477	70779
资产总计	千元	9066			17329752	273137976	21789126
负债合计	千元	2334			14084969	224922194	17826030
所有者权益合计	千元	6732			3244783	48215782	3963096
营业收入	千元	46			2452107	55955845	5662181
营业成本	千元	0			1900633	38468277	4207257
营业税金及附加	千元	3			185324	4645995	439730
营业利润	千元	-10			298579	9532403	538140
其他业务利润	千元	0			1047	266582	3036
投资收益	千元	0			41499	761270	3361
补贴收入	千元	0			2717	13496	272
营业外收入	千元	0			9374	248587	111613
营业外支出		0			3295	161524	32098
利润总额	千元	-10			304658	9619637	617655
应交所得税	千元	0			39968	1355077	160842
应付职工薪酬(本年贷方累计发生数)	千元	216			67741	983125	78608

表9—9 续表2

项目	计量单位	内资					
		私营企业小计	私营独资企业	私营合伙企业	私营有限责任公司	私营股份有限公司	其他企业
企业个数	个	260	9		234	17	1
流动资产合计	千元	139168035	2839926		127685874	8642235	5277065
其中:存货	千元	81370935	2567472		73769774	5033689	2420929
固定资产原价	千元	4485898	16648		4225851	243399	4787
累计折旧	千元	1208449	8509		1140633	59307	1896
其中:本年折旧	千元	286595	4537		270622	11436	784
资产总计	千元	164152774	3375071		150713538	10064165	5314301
负债合计	千元	128258476	2251879		117921938	8084659	3213237
所有者权益合计	千元	35894298	1123192		32791600	1979506	2101064
营业收入	千元	49728273	694977		47345579	1587717	3297680
营业成本	千元	32590655	559557		31060921	970177	2866330
营业税金及附加	千元	4648385	52803		4480918	114664	0
营业利润	千元	9071092	125		8536416	534551	413281
其他业务利润	千元	289293	3102		285075	1116	0
投资收益	千元	101588	0		50079	51509	0
补贴收入	千元	988100	0		988100	0	0
营业外收入	千元	1147773	339		1130194	17240	0
营业外支出	千元	142962	3580		133557	5825	0
利润总额	千元	10072007	-3116		9529157	545966	413281
应交所得税	千元	1248461	30565		1201291	16605	96290
应付职工薪酬(本年贷方累计发生数)	千元	681761	40736		607514	33511	27960

表9—9 续表3

项目	计量单位	小计	港澳台商投资		
			与港澳台商合资经营	港澳台商独资经营	港澳台商投资股份
企业个数	个	54	29	24	1
流动资产合计	千元	55774441	29300195	25945303	528943
其中:存货	千元	25646585	12773267	12749441	123877
固定资产原价	千元	3279031	1000611	2275905	2515
累计折旧	千元	761545	246990	512795	1760
其中:本年折旧	千元	96511	51056	45455	0
资产总计	千元	71864052	36126097	35197551	540404
负债合计	千元	45562870	22399900	23019336	143634
所有者权益合计	千元	26301182	13726197	12178215	396770
营业收入	千元	21478650	12171455	9226699	80496
营业成本	千元	14633201	7994307	6585055	53839
营业税金及附加	千元	1809801	1034295	761089	14417
营业利润	千元	3656399	2462881	1184195	9323
其他业务利润	千元	88942	82227	6715	0
投资收益	千元	25437	-1804	27241	0
补贴收入	千元	1310	0	1310	0
营业外收入	千元	15891	3485	12324	82
营业外支出	千元	29627	14673	14777	177
利润总额	千元	3642663	2451693	1181742	9228
应交所得税	千元	895749	651932	242549	1268
应付职工薪酬(本年贷方累计发生数)	千元	234080	120983	111845	1252

表9—9　续表4

项　目	计量单位	小计	外商投资			
			中外合资经营	中外合作经营	外资企业	外商投资股份有限公司
企业个数	个	31	11	2	18	
流动资产合计	千元	27575677	7968976	1311662	18295039	
其中:存货	千元	12056855	2924361	434005	8698489	
固定资产原价	千元	1339186	79184	409934	850068	
累计折旧	千元	296149	29229	44189	222731	
其中:本年折旧	千元	68109	4307	17510	46292	
资产总计	千元	33958449	8793492	1682377	23482580	
负债合计	千元	20559918	5648033	1160393	13751492	
所有者权益合计	千元	13398531	3145459	521984	9731088	
营业收入	千元	6431836	2895531	95169	3441136	
营业成本	千元	4089282	1996808	61376	2031098	
营业税金及附加	千元	516115	240062	9071	266982	
营业利润	千元	1232720	493815	-10894	749799	
其他业务利润	千元	38153	18001	0	20152	
投资收益	千元	722	0	300	422	
补贴收入	千元	0	0	0	0	
营业外收入	千元	4974	1300	349	3325	
营业外支出	千元	6621	2718	1992	1911	
利润总额	千元	1231116	492397	-12537	751256	
应交所得税	千元	313136	143455	0	169681	
应付职工薪酬(本年贷方累计发生数)	千元	201319	23908	3419	173992	

表9—10　全市建筑业企业基本情况

（总承包、专业承包及劳务分包）

指　标　名　称	计量单位	合计	总承包及专业承包	劳务分包
企业个数	个	1924	1638	286
建筑业总产值	千元	315590333	311248264	4342069
年末从业人数	人	887668	816080	71588
固定资产原价	千元	27133483	26970094	163389
#本年折旧	千元	1866657	1840495	26162
资产合计	千元	271829858	269906535	1923323
负债合计	千元	179927587	178621104	1306483
实收资本	千元	41889806	41420207	469599
营业收入	千元	304686369	300242444	4443925
#主营业务收入	千元	296173901	291735791	4438110
营业成本	千元	268971616	264874241	4097375
#主营业务成本	千元	261407767	257333977	4073790
营业税金及附加	千元	9407424	9277478	129946
#主营业务税金及附加	千元	9204256	9074558	129698
销售费用	千元	1031196	1014404	16792
管理费用	千元	9210143	9094765	115378
财务费用	千元	2622607	2605036	17571
利润总额	千元	13701278	13609244	92034
应付职工薪酬(本年贷方累计发生额)	千元	43738825	40796385	2942440

表9—11　全市建筑业企业生产情况

（总承包及专业承包）

指　标	2013年	2012年	2013年为上年%
建筑业总产值（千元）	311248264	264565200	117.7
建筑工程产值	282760736	245012250	115.4
安装工程产值	25469188	17081899	149.1
其他产值	3018340	2471051	122.2
竣工产值（千元）	213918807	162307886	131.8
房屋施工面积（万平方米）	18114.76	16622.57	109.0
房屋竣工面积（万平方米）	6096.80	5065.71	120.3
#住宅	4101.80	3188.33	128.7
年末自有施工机械设备净值（千元）	9899565	8573490	115.5
年末自有施工机械设备总功率（万千瓦）	508.04	432.63	117.4
年末自有施工机械设备总台数（台）	296077	234921	126.0
建筑业全员劳动生产率（元/人）	266198	293492	90.7

表9—12　按行业分建筑业企业生产情况(2013年)

(总承包及专业承包)

指　标	房屋建筑业	土木工程建筑业
企业个数(个)	437	363
建筑业总产值(千元)	188756353	68635979
建筑工程产值	185817427	65488825
安装工程产值	1117712	2250503
其他产值	1821214	896651
竣工产值(千元)	133824401	42944401
房屋施工面积(万平方米)	17025.96	716.19
房屋竣工面积(万平方米)	5781.11	170.46
#住宅	3906.04	100.85
年末自有施工机械设备净值(千元)	4892325	3448871
年末自有施工机械设备总功率(万千瓦)	214.91	188.83
年末自有施工机械设备总台数(台)	135665	44652
全员劳动生产率(元/人)	292014	205124

表9—12　续表

指　标	建筑安装业	建筑装饰和其他建筑业
企业个数(个)	404	434
建筑业总产值(千元)	31950416	21905516
建筑工程产值	10579110	20875374
安装工程产值	21258320	842653
其他产值	112986	187489
竣工产值(千元)	21204191	15945814
房屋施工面积(万平方米)	331.37	41.24
房屋竣工面积(万平方米)	103.05	42.18
#住宅	64.39	30.52
年末自有施工机械设备净值(千元)	990268	568101
年末自有施工机械设备总功率(万千瓦)	57.51	46.79
年末自有施工机械设备总台数(台)	89745	26015
全员劳动生产率(元/人)	310914	256298

表9—13　按经济类型分建筑业企业生产情况(2013年)

(总承包及专业承包)

指　标	总　计	国有经济	集体经济	其他经济
企业个数(个)	1638	25	17	1596
建筑业总产值(千元)	311248264	7408476	899232	302940556
建筑工程产值	282760736	7326874	875482	274558380
安装工程产值	25469188	81602	8910	25378676
其他产值	3018340	0	14840	3003500
竣工产值(千元)	213918807	6482682	829161	206606964
房屋施工面积(万平方米)	18114.76	72.62	43.97	17998.17
房屋竣工面积(万平方米)	6096.80	36.28	24.06	6036.46
#住宅	4101.80	8.85	10.67	4082.29
年末自有施工机械设备净值(千元)	9899565	302795	60227	9536543
年末自有施工机械设备总功率(万千瓦)	508.04	19.14	3.01	485.89
年末自有施工机械设备总台数(台)	296077	13541	1625	280911
全员劳动生产率(元/人)	266198	543542	175323	263318

表9—14 全市建筑业企业财务情况(2013年)

(总承包及专业承包)

计量单位:千元

指 标	总 计	国有经济	集体经济	其他经济
资产合计	269906535	8062175	804819	261039541
流动资产合计	217130502	5920395	537875	210672232
#存货	48081238	836100	89550	47155588
固定资产合计	20098246	551578	143657	19403011
固定资产原价	26970094	1082750	207530	25679814
累计折旧	11650487	616238	76617	10957632
#本年折旧	1840495	72796	17451	1750248
负债合计	178621104	4530616	377803	173712685
所有者权益合计	91285356	3531559	427016	87326781
营业收入	300242444	11386186	616468	288239790
#主营业务收入	291735791	11281539	592226	279862026
营业成本	264874241	10407432	498922	253967887
#主营业务成本	257333977	10315578	477617	246540782
营业税金及附加	9277478	245650	21420	9010408
#主营业务税金及附加	9074558	226584	20610	8827364
销售费用	1014404	14153	2288	997963
管理费用	9094765	431240	60768	8602757
财务费用	2605036	19294	3632	2582110
利润总额	13339939	275676	40123	13024140
应付职工薪酬(本年贷方累计发生额)	43738825	854756	153413	42739656

表9—15　主要年份全社会固定资产投资完成额

计量单位:亿元

年　份	全社会固定资产投资完成额	#城镇固定资产投资	#房地产开发投资
1949	0.02	0.02	
1952	0.26	0.26	
1957	1.18	1.18	
1962	0.76	0.76	
1965	1.44	1.44	
1970	1.53	1.53	
1975	2.96	2.96	
1978	6.63	6.35	
1979	7.01	6.86	
1980	7.82	7.56	
1985	27.65	24.28	
1990	42.65	36.80	
1991	49.71	40.91	2.58
1995	233.86	133.63	59.45
1997	351.66	223.79	72.89
1998	376.60	217.96	101.06
1999	373.01	211.94	97.91
2000	412.20	241.95	99.34
2004	1201.88	703.92	292.88
2005	1402.72	820.30	296.14
2006	1613.55	883.59	351.17
2007	1867.96	1041.95	445.97
2008	2154.17	1226.16	508.17
2009	2668.03	1572.08	595.68
2010	3306.05	2029.87	754.76
2011	4010.03	2563.86	896.73
2012	4683.45	3122.05	1015.76
2013	5265.55	4620.72	1120.18

注:城镇固定资产投资包括以前年度基本建设、更新改造、城镇集体和其他投资,2005年起不再细分。

主要统计指标解释

全社会固定资产投资 固定资产投资是社会固定资产再生产的主要手段。固定资产投资额是以货币表现的建造和购置固定资产活动的工作量,它是反映固定资产投资规模、速度、比例关系和使用方向的综合性指标。全社会固定资产投资包括城镇固定资产投资、房地产开发投资、农村非农户投资。

城镇固定资产投资 指城镇各种登记注册类型的企业、事业、行政单位及个体户进行的计划总投资 50 万元及 50 万元以上的建设项目,包括原来的城镇基本建设项目、更新改造项目、其他投资项目、集体和私营个体等投资项目。

农村非农户投资 指发生在农村区域范围内的非农户固定资产投资项目完成的投资。不包括县及县以上各级政府及主管部门直接领导、管理的建设项目和企事业单位的投资。

房地产开发投资 指房地产开发公司、商品房建设公司及其他房地产开发法人单位和附属于其他法人单位实际从事房地产开发或经营的活动单位统一开发的包括统代建、拆迁还建的住宅、厂房、仓库、饭店、宾馆、度假村、写字楼、办公楼等房屋建筑物和配套的服务设施,土地开发工程(如道路、给水、排水、供电、供热、通讯、平整场地等基础设施工程)的投资;不包括单纯的土地交易活动。

固定资产投资按国民经济行业分 建设项目归哪个行业,按其建成投产后的主要产品或主要用途及社会经济活动性质来确定。基本建设按建设项目划分国民经济行业,更新改造、国有单位其他固定资产投资及城镇集体投资根据整个企业、事业单位所属的行业来划分。一般情况下,一个建设项目或一个企业、事业单位只能属于一种国民经济行业。

固定资产投资按建设性质分 建设项目的性质一般分为新建、扩建、改建、迁建、恢复。基本建设按建设项目划分建设性质,更新改造、国有单位其他固定资产投资、城镇集体投资及农村投资等按整个企业、事业单位的建设情况确定建设性质。

(1)新建:一般是指从无到有、“平地起家”新开始建设的单位。有的单位原有的基础很小,经过建设后其新增加的固定资产价值超过原有固定资产价值(原值)三倍以上的也算新建。

(2)扩建:一般是指为扩大原有产品的生产能力,在厂内或其他地点增建主要生产车间(或主要工程)、独立的生产线或分厂的企业;事业单位和行政单位在原单位增建业务用房(如学校增建教学用房、医院增建门诊部或病床用房、行政机关增建办公楼等)也作为扩建。

(3)改建:一般是指现有企业、事业单位为了技术进步,提高产品质量,增加花色品种,促进产品升级换代,降低消耗和成本,加强资源综合利用和三废治理、劳保安全等,采用新技术、新工艺、新设备、新材料等对现有设施、工艺条件进行技术改造或更新(包括相应配套的辅助性生产、生活福利设施)。有的企业为充分发挥现有生产能力,进行填平补齐而增建不增加本单位主要产品生产能力的车间等,也属于改建。

固定资产投资按构成分 固定资产投资活动按其工作内容和实现方式分为建筑安装工程,设备、工具、器具购置,其他费用三个部分。

(1)建筑安装工程(建筑安装工作量):指各种房屋、建筑物的建造工程和各种设备、装置的安装工程。包括各种房屋建造工程,各种用途设备基础和各种工业窑炉的砌筑工程;为施工而进行的各种准备工作和临时工程以及完工后的清理工作等;铁路、道路的铺设,矿井的开凿及石油管道的架设等;水利工程;防空地下建筑等特殊工程;以及各种机械设备的安装工程;为测定安装工程质量,对设备进行的试运工作。在安装工程中,不包括被安装设备本身的价值。

(2)设备、工具、器具购置:指购置或自制达到固定资产标准的设备、工具、器具的价值,固定资产的标准按财务部门规定。新建单位、扩建单位的新建车间按照设计和计划要求购置或自制的全部设备、工具、器具,不论是否达到固定资产标准均计入"设备、工具、器具购置"中。

(3)其他费用:指在固定资产建造和购置过程中发生的,除建筑安装工程和设备、工具、器具购置以外的各种应摊入固定资产的费用。

固定资产投资的资金来源 根据固定资产投资的资金来源不同,分为国家预算内资金、国内贷款、利用外资、自筹资金和其他资金来源。

(1)国家预算内资金:指中央财政和地方财政中由国家统筹安排的基本建设拨款和更新改造拨款,以及中央财政安排的专项拨款中用于基本建设的资金和基本建设拨款改贷款的资金等。

(2)国内贷款:指报告期内企、事业单位向银行及非银行金融机构借入的用于固定资产投资的各种国内借款。包括银行利用自有资金及吸收的存款发放的贷款、上级主管部门拨入的国内贷款、国家专项贷款(包括煤代油贷款、劳改煤矿专项贷款等)、地方财政专项资金安排的贷款、国内储备贷款、周转贷款等。

(3)利用外资:指报告期内收到的用于固定资产投资的国外资金,包括统借统还、自借自还的国外贷款,中外合资项目中的外资,以及对外发行债券和股票等。国家统借统还的外资指由我国政府出面同外国政府、团体或金融组织签订贷款协议、并负责偿还本息的国外贷款。

(4)自筹资金:指建设单位报告期内收到的,用于进行固定资产投资的上级主管部门、地方和企、事业单位自筹资金。

(5)其他资金来源:指报告期内收到的除以上各种拨款、借款、自筹资金以外其他用于固定资产投资的资金。

施工项目 指报告期内曾进行建筑或安装工程施工活动的建设项目,包括报告期内新开工项目、报告期以前年度开工跨入报告期继续施工的项目以及报告期施过工并在报告期内全部建成投产或停缓建的项目。

全部建成投产项目 工业项目是指设计文件规定形成生产能力的主体工程及其相应配套的辅助设施全部建成,经负荷试运转,证明具备生产设计规定合格产品的条件,并经过验收鉴定合格或达到竣工验收标准,与生产性工程配套的生活福利设施可以满足近期正常生产的需要,正式移交生产的建设项目。非工业项目是指设计文件规定的主体工程和相应的配套工程全部建成,能够发挥设计规定的全部效益,经验收鉴定合格或达到竣工验收标准,正式移交使用的建设项目。

新增生产能力 指通过固定资产投资活动而增加的设计能力或工程效益,它是用实物形态表示的固定资产投资的成果。新增生产能力的计算,是以能独立发挥生产能力或工程效益的单项工程(或项目)为对象。当单项工程(或项目)建成,经有关部门鉴定合格,正式移交投入生产,即可计算新增生产能力。

新增生产能力或工程效益有以下几种表现形式:

(1)以建设项目或单项工程建成后的年产能力表示,如煤炭开采、石油开采等。

(2)以建设项目或单项工程建成后处理原料的能力表示,如选矿工程的年处理矿石能力、洗煤厂年洗原煤能力等。

(3)以新增的主要设备数量或容量表示,如棉纺锭锭数、发电机组容量等。

(4)以建筑物容积、容量、面积或长度表示,如水库容量、铁路公路里程等。

新增生产能力的数量一般按设计能力计算。设计能力是指设计文件中规定的在正常情况下能够达到的生产能力,而不论投产后的实际产量如何。以设备数量、建筑物容积、面积、长度等表示的新增生产能力或工程效益,则按建成的实际数量计算。

房屋建筑面积 指从房屋外墙线算起的各层平面面积的总和,包括可供使用的有效面积和房屋结构(如柱、墙)占用的面积。多层建筑按各层(包括地下室)面积总和计算。

住宅建筑面积 指施工和竣工房屋建筑面积中供居住用的施工和竣工房屋建筑面积。

施工面积 指报告期内施工的全部房屋建筑面积。包括本期新开工的面积、上期跨入本期继续施工的房屋面积、上期停缓建在本期恢复施工的房屋面积、本期竣工的房屋面积及本期施工后又停缓建的房屋面积。

竣工面积 指在报告期内房屋建筑按照设计要求已全部完工,达到住人和使用条件,经验收鉴定合格,正式移交使用单位的建筑面积。

房屋建筑面积竣工率 指一定时期内房屋竣工面积占同期房屋施工面积的比率。它是从房屋建筑施工速度的角度反映投资效果和建筑业经济效益的指标。

新增固定资产 指通过投资活动所形成的新的固定资产价值,包括已经建成投入生产或交付使用的工程价值和达到固定资产标准的设备、工具、器具的价值及有关应摊入的费用。它是以价值形式表示的固定资产投资成果的综合性指标,可以综合反映不同时期、不同部门、不同地区的固定资产投资成果。

建设项目投产率 指一定时期内全部建成投入生产项目个数与同期正式施工项目个数的比率。它是从项目建设速度的角度反映投资效果的指标。

建设周期 是指报告期(年)所有正式施工项目全部建成平均需要的时间。它是从宏观角度反映建设速度的指标。建设周期的计算方法有两种。

(1)按建设项目计算:建设周期 = 报告期正式施工项目个数/报告期全部建成投产项目个数。

(2)按投资额计算:建设周期 = 报告期正式施工项目计划总投资之和/报告期正式施工项目完成投资之和。

建筑业统计单位 指从事房屋、构筑物建造、装饰装修、设备安装活动和工程准备、提供施工设备服务等其他建筑活动的法人企业。建筑业法人企业应同时具备的条件是:①依法成立,有自己的名称、组织机构和场所,能够承担民事责任;②独立拥有和使用资产,承担负债,有权与其他单位签订合同;③独立核算盈亏,能够编制资产负债表。

建筑业总产值(即自行完成施工产值)是以货币表现的建筑业企业在一定时期内生产的建筑业产品和服务的总和。建筑业总产值包括:

(1)建筑工程产值:指列入建筑工程预算内的各种工程价值。

(2)安装工程产值:指设备安装工程价值,不包括被安装设备本身价值。

(3)其他产值:指建筑业总产值中除建筑工程、安装工程以外的产值。包括房屋、构筑物修理所完成的产值(不包括被修理的房屋、构筑物本身的价值)、非标准设备制造产值、总包企业向分包企业收取的管理费和不能明确划分的施工活动所完成的产值。

建筑业增加值 指建筑业企业在报告期内以货币表现的建筑业生产经营活动的最终成果。目前建筑业增加值采用分配法(收入法)计算,即从收入的角度出发,根据生产要素在生产过程中应得的收入份额计算。具体计算公式为:

建筑业增加值 = 本年提取的固定资产折旧 + 本年应付工资总额 + 本年应付福利费总额 + 管理费用中的劳动待业保险费、税金 + 工程结算税金及附加 + 营业利润

房屋建筑施工面积 指在报告期内施过工的全部房屋建筑面积,包括本期新开工的房屋面积、上期跨入本期继续施工的房屋面积、上期停缓建在本期恢复施工的房屋面积、本期竣工的房屋面积及本期施工后又停

缓建的房屋面积。

房屋建筑竣工面积　指在报告期内房屋建筑按照设计要求全部完工，达到了住人和使用条件，经检查验收鉴定合格的房屋建筑面积。

自有机械设备年末总台数　指归本企业（或单位）所有，属于本企业（或单位）固定资产的生产性机械设备年末总台数。包括施工机械、生产设备、运输设备以及其他设备。

自有机械设备年末总功率　指本企业（或单位）自有施工机械、生产设备、运输设备以及其他设备等列为固定资产的生产性机械设备年末总功率，按设定能力或查定能力计算。包括机械本身的动力和为该机械服务的单独动力设备，如电动机等。计算单位用千瓦，动力换算可按 1 马力 =0.735 千瓦折合成千瓦数。电焊机、变压器、锅炉不计算动力。

工程结算收入　指企业承包工程实现的工程价款结算收入，以及向发包单位收取的除工程价款以外按规定列作营业收入的各种款项，如临时设施费、劳动保险费、施工机械调迁费等以及向发包单位收取的各种索赔款。

工程结算利润　指已结算工程实现的利润，如亏损以“ - ”号表示。

计算公式为：工程结算利润 = 工程结算收入 - 工程结算成本 - 工程结算税金及附加

企业总收入指与企业生产经营直接有关的各项收入，包括工程结算收入和其他业务收入。

计算公式为：：企业总收入 = 工程结算收入 + 其他业务收入

计算建筑业劳动生产率的平均人数　指建筑业企业（或单位）报告期实际拥有的、与建筑施工活动有关的人员的平均人数，包括参加本企业（或单位）建筑施工活动的非本企业（或单位）人员，但不包括企业内部社会服务性机构的人员以及由本企业支付工资但所从事的工作与本企业生产基本无关的人员。

2014 南京统计年鉴
NANJING STATISTICAL YEARBOOK

（十）批发和零售业、住宿和餐饮业

CHAPTER 10 WHOLESALE AND RETAIL TRADE, ACCOMMODATIONS AND CATERING

表10—1 社会消费品零售总额(2013年)

计量单位:亿元

指 标	2013年	2013年为上年%
社会消费品零售总额	3504.17	113.8
一、按销售单位所在地分		
城镇	3422.33	114.9
其中:城区	3210.79	114.5
乡村	81.84	79.9
二、按行业分		
(一)批发和零售业小计	3203.34	114.7
限额以上	2177.97	113.6
限额以下	1025.38	116.9
(二)住宿和餐饮业小计	300.83	104.8
限额以上	133.63	94.0
限额以下	167.20	115.4

表10—2 限额以上批发和零售业、住宿和餐饮业基本情况(2013年)

指　标	法人企业(个)	所属全部批零住餐活动单位(个)	其他行业所属批零住餐产业活动单位(个)	年末营业面积(平方米)	年末从业人员(个)
总　计	3276	3090	155	7035489	365546
一、批发和零售业小计	2607	2456	88	5638870	271573
(一)批发业	1442	1401	32	401457	112224
其中:国有控股	131	120	6	35101	23193
1、按登记注册类型分组					
内资	1411	1372	15	389363	91378
国有	33	30	4	6122	6144
集体	7	6		10805	288
股份合作	10	10		8670	274
联营企业			1	100	447
有限责任公司	330	312	1	110721	30533
股份有限公司	45	43	6	17569	15055
私营企业	891	876	2	106626	30434
其他内资	95	95	1	128750	8203
港澳台投资企业	16	15	5	6474	1904
外商投资企业	15	14	12	5620	18942
2、按国民经济行业分组					
农、林、牧产品批发	76	71		60162	6326
食品、饮料及烟草制品批发	189	184	9	135579	15219
纺织、服装及家庭用品批发	139	135	8	49044	38946
文化、体育用品及器材批发	47	43		9985	4924
医药及医疗器材批发	62	61		24919	5365
矿产品、建材及化工产品批发	612	599	11	98257	20728
机械设备、五金产品及电子产品批发	276	270	4	21073	19506
贸易经纪与代理	14	13		10	430
其他批发业	27	25		2428	780
3、按经营方式分组					
独立门店	634	620	14	121574	40497
连锁总店(总部)	8	3		9491	2597
连锁门店	5	5	1	8080	611
其他	795	773	17	262312	68519

表 10—2 续表 1

指 标	法人企业(个)	所属全部批零住餐活动单位(个)	其他行业所属批零住餐产业活动单位(个)	年末营业面积(平方米)	年末从业人员(个)
(二)零售业	1165	1055	56	5237413	159349
其中:国有控股	81	64	3	791304	15104
1、按经济注册类型分组					
内资	1124	1026	27	3043095	97251
国有	21	16	5	39305	1220
集体	12	10	1	20848	981
股份合作	3	3		5180	184
联营企业	2	2		6200	114
有限责任公司	280	246	7	1094679	31382
股份有限公司	31	24	4	805445	19023
私营企业	585	537	10	949380	34742
其他内资	190	188		122057	9605
港澳台投资企业	23	17	10	473354	21760
外商投资企业	18	12	19	1720963	40338
2、按国民经济行业分组					
综合零售	71	48	7	2345852	62395
百货零售	38	29	1	904807	26392
超级市场零售	29	15	5	1435379	35806
其他综合零售	4	4	1	5665	197
食品、饮料及烟草制品专门零售	318	297	9	278759	19690
纺织、服装及日用品专门零售	70	66	18	327661	20000
文化、体育用品及器材专门零售	114	104	8	124447	6406
医药及医疗器材专门零售	79	58	2	106320	8276
汽车、摩托车、燃料及零配件专门零售	271	261	3	1279428	19397
家用电器及电子产品专门零售	119	105	4	562753	13265
五金、家具及室内装饰材料专门零售	71	69	4	175101	3437
货摊、无店铺及其他零售业	52	47	1	37092	6483

表10—2 续表2

指　标	法人企业（个）	所属全部批零住餐活动单位（个）	其他行业所属批零住餐产业活动单位（个）	年末营业面积（平方米）	年末从业人员（个）
3、按经营方式分组					
独立门店	768	722	31	2706268	74499
连锁总店（总部）	30	1		1829084	45183
连锁门店	30	19	7	374369	8232
其他	337	313	18	327692	31435
4、按零售业态分组					
有店铺零售	1136	1026	60	5229204	154649
食杂店	6	6	1	7580	547
便利店	4	3	1	1549	89
折扣店	2	2		9537	106
超市	20	15	3	28940	2320
大型超市	17	8	6	1545468	36576
仓储会员店					
百货店	55	46	3	830838	32439
专业店	533	477	16	1675076	41856
专卖店	316	288	17	617175	23674
家具建材商店	26	25	1	109014	1269
购物中心	16	15	2	246120	7402
厂家直销中心	141	141	6	157197	7907
无店铺零售	29	29		8919	5164
电视购物	5	5		243	1149
邮购	2	2		250	380
网上商店	11	11		7435	3284
自动售货亭					
电话购物	11	11		991	351

表10—2 续表3

指 标	法人企业(个)	所属全部批零住餐活动单位(个)	其他行业所属批零住餐产业活动单位(个)	年末营业面积(平方米)	年末从业人员(个)
二、住宿和餐饮业小计	669	634	67	1396619	93973
(一)住宿业	204	199	27	394769	29260
其中:国有控股	66	65		116486	11762
1、按登记注册类型分组					
内资	194	190	16	355605	26172
国有	38	37	4	66087	6954
集体	4	4		1550	356
股份合作					
联营企业	1	1		2000	130
有限责任公司	71	71	3	124144	10056
股份有限公司	7	6	1	16344	2427
私营企业	70	68	8	141281	6088
其他内资	3	3		4200	161
港澳台投资企业	4	4	2	12282	1777
外商投资企业	6	5	9	26881	1311
2、按国民经济行业分组					
旅游饭店	131	128	19	348641	24924
一般旅馆	60	58	8	43233	3554
其他住宿服务	13	13		2895	782
3、按星级等级分组					
一星			1	3096	262
二星	9	9	1	13110	581
三星	42	42	4	66105	4573
四星	23	21	1	75971	6117
五星	13	13	6	50392	7491
其他	117	114	14	186095	10236
4、按经营方式分组					
独立门店	173	169	22	377217	26609
连锁总店(总部)					
连锁门店	15	15	3	1355	616
其他	16	15	2	16197	2035

表10—2 续表4

指　标	法人企业(个)	所属全部批零住餐活动单位(个)	其他行业所属批零住餐产业活动单位(个)	年末营业面积(平方米)	年末从业人员(个)
(二)餐饮业	465	435	40	1001850	64713
其中:国有控股	22	22		50270	2683
1、按登记注册类型分组					
内资	437	414	26	807297	32903
国有	11	11	3	30552	1584
集体	1	1		1500	56
股份合作			1	2000	571
联营企业	1	1	1	956	108
有限责任公司	98	95	6	200234	8273
股份有限公司	2	2	4	38620	534
私营企业	320	300	11	531605	21530
其他内资	4	4		1830	247
港澳台投资企业	17	16	5	33405	5150
外商投资企业	11	5	9	161148	26660
2、按国民经济行业分组					
正餐服务	429	407	28	777177	32382
快餐服务	22	16	4	205574	27770
饮料及冷饮服务	4	3	6	6119	367
其他餐饮业	10	9	2	12980	4194
3、按经营方式分组					
独立门店	417	404	28	705782	33162
连锁总店(总部)	10			172902	26611
连锁门店	19	15	6	53406	2764
其他	19	16	6	69760	2176

表10—2　续表5

指　标	法人企业(个)	所属全部批零住餐活动单位(个)	其他行业所属批零住餐产业活动单位(个)	年末营业面积(平方米)	年末从业人员(个)
补充资料:					
批发业　其他有限责任公司	322	305	1	104233	28875
其中:1、国有控股	68	62		19421	8192
2、集体控股	24	21		23656	1069
股份有限公司	45	43	6	17569	15055
其中:1、国有控股	22	21	1	2970	6752
2、集体控股	2	2			1316
零售业　其他有限责任公司	273	240	6	1077433	29423
其中:1、国有控股	42	34		215899	4988
2、集体控股	13	8		28212	1713
股份有限公司	31	24	4	805446	19023
其中:1、国有控股	9	6		513123	6894
2、集体控股	5	4		66600	1117
住宿业　其他有限责任公司	68	68	3	117524	9591
其中:1、国有控股	18	18		35305	2724
2、集体控股	7	7		20719	1555
股份有限公司	7	6	1	16344	2427
其中:1、国有控股	4	4		7934	1637
2、集体控股					
餐饮业　其他有限责任公司	96	93	6	196449	8121
其中:1、国有控股	9	9		24001	1216
2、集体控股	6	5		12863	706
股份有限公司	2	2	4	38620	534
其中:1、国有控股					
2、集体控股					

表10—3　限额以上批发和零售业商品购进、库存总额(2013年)

计量单位:万元

指　标	购进总额	#进口	年末库存总额
总　计	90206491	5670348	6926416
(一)批发业	71628647	5213708	5260630
#国有控股	30639697	4136632	2031420
1、按登记注册类型分组			
内资企业	68147200	5025555	4916943
国有企业	8011218	557091	379881
集体企业	61761		3670
股份合作企业	21396		1036
联营企业	349965		
有限责任公司	21475322	3162745	1621418
股份有限公司	21817958	767356	1741386
私营企业	16140836	538363	1149019
其他企业	268744		20534
港、澳、台商投资企业	850945	40269	45011
外商投资企业	2630503	147884	298676
2、按国民经济行业分组			
农、林、牧产品批发	681536	22826	133199
食品、饮料及烟草制品批发	3893180	145699	278244
纺织、服装及日用品批发	19842973	1982138	1555367
文化、体育用品及器材批发	1713357	86252	426009
医药及医疗器材批发	1406292	11749	117628
矿产品、建材及化工产品批发	34400196	1229658	1781010
机械、五金交电及电子产品批发	8777976	1643345	929183
贸易经纪与代理	381902	38433	23813
其他批发	311498	53611	8699
3、按经营方式分组			
独立门店	31126763	921861	2153284
连锁总店(总部)	4537665	2.9	589234
连锁门店	95918		7198
其他	35868301	4291844.1	2510914

表10—3　续表1

指　标	购进总额	#进口	年末库存总额
(二)零售业	18577844	456639	1665786
其中:国有控股	4411426	27339	217340
1、按经济注册类型分组			
内资企业	13587077	286008	1063859
国有企业	421663	77	64844
集体企业	141695		10599
股份合作企业	9802		107
联营企业	26576		3711
有限责任公司	4800971	74440	437698
股份有限公司	3313006		73422
私营企业	4537327	211491	454431
其他	336037		19046
港、澳、台商投资企业	1215180	162871	229512
外商投资企业	3775587	7761	372415
2、按国民经济行业分组			
综合零售	4092608	10105	310920
百货零售	1167479	1805	64069
超级市场零售	2903293	8300	245786
其他综合零售	21837		1066
食品、饮料及烟草制品零售	1024296	6331	107893
纺织、服装及日用品零售	887639	677	182835
文化、体育用品及器材零售	680290	132	148599
医药及医疗器材零售	1765296	4505	161521
汽车、摩托车、燃料及零配件零售	6782663	427114	461990
家用电器及电子产品零售	2213214	6200	233840
五金、家具及室内装修材料零售	527380	1314	38519
货摊、无店铺及其他零售业	604459	261	19668
3、按经营方式分组			
独立门店	10756617	368019	835020
连锁总店(总部)	4071415	5695	414783
连锁门店	1126890	4410	67702
其他	2622921	78515	348281

表10—3 续表2

指 标	购进总额	#进口	年末库存总额
4、按零售业态分组	18165670	450870	1645260
有店铺零售	37263		4207
食杂店	5952		346
便利店	1674		198
折扣店	152197	2605	11531
超市	2800582	7500	265213
大型超市			
仓储会员店	1329547		141770
百货店	8154969	73788	659462
专业店	4594919	366146	492996
专卖店	198675		12746
家居建材店	412789		6982
购物中心	445631	831	49716
厂家直销中心	443649	5769	20619
无店铺零售	120566		3771
电视购物	12030	1366	1050
邮购	275722	261	8373
网上商店			
自动售货亭	35330	4143	7425
电话购物	18165670	450870	1645260
补充资料:			
批发业:其他有限责任公司	18719329	1453757	1325940
其中:1、国有控股	8576577	1116660	468500
2、集体控股	1070332	54689	191642
股份有限公司	21817958	767356	1741386
其中:1、国有控股	10945944	753892	887562
2、集体控股	439511		137629
零售业:其他有限责任公司	4650253	74440	426584
其中:1、国有控股	1490959	27262	111219
2、集体控股	127027	2605	15827
股份有限公司	3313006		73422
其中:1、国有控股	2337468		26540
2、集体控股	211907		3284

表10—4 限额以上批发和零售业商品销售总额(2013年)

计量单位:万元

指 标	商品销售总额	批发额	#出口	零售额
总 计	96107349	74098928	8038329	22008421
(一)批发业	74449486	71008735	8037088	3440751
#国有控股	28628152	27107873	5173328	1520278
1、按登记注册类型分组				
内资企业	70459660	67385369	8007732	3074291
国有企业	8329746	8083905	786348	245841
集体企业	159060	135593		23468
股份合作企业	24525	17848		6677
联营企业	349965	256083		93881
有限责任公司	23097422	21772037	4309779	1325385
股份有限公司	19815521	19428242	1917269	387279
私营企业	18320300	17388603	994335	931697
其他企业	363123	303060		60063
港、澳、台商投资企业	907451	823469	4263	83983
外商投资企业	3082375	2799897	25093	282478
2、按国民经济行业分组				
农畜产品批发	829490	763949	7646	65541
食品、饮料及烟草制品批发	4525876	4339220	224875	186656
纺织、服装及日用品批发	20824191	20272425	3526041	551766
文化、体育用品及器材批发	1642027	1439964	122122	202063
医药及医疗器材批发	1717422	1529353	149839	188069
矿产品、建材及化工产品批发	34307600	32365965	1567652	1941635
机械、五金及电子产品批发	9613813	9333772	2240343	280041
贸易经纪与代理	420414	419945	147112	470
其他批发	341805	336071	51458	5734
再生物资回收与批发	226849	208072		18777
其他未列明的批发	341805	336071	51458	5734
3、按经营方式分组				
独立门店	33547816	32253624	1370081	1294192
连锁总店(总部)	1877618	1819933		57685
连锁门店	102484	98236		4248
其他	38921569	36836942	6667006	2084627

表10—4 续表1

指 标	商品销售总额	批发额	#出口	零售额
(二)零售业	21657863	3090194	1241	18567670
其中:国有控股	4914304	1260413		3653891
1、按经济注册类型分组				
内资企业	15766089	2052854	1241	13713235
国有企业	441416	43831		397585
集体企业	149937	6067		143870
股份合作企业	9695	324		9371
联营企业	24730			24730
有限责任公司	5461897	532073		4929823
股份有限公司	4023641	1004676		3018965
私营企业	5283601	427517	1241	4856084
其他	371172	38366		332806
港、澳、台商投资企业	1508746	13395		1495351
外商投资企业	4383028	1023945		3359084
2、按国民经济行业分组				
综合零售	5432413	1027310		4405104
百货零售	2221777	2083		2219695
超级市场零售	3096281	1025227		2071054
其他综合零售	114355			114355
食品、饮料及烟草制品零售	1156091	89787		1066304
纺织、服装及日用品零售	1098487	26966		1071521
文化、体育用品及器材零售	778218	141479	337	636740
医药及医疗器材零售	2040870	241658		1799212
汽车、摩托车、燃料及零配件零售	7322836	1089632		6233203
家用电器及电子产品零售	2323922	302098		2021824
五金、家具及室内装修材料零售	674085	61875	905	612210
货摊、无店铺及其他零售业	830941	109389		721552

表 10—4　续表 2

指　标	商品销售总额	批发额	#出口	零售额
3、按经营方式分组				
独立门店	13031752	1263551	1155	11768201
连锁总店（总部）	4340980	1021269		3319711
连锁门店	1277784	323790		953994
其他	3007347	481584	87	2525764
4、按零售业态分组				
有店铺零售	21035125	3003836	1241	18031289
食杂店	34064	7855		26209
便利店	7249	282		6967
折扣店	16408			16408
超市	154615	3761		150854
大型超市	3127847	1023127		2104720
仓储会员店				
百货店	2413230	12380		2400850
专业店	8886174	1540616	741	7345557
专卖店	5033068	310244	500	4722824
家居建材店	270868	18836		252032
购物中心	475216	2922		472294
厂家直销中心	577267	44830		532437
无店铺零售	661859	125340		536518
电视购物	303636	16166		287470
邮购	25611			25611
网上商店	287123	100196		186927
自动售货亭				
电话购物	45489	8978		36511
补充资料：				
批发业：其他有限责任公司	20155258	18929772	3601102	1225486
其中：1、国有控股	8731893	7948996	1785335	782897
2、集体控股	1127930	1097130	233355	30800
股份有限公司	19815521	19428242	1917269	387279
其中：1、国有控股	8274385	7976625	1892967	297761
2、集体控股	429390	429390		
零售业：其他有限责任公司	5297591	455835		4841756
其中：1、国有控股	1686453	143730		1542723
2、集体控股	138188	6553		131635
股份有限公司	4023641	1004676		3018965
其中：1、国有控股	2617972	996615		1621357
2、集体控股	370159			370159

表10—5 限额以上批发和零售业法人企业主要财务状况(2013年)

计量单位:万元

指 标	资产总计	负债合计	所有者权益	#实收资本
总 计	48174118	37142679	11804635	5519497
一、批发业	35560507	28075403	7875522	3156837
其中:国有控股	14631817	11534023	3488212	1449107
1、按登记注册类型分组				
内资企业	34495967	27368333	7518052	3055128
国有企业	3129991	1895728	1234263	171885
集体企业	52822	27752	25069	4989
股份合作企业	31099	9176	21924	20663
联营企业				
有限责任公司	10171794	8032174	2139620	1106846
股份有限公司	13932136	11942970	2379585	814080
私营企业	7018208	5402820	1615388	885803
其他企业	159917	57714	102203	50862
港、澳、台商投资企业	293701	86435	207266	46524
外商投资企业	770839	620635	150204	55185
2、按国民经济行业分组				
农、林、牧产品批发	516096	355611	160485	84124
食品、饮料及烟草制品批发	2350133	993240	1356893	303569
纺织、服装及日用品批发	11488813	9128924	2359889	390273
文化、体育用品及器材批发	2035307	937798	1097509	375792
医药及医疗器材批发	1225416	947823	277593	204171
矿产品、建材及化工产品批发	11332319	10648782	1073956	1191012
机械、五金及电子产品批发	6063776	4658261	1405514	529033
贸易经纪与代理	255615	183253	72362	46768
其他批发	293032	221711	71320	32096
3、按经营方式分组				
独立门店	17175493	13183064	3992429	1048354
连锁总店(总部)	3110277	3218234	282462	476035
连锁门店	25582	20895	4687	2476
其他	15249155	11653210	3595945	1629972

表 10—5　续表 1

指　标	资产总计	负债合计	所有者权益	
				#实收资本
二、零售业	12613611	9067276	3929112	2362660
其中:国有控股	1673791	1374408	682160	208477
1、按登记注册类型分类				
内资企业	9114887	6740331	2757333	1768863
国有企业	260823	222225	38599	19924
集体企业	17473	10565	6908	3233
股份合作企业	2743	1684	1059	796
联营企业	6129	4937	1192	1200
有限责任公司	2532383	1807597	724786	402070
股份有限公司	4045426	3043158	1385045	909973
私营企业	2101148	1603401	497747	367843
其他企业	148763	46765	101998	63825
港、澳、台商投资企业	835479	556579	278901	230571
外商投资企业	2663245	1770366	892879	363225
2、按国民经济行业分组				
综合零售	4115479	2975402	1140077	566793
百货零售	2658263	1622559	1035703	428130
超级市场零售	1450784	1349937	100848	137013
其他综合零售	6432	2906	3526	1650
食品、饮料及烟草制品零售	507529	256892	250636	143379
纺织、服装及日用品零售	720938	409847	311091	113108
文化、体育用品及器材零售	349514	235902	113612	63791
医药及医疗器材零售	856055	701256	154800	112370
汽车、摩托车、燃料及零配件零售	1920560	1629917	673420	311196
家用电器及电子产品零售	3296521	2253016	1043505	925473
五金、家具及室内装修材料零售	406972	264890	142082	61077
货摊、无店铺及其他零售	440044	340154	99890	65474

表10—5 续表2

指　标	资产总计	负债合计	所有者权益	#实收资本
3、按经营方式分组				
独立门店	6294385	4397581	2279582	977028
连锁总店(总部)	4542824	3472806	1070019	1077371
连锁门店	340670	239441	101229	67791
其他	1435732	957449	478283	240469
4、按零售业态分组				
有店铺零售	12297099	8829592	3850285	2313817
食杂店	11953	7642	4311	3848
便利店	3837	2977	860	561
折扣店	5065	4861	204	100
超市	49096	50449	-1354	10395
大型超市	1605619	1505593	100026	197584
仓储会员店				
百货店	2630405	1490949	1139456	395407
专业店	5653634	4140073	1896339	1290056
专卖店	1748473	1260169	488304	256192
家居建材商店	101434	86403	15031	34410
购物中心	220881	131556	89325	51985
厂家直销中心	266703	148921	117782	73279
无店铺零售	316511	237684	78828	48843
电视购物	92808	45445	47363	25600
邮购	6499	5080	1418	600
网上商店	188338	172276	16062	15967
自动售货亭				
电话购物	28867	14883	13984	6676
补充资料:				
批发业:其他有限责任公司	8559029	6867403	1691625	998050
其中:1、国有控股	3076283	2292800	783483	422057
2、集体控股	736908	640456	96452	42270
股份有限公司	13932136	11942970	2379585	814080
其中:1、国有控股	6812777	6180725	1022471	746369
2、集体控股	341680	321823	19856	9599
零售业:其他有限责任公司	2477751	1772542	705208	381975
其中:1、国有控股	918970	640507	278464	134692
2、集体控股	120865	74196	46669	33598
股份有限公司	4045426	3043158	1385045	909973
其中:1、国有控股	433236	471685	344329	32567
2、集体控股	353694	226775	126919	40958

表10—5 续表3

指 标	主营业务收入	主营业务成本	营业费用	管理费用
总 计	83833156	76958283	3043474	1497229
一、批发业	65633960	61083611	1784745	905945
其中:国有控股	26181739	24663451	450482	383633
1、按登记注册类型分组				
内资企业	62917403	59015562	1274484	861740
国有企业	6903026	6385363	80990	101031
集体企业	146301	121968	1065	1955
股份合作企业	24525	14850	1816	1080
联营企业				
有限责任公司	20725610	19499319	526723	318515
股份有限公司	18463805	17317553	261296	197274
私营企业	16249034	15398531	380097	223721
其他企业	405101	277977	22498	18164
港、澳、台商投资企业	741851	654974	26000	20256
外商投资企业	1974706	1413076	484261	23949
2、按国民经济行业分组				
农、林、牧产品批发	793436	676702	27082	26071
食品、饮料及烟草制品批发	3652528	3084399	137007	126233
纺织、服装及日用品批发	18114990	16257963	851258	200089
文化、体育用品及器材批发	1446133	1284662	65457	54321
医药及医疗器材批发	1525946	1316079	176356	69105
矿产品、建材及化工产品批发	30611678	29502593	320497	270672
机械、五金及电子产品批发	8553810	8075847	186781	144306
贸易经纪与代理	376678	358538	10388	7594
其他批发	558760	526827	9920	7555
3、按经营方式分组				
独立门店	28196562	26017430	531920	352579
连锁总店(总部)	3615526	3462057	87316	88504
连锁门店	63845	57021	3177	1285
其他	33758026	31547103	1162333	463578

表10—5 续表4

指 标	主营业务收入	主营业务成本	营业费用	管理费用
二、零售业	18199196	15874672	1258729	591285
其中:国有控股	4188060	3869649	157542	83460
1、按登记注册类型分类				
内资企业	13419401	11754788	671210	467251
国有企业	354397	333269	5360	9904
集体企业	99683	91729	4823	2457
股份合作企业	9695	6531	620	518
联营企业	28606	26548	726	727
有限责任公司	4720069	4096119	276194	141679
股份有限公司	3324174	2998168	144608	135486
私营企业	4482198	3931322	221849	155132
其他企业	400579	271103	17031	21348
港、澳、台商投资企业	1193613	964265	178975	36081
外商投资企业	3586182	3155619	408544	87953
2、按国民经济行业分组				
综合零售	4456473	3854390	493145	172283
百货零售	1669137	1361955	147735	115944
超级市场零售	2763833	2474184	344273	55636
其他综合零售	23502	18250	1136	703
食品、饮料及烟草制品零售	1017675	736130	66183	46360
纺织、服装及日用品零售	775686	567503	129428	34970
文化、体育用品及器材零售	619974	526798	42232	25904
医药及医疗器材专门零售	1723713	1550719	88285	43324
汽车、摩托车、燃料及零配件零售	6366135	5955325	185488	97246
家用电器及电子产品零售	2015668	1707539	157438	113799
五金、家具及室内装修材料零售	476003	355871	41326	38796
货摊、无店铺及其他零售	747869	620398	55205	18602

表10—5 续表5

指 标	主营业务收入	主营业务成本	营业费用	管理费用
3、按经营方式分组				
独立门店	10796538	9525891	511968	317586
连锁总店(总部)	3825645	3359047	481790	150886
连锁门店	1112974	936607	77996	17735
其他	2464039	2053126	186976	105079
4、按零售业态分组				
有店铺零售	17590506	15349842	1196064	572797
食杂店	27093	21319	1486	1869
便利店	5677	4989	371	338
折扣店	14279	12430	1884	1043
超市	140784	117473	10806	12919
大型超市	2760550	2479959	381439	43417
仓储会员店				
百货店	1762274	1398564	148586	123879
专业店	7490157	6639478	372750	234727
专卖店	4300972	3823907	196554	106048
家居建材商店	202310	166013	14752	11271
购物中心	337831	254446	44792	10175
厂家直销中心	548580	431263	22645	27112
无店铺零售	608690	524830	62665	18488
电视购物	259577	218241	35198	3776
邮购	21890	9694	10495	1039
网上商店	286251	264425	12217	10654
自动售货亭				
电话购物	40973	32471	4755	3019
补充资料:				
批发业 其他有限责任公司	18207352	17142735	449226	254196
其中:1、国有控股	7849348	7455593	151405	96047
2、集体控股	1093697	954061	20212	15083
股份有限公司	18463805	17317553	261296	197274
其中:1、国有控股	8911107	8633792	140590	122237
2、集体控股	429340	413190	3168	5594
零售业 其他有限责任公司	4578303	3970080	266439	135184
其中:1、国有控股	1424388	1297517	57896	40080
2、集体控股	125583	106592	9027	3219
股份有限公司	3324174	2998168	144608	135486
其中:1、国有控股	2238903	2086277	83805	26254
2、集体控股	227456	177404	5298	28004

表10—5 续表6

指 标	财务费用	营业利润	利润总额	本年应交增值税
总 计	329932	2471343	2414958	1117276
一、批发业	212651	1867773	1863841	627715
其中:国有控股	64513	580412	599860	305926
1、按登记注册类型分组				
内资企业	209299	1781497	1774785	560728
国有企业	-9013	279154	287609	84074
集体企业	346	20693	19843	357
股份合作企业	20	6751	6744	
联营企业				
有限责任公司	116617	399257	412523	265058
股份有限公司	3134	834734	841083	49769
私营企业	96841	156255	129144	161379
其他企业	1354	84653	77840	91
港、澳、台商投资企业	2608	37613	37893	24165
外商投资企业	745	48663	51163	42822
2、按国民经济行业分组				
农、林、牧产品批发	9490	54257	60130	405
食品、饮料及烟草制品批发	7557	254340	251141	113755
纺织、服装及日用品批发	-10265	917403	923119	158038
文化、体育用品及器材批发	-9343	121055	122568	18350
医药及医疗器材批发	13410	32082	42252	31090
矿产品、建材及化工产品批发	110516	380604	347554	217803
机械、五金及电子产品批发	86726	92364	99327	77855
贸易经纪与代理	1945	492	2978	7206
其他批发	2616	15178	14773	3214
3、按经营方式分组				
独立门店	87744	1262403	1267488	164827
连锁总店(总部)	-10707	66899	67813	27426
连锁门店	422	2177	344	2079
其他	135192	536294	528196	423903

表10—5 续表7

指 标	财务费用	营业利润	利润总额	本年应交增值税
二、零售业	117281	603569	551118	489561
其中:国有控股	21346	67734	69013	190320
1、按登记注册类型分类				
内资企业	115676	418694	372668	412934
国有企业	2482	4570	6112	40960
集体企业	116	1155	984	1025
股份合作企业	66	1943	1938	
联营企业	253	421	418	5
有限责任公司	38406	132404	130548	135235
股份有限公司	29938	59609	53398	156460
私营企业	40514	140698	114991	69035
其他企业	3902	77895	64279	10215
港、澳、台商投资企业	7699	39017	35053	16291
外商投资企业	-6094	145859	143397	60336
2、按国民经济行业分组				
综合零售	17510	191185	177395	77047
百货零售	28177	168567	160036	31196
超级市场零售	-10773	19715	16217	45561
其他综合零售	106	2904	1142	290
食品、饮料及烟草制品零售	7364	151012	131205	49787
纺织、服装及日用品零售	3815	49535	48715	22518
文化、体育用品及器材零售	4634	20952	18614	17591
医药及医疗器材零售	13614	31521	26954	74566
汽车、摩托车、燃料及零配件零售	48316	82774	79718	188422
家用电器及电子产品零售	11747	-9473	-12643	32664
五金、家具及室内装修材料零售	8708	32284	35233	14163
无店铺及其他零售	1573	53780	45927	12804

表10—5 续表8

指　标	财务费用	营业利润	利润总额	本年应交增值税
3、按经营方式分组				
独立门店	95066	508127	462283	327393
连锁总店(总部)	816	-24205	-30197	88622
连锁门店	3110	20233	19543	21637
其他	18290	99414	99488	51908
4、按零售业态分组				
有店铺零售额	117015	598617	548088	476977
食杂店	503	1541	1433	421
便利店	88	-8	140	228
折扣店	40	94	91	209
超市	486	967	1140	1370
大型超市	-8635	-5195	-11514	45000
仓储会员店				
百货店	26051	206274	198580	32189
专业店	46914	149596	137731	297231
专卖店	40613	144673	132932	75622
家居建材商店	2894	9566	6182	2792
购物中心	2868	31286	31206	11016
厂家直销中心	5194	59823	50166	10899
无店铺零售	266	4952	3029	12584
电视购物	-238	4971	5909	6567
邮购	-3	426	427	1961
网上商店	127	-906	-3840	1229
自动售货亭				
电话购物	380	460	534	2827
补充资料:				
批发业:其他有限责任公司	95118	371704	381858	206875
其中:1、国有控股	26506	124669	132760	135939
2、集体控股	13163	94565	99377	12084
股份有限公司	3134	834734	841083	49769
其中:1、国有控股	25521	149036	148826	27730
2、集体控股	10562	-3965	687	402
零售业:其他有限责任公司	37062	132420	130961	133734
其中:1、国有控股	13332	28429	28451	14277
2、集体控股	564	7248	7360	7107
股份有限公司	29938	59609	53398	156460
其中:1、国有控股	3935	34331	34444	133577
2、集体控股	5477	23285	16976	5770

表10—6 限额以上住宿和餐饮业经营情况(2013年)

计量单位:万元

指　标	营业额	#客房收入	#餐费收入	#商品销售收入
总　计	1736669	314613	1260232	57406
一、住宿业	607975	269126	224014	36986
其中:国有控股	253215	77923	94274	28317
1、按登记注册类型分组				
内资企业	533651	227557	201017	36416
国有企业	132328	40788	50466	5776
集体企业	6923	2813	3241	168
股份合作企业				
联营企业	3786	1576	1931	26
有限责任公司	188094	90942	77373	7945
股份有限公司	80780	24145	22123	21208
私营企业	119624	66208	45103	1212
其他	2116	1085	780	82
港、澳、台商投资企业	36768	19841	13388	77
外商投资企业	37556	21729	9609	494
2、按国民经济行业分组				
旅游饭店	528398	218260	201074	35226
一般旅馆	67770	43975	18982	1668
其他住宿服务	11807	6891	3957	92
3、按星级等级分组				
一星	7222	4738	2222	
二星	9014	3284	2848	764
三星	70245	27340	35637	2038
四星	140675	49235	52002	6408
五星	188836	75601	64141	23993
其他	191984	108929	67164	3783
4、按经营方式分组				
独立门店	556595	236774	209776	36511
连锁总店(总部)				
连锁门店	14294	13368	493	169
其他	37086	18984	13744	306

表10—6 续表

指 标	营业额	#客房收入	#餐费收入	#商品销售收入
二、餐饮业	1128694	45486	1036218	20420
其中:国有控股	43957	9185	28804	960
1、按登记注册类型分组				
内资企业	658586	42062	573556	18334
国有企业	28110	3851	20361	895
集体企业	890	215	474	129
股份合作企业	19830	10600	8848	
联营企业	1524	241	1283	
有限责任公司	190360	13830	157101	6780
股份有限公司	33870	20	31788	
私营企业	381209	12852	351685	10389
其他	2793	453	2016	142
港、澳、台商投资企业	90976	121	87066	2086
外商投资企业	379133	3303	375597	
2、按国民经济行业分组				
正餐服务	637781	45046	552305	16022
快餐服务	418973	28	416854	9
饮料及冷饮服务	10240		8570	1670
其他餐饮服务	61700	413	58489	2720
3、按经营方式分组				
独立门店	612584	43878	540759	11887
连锁总店(总部)	389611		389028	583
连锁门店	55698	794	54505	400
其他	70801	814	51926	7551

表10—7 限额以上住宿和餐饮业法人企业主要财务状况（2013年）

计量单位：万元

指 标	资产总计	负债合计	所有者权益合计	#实收资本
总 计	1802496	1219627	582929	585201
一、住宿业	1139452	743719	395733	396381
其中：国有控股	503926	222719	281207	206747
1、按登记注册类型分组				
内资企业	948031	574057	373974	290696
国有企业	199707	98068	101639	79489
集体企业	10072	8069	2003	4630
股份合作企业				
联营企业	1016	2174	－1158	300
有限责任公司	340958	266621	74337	106233
股份有限公司	189893	27756	162137	66774
私营企业	202527	167246	35281	32774
其他企业	3858	4124	－265	497
港、澳、台商投资企业	125758	147044	－21286	64409
外商投资企业	65663	22618	43046	41276
2、按国民经济行业分组				
旅游饭店	1052513	699588	352925	355481
一般饭店	77884	36674	41210	38480
其他住宿服务	9055	7456	1599	2420
3、按星级等级分组				
一星				
二星	8867	4961	3907	2387
三星	93934	79018	14915	43363
四星	223055	101485	121570	115234
五星	424734	282083	142651	143898
其他	388862	276172	112690	91500
4、按经营方式分组				
独立门店	1083544	707620	375924	379142
连锁总店（总部）				
连锁门店	20130	13136	6994	7727
其他	35778	22963	12815	9512

表10—7 续表1

指　标	资产总计	负债合计	所有者权益合计	#实收资本
二、餐饮业	663044	475909	187196	188821
其中:国有控股	38348	19201	19147	13418
1、按登记注册类型分类				
内资企业	417654	322805	94910	104223
国有企业	14468	10646	3823	2736
集体企业	1333	1054	280	278
股份合作企业				
联营企业	179	96	83	5
有限责任公司	147884	111309	36636	36393
股份有限公司	177	120	57	50
私营企业	250685	198559	52126	62511
其他企业	2927	1022	1905	2250
港、澳、台商投资企业	102431	39881	62550	52435
外商投资企业	142959	113223	29736	32163
2、按国民经济行业分组				
正餐服务	475511	342787	132785	156997
快餐服务	165283	122295	42988	23763
饮料及冷饮服务	3528	766	2762	5103
其他餐饮服务	18722	10062	8660	2958
3、按经营方式分组				
独立门店	445624	310331	135354	148189
连锁总店(总部)	161907	117020	44887	27711
连锁门店	20047	15744	4303	7263
其他	35466	32814	2652	5659

表10—7 续表2

指　标	主营业务收入	主营业务成本	营业费用
总　计	1496336	684276	457363
一、住宿业	490594	192533	141340
其中:国有控股	244418	112866	64308
1、按登记注册类型分组			
内资企业	445132	179508	128875
国有企业	112886	53728	34553
集体企业	6855	4391	1003
股份合作企业			
联营企业	3786	806	1064
有限责任公司	167011	50990	47666
股份有限公司	71492	42523	11037
私营企业	80987	26387	32491
其他企业	2116	683	1062
港、澳、台商投资企业	25253	7344	7914
外商投资企业	20209	5180	4552
2、按国民经济行业分组			
旅游饭店	424607	169223	118681
一般饭店	54261	18377	19029
其他住宿服务	11726	4933	3630
3、按星级等级分组			
一星			
二星	7810	4766	1597
三星	62347	25825	19866
四星	124305	54563	32706
五星	138785	56615	35738
其他	157347	50765	51433
4、按经营方式分组			
独立门店	456093	183296	128051
连锁总店(总部)			
连锁门店	10917	1549	6153
其他	23584	7688	7136

表10—7 续表3

指　标	主营业务收入	主营业务成本	营业费用
二、餐饮业	1005742	491743	316023
其中:国有控股	43990	17042	14779
1、按登记注册类型分类			
内资企业	560709	280502	165748
国有企业	21913	8408	8590
集体企业	890	379	229
股份合作企业			
联营企业	962	528	34
有限责任公司	176762	87049	52671
股份有限公司	721	439	12
私营企业	356693	182171	103516
其他企业	2768	1529	695
港、澳、台商投资企业	85467	31535	38309
外商投资企业	359566	179706	111966
2、按国民经济行业分组			
正餐服务	542719	275962	158622
快餐服务	398940	188120	131651
饮料及冷饮服务	6159	3828	2234
其他餐饮服务	57924	23833	23516
3、按经营方式分组			
独立门店	532648	254229	171041
连锁总店(总部)	385523	184560	122920
连锁门店	44737	19065	19296
其他	42833	33890	2765

表10—7　续表4

指　标	管理费用	财务费用	营业利润	利润总额
总　计	255548	15709	21246	14593
一、住宿业	135499	8999	-1866	-1036
其中:国有控股	62215	880	1303	3037
1、按登记注册类型分组				
内资企业	118319	7419	-595	657
国有企业	26610	100	-5141	-3659
集体企业	1408	154	-456	-95
股份合作企业				
联营企业	1032	16	681	680
有限责任公司	57780	4074	-1438	-2152
股份有限公司	13218	-227	7269	7237
私营企业	17899	3299	-1438	-1316
其他企业	371	4	-74	-40
港、澳、台商投资企业	9841	851	-2577	-2349
外商投资企业	7339	730	1306	656
2、按国民经济行业分组				
旅游饭店	118934	7975	-1440	-441
一般饭店	13789	1041	-213	-414
其他住宿服务	2776	-17	-214	-181
3、按星级等级分组				
一星				
二星	1380	-5	-308	-168
三星	15319	906	-1676	-1098
四星	32701	1278	-3	-414
五星	37123	2429	5485	6211
其他	48977	4391	-5364	-5565
4、按经营方式分组				
独立门店	123935	7992	52	661
连锁总店(总部)				
连锁门店	3205	324	-844	-933
其他	8359	683	-1075	-763

表10—7 续表5

指 标	管理费用	财务费用	营业利润	利润总额
二、餐饮业	120048	6710	23112	15629
其中:国有控股	7580	-895	3734	3750
1、按登记注册类型分类				
内资企业	81514	4934	6	-5787
国有企业	3077	132	599	684
集体企业	234	-1	2	2
股份合作企业				
联营企业	308	7	30	30
有限责任公司	23089	466	5022	1388
股份有限公司	186	1	48	48
私营企业	53734	4313	-5174	-7417
其他企业	885	17	-521	-521
港、澳、台商投资企业	6850	81	4945	4681
外商投资企业	31684	1695	18161	16734
2、按国民经济行业分组				
正餐服务	83402	5121	-7512	-10606
快餐服务	33159	1516	26060	24255
饮料及冷饮服务	975	49	-1063	-1141
其他餐饮服务	2512	23	5627	3121
3、按经营方式分组				
独立门店	77097	4631	-345	-6372
连锁总店(总部)	34273	1658	24476	22893
连锁门店	4542	323	-907	-826
其他	4136	99	-112	-67

表 10—8　亿元以上商品交易市场基本情况(2013 年)

指　标	市场个数(个)	年末摊位总量(个)		
			年末出租摊位数	#出租率(%)
合　计	46	38223	36630	95.8
一、按经营环境分				
(一)露天式	5	1642	1489	90.7
(二)封闭式	39	35584	34167	96.0
(三)其他	2	997	974	97.7
二、按经营方式分				
(一)批发	15	20940	19786	94.5
(二)零售	31	17283	16844	97.5
三、按市场类别分				
(一)综合市场	15	11102	10923	98.4
生产资料综合市场				
工业消费品综合市场	3	1950	1950	100.0
农产品综合市场	8	3980	3945	99.1
其他综合市场	4	5172	5028	97.2
(二)专业市场	31	27121	25707	94.8
生产资料市场	5	9927	9538	96.1
木材市场				
建材市场	4	9227	9105	98.7
金属材料市场	1	700	433	61.9
农产品市场	8	3672	2812	76.6
粮油市场	2	168	159	94.6
肉禽蛋市场	1	62	62	100.0
水产品市场	2	2295	1650	71.9
蔬菜市场	2	247	203	82.2
干鲜果品市场				
食品、饮料及烟酒市场	1	2700	2674	99.0
纺织、服装、鞋帽市场	2	3980	3980	100.0
服装市场	1	1898	1898	100.0
其他纺织服装鞋帽市场	1	2082	2082	100.0
日用品及文化用品市场	1	88	86	97.7
图书、报刊杂志市场	1	88	86	97.7
其他日用品及文化用品市场				
电器、通讯器材、电子设备市场	1	249	245	98.4
家具、五金及装饰材料市场	9	6136	6036	98.4
家具市场	3	1195	1155	96.7
装饰材料市场	3	1451	1391	95.9
五金材料市场	1	948	948	100.0
其他装修市场	2	2542	2542	100.0
汽车、摩托车及零配件市场	4	369	336	91.1
#汽车市场	4	369	336	91.1

表10—8 续表1

指　标	本年商品成交额（亿元）	#商品零售额	营业面积（万平方米）
合　计	911.42	349.49	294.49
一、按经营环境分			
（一）露天式	43.60	15.66	19.22
（二）封闭式	825.74	314.37	269.47
（三）其他	42.08	19.46	5.80
二、按经营方式分			
（一）批发	640.85	166.84	168.56
（二）零售	270.57	182.65	125.93
三、按市场类别分			
（一）综合市场	134.69	96.06	69.53
生产资料综合市场			
工业消费品综合市场	24.93	14.93	6.27
农产品综合市场	21.44	20.00	5.77
其他综合市场	88.32	61.12	57.50
（二）专业市场	776.73	253.43	224.95
生产资料市场	160.91	33.53	62.63
木材市场			
建材市场	53.11	33.53	32.63
金属材料市场	107.80		30.00
农产品市场	113.76	23.23	36.02
粮油市场	26.07	2.95	1.29
肉禽蛋市场	1.50	0.40	0.15
水产品市场	72.17	16.00	28.50
蔬菜市场	8.89	1.83	4.80
干鲜果品市场			
食品、饮料及烟酒市场	271.20	60.00	50.00
纺织、服装、鞋帽市场	64.79	25.76	8.00
服装市场	25.76	25.76	0.50
其他纺织服装鞋帽市场	39.03		7.50
日用品及文化用品市场	3.10	1.40	0.50
图书、报刊杂志市场	3.10	1.40	0.50
其他日用品及文化用品市场			
电器、通讯器材、电子设备市场	5.14	5.13	0.48
家具、五金及装饰材料市场	110.86	72.64	60.11
家具市场	19.16	13.17	19.51
装饰材料市场	7.55	4.90	15.10
五金材料市场	12.88	10.52	15.00
其他装修市场	71.27	44.05	10.50
汽车、摩托车及零配件市场	46.96	31.74	7.22
#汽车市场	46.96	31.74	7.22

表10—8　续表2

指　标	年末已出租摊位数(个)	成交额(亿元)
总　计	36630	911.42
1、粮油、食品、饮料、烟酒类	9605	409.07
(1)粮油、食品类	8965	308.77
其中:粮油类	1530	119.00
肉禽蛋类	1596	17.21
水产品类	1686	68.77
蔬菜类	3270	40.14
干鲜果品类	847	23.59
(2)饮料类	375	44.75
(3)烟酒类	265	55.54
2、服装、鞋帽、针纺织品类	6583	78.36
(1)服装类	4073	55.52
(2)鞋帽类	991	10.95
(3)针、纺织品类	1519	11.89
3、化妆品类	82	1.27
4、金银珠宝类	26	0.50
5、日用品类	2700	41.48
其中:洗涤用品类	337	5.33
儿童玩具类	188	3.21
6、五金、电料类	1118	30.41
7、体育、娱乐用品类	41	0.50
8、书报杂志类	98	4.18
9、电子出版物和音像制品类	19	0.64
10、家用电器和音像器材类	67	1.56
11、中西药品类		
其中:西药类		
12、文化办公用品类	374	7.28
13、家具类	1478	36.65
14、通讯器材类	3	0.00
15、煤炭及制品类		
16、木材及制品类	279	19.04
17、石油及制品类		
18、化工材料及制品类		
其中:化肥类		
19、金属材料类	433	107.80
20、建筑及装潢材料类	12802	116.61
21、机电产品及设备类	40	0.72
其中:农机类	25	0.35
22、汽车类	336	46.96
23、种子饲料类		
24、棉麻类		
25、其他类	546	8.36

表10—9 批发和零售业、住宿和餐饮业连锁总店经营情况(2013年)

计量单位:亿元

指 标	连锁总店(个)	连锁门店(个)	#直营店	#加盟店
总 计	48	11631	8635	2996
一、批发和零售业	38	11141	8147	2994
其中:外商及港澳台投资	9	2467	1648	819
按零售业态分				
1、便利店	1	5	5	
2、折扣店				
3、超市	1	3	3	
4、大型超市	5	2150	1438	712
5、仓储会员店				
6、百货店	3	252	50	202
7、专业店	21	5473	3500	1973
其中:加油站	2	3041	3041	
8、专卖店	5	217	110	107
9、家居建材店				
10、厂家直销中心				
11、其他				
二、住宿业				
三、餐饮业	10	490	488	2
其中:外商及港澳台投资	4	461	461	
按行业分				
正餐	4	13	13	
快餐	5	465	463	2
茶馆	1	12	12	
其他餐饮				

表10—9 续表1

指 标	商品购进总额	#接受统一配送商品金额	接受自有配送中心商品金额	接受非自有配送中心商品金额
总 计	3134.21	2748.94	2683.80	18.13
一、批发和零售业	3120.73	2735.46	2673.27	15.18
其中:外商及港澳台投资	556.22	555.06	515.57	9.49
按零售业态分				
1、便利店	0.18	0.18	0.04	0.13
2、折扣店				
3、超市	9.49	9.49		9.49
4、大型超市	441.99	441.99	417.67	
5、仓储会员店				
6、百货店	13.18	9.40	3.73	
7、专业店	1157.64	776.15	755.13	5.31
其中:加油站	1493.08	1493.08	1493.08	
8、专卖店	5.16	5.16	3.62	0.24
9、家居建材店				
10、厂家直销中心				
11、其他				
二、住宿业				
三、餐饮业	13.48	13.48	10.53	2.95
其中:外商及港澳台投资	12.59	12.59	10.06	2.53
按行业分				
正餐	0.76	0.76	0.34	0.42
快餐	12.35	12.35	9.82	2.53
茶馆	0.37	0.37	0.37	
其他餐饮				

表10—9 续表2

指 标	商品销售总额	#商品零售额	零售营业面积（万平方米）	餐饮营业面积（万平方米）	年末从业人员数（人）
总 计	3728.92	1925.91	1567.33	18.84	310935
一、批发和零售业	3728.92	1925.91	1567.33		281894
其中:外商及港澳台投资	585.33	488.81	427.60		86546
按零售业态分					
1、便利店	0.21	0.18	0.08		40
2、折扣店					
3、超市	8.11	8.11	0.27		910
4、大型超市	477.14	382.31	381.02		76683
5、仓储会员店					
6、百货店	14.38	14.03	15.19		3784
7、专业店	1680.10	819.74	697.51		171613
其中:加油站	1543.04	697.38	471.10		27814
8、专卖店	5.94	4.16	2.17		1050
9、家居建材店					
10、厂家直销中心					
11、其他					
二、住宿业					
三、餐饮业				18.84	29041
其中:外商及港澳台投资				16.45	27840
按行业分					
正餐				2.11	839
快餐				16.53	27958
茶馆				0.20	244
其他餐饮					

表10—9　续表3

指　标	营业额	#餐费和商品销售额	餐位数（个）	自有配送中心面积（万平方米）	自有配送中心拥有运输车辆(台)
总　计	38.96	38.50	60908		
一、批发和零售业					
其中:外商及港澳台投资					
按零售业态分					
1、便利店					
2、折扣店					
3、超市					
4、大型超市					
5、仓储会员店					
6、百货店					
7、专业店					
其中:加油站					
8、专卖店					
9、家居建材店					
10、厂家直销中心					
11、其他					
二、住宿业					
三、餐饮业	38.96	38.50	60908		
其中:外商及港澳台投资	37.05	36.67	54201		
按行业分					
正餐	1.50	1.42	5527		
快餐	36.87	36.49	54981		
茶馆	0.59	0.59	400		
其他餐饮					

表10—10　主要年份社会消费品零售总额

计量单位:亿元

年　份	社会消费品零售总额	批发和零售业	住宿和餐饮业	其他行业
1949	0.77			
1952	2.49			
1957	4.33			
1962	5.22			
1965	5.28			
1970	6.13			
1975	8.26			
1978	10.69			
1980	15.84			
1985	34.84			
1990	72.79			
1994	205.33			
1995	261.72			
1997	376.07			
1998	416.69	371.02		
1999	459.32	408.27		
2000	509.39	453.35		
2002	637.23	556.52		
2003	728.99	633.86		
2004	863.85	764.02	89.07	10.76
2005	1006.20	885.72	108.19	12.29
2006	1169.60	1029.39	126.28	13.93
2007	1385.30	1209.36	158.15	17.79
2008	1659.60	1442.56	195.08	21.96
2009	1935.49	1704.08	231.41	—
2010	2288.74	2055.38	212.39	20.97
2011	2697.10	2422.59	247.71	26.8
2012	3103.82	2793.48	287.09	23.24
2013	3504.17	3203.34	300.83	—

主要统计指标解释

社会消费品零售总额 指批发和零售业、住宿和餐饮业以及其他行业直接售给城乡居民和社会集团的消费品零售额。其中,对居民的消费品零售额,是指售予城乡居民用于生活消费的商品金额;对社会集团的消费品零售额,是指售给机关、社会团体、部队、学校、企事业单位、居委会或村委会等,公款购买的用作非生产、非经营使用与公共消费的商品金额。

社会消费品零售总额包括:售给城乡居民作为生活消费用的商品和修建房屋用的建筑材料的金额,以及售给来华的外国人、华侨、港澳台同胞的消费品金额;售给社会集团用作非生产、非经营使用与公共消费的商品金额。

不包括:

(1)农民之间相互买卖的商品;

(2)城市居民间或居民委托信托商店卖出的商品;

(3)售给农业、工业、建筑业等行业用于生产的商品;

(4)售予从事批发和零售业务的单位或个体户用于转卖的商品;

(5)售予从事餐饮业务的单位或个体户用于转卖或加工后转卖的商品;

(6)售予从事住宿或其他居民服务业的单位或个体户用于经营或转卖的商品;

(7)售予城乡居民已确知是用于生产、经营的商品;

(8)售予各类农业生产者的生产资料类商品;

(9)售予企业单位生产上专用的劳动保护用品;

(10)售予城乡居民的商品房。

商品购进总额 指从本企业以外的单位和个人购进(包括从国外直接进口)作为转卖或加工后转卖的商品金额(含增值税)。本指标反映批发和零售业从国内外市场上购进商品的总价。

商品销售额 指对本单位以外的单位和个人出售的商品金额(包括售给本单位消费用的商品,含增值税),本指标反映批发和零售业在国内市场上销售商品以及出口商品的总量。

商品批发额 指商品零售额以外的一切商品销售额。包括售给生产经营单位用于生产或经营用的商品销售额;售给批发零售贸易业、餐饮业用于转卖或加工后转卖的商品销售额;直接向国(境)外出口和委托外贸部门代理出口的商品销售额。

商品零售额 指售给城乡居民用于生活消费、售给社会集团用公款购买用作非生产、非经营使用的商品销售额。

期末商品库存额　对于批发和零售业法人企业和个体经营户，是指取得所有权的全部商品金额（含增值税）；对于批发和零售业产业活动单位，是指期末实际在库且归属法人具有所有权的全部商品金额（含增值税）。这个指标反映批发和零售业的商品库存情况，以及对市场商品供应的保证程度。

亿元以上商品交易市场　指年成交额在亿元及以上的商品交易市场。商品交易市场是指经有关部门和组织批准设立，有固定场所、设施，有经营管理部门和监管人员，若干市场经营者入内，常年或实际开业三个月以上，集中、公开、独立地进行生活消费品、生产资料等现货商品交易以及提供相关服务的交易场所，包括各类消费品市场、生产资料市场等。

商品成交额　指市场所有摊位业主商品交易额之和。

消费品零售额　指市场所有摊位业主商品交易总额之和中直接售予城乡居民用于生活消费和社会集团用于公共消费的商品金额。

营业面积　指市场营业用场地、仓库等营业用建筑面积，不包括为市场经营服务的办公室和附设的旅馆、招待所、餐馆、停车场等的面积。

连锁总店（总部）　负责连锁企业资源（商号、商誉、经营模式、服务标准、管理模式等等）的开发、配置、控制或使用等功能的企业核心管理机构。

连锁经营分店　指连锁经营的核心企业或单位（总店）所属各分散经营的门店，也称为成员店。

门店数　指该连锁企业所拥有的全部连锁门店数量，包括总店（如果总公司有门店的话）和全部直营分店、加盟分店数。总店作为一个直营店处理。控股店按直营店统计。直营店和加盟店之和应等于门店总数。

直营连锁　也叫正规连锁。连锁门店均由总部全资或控股开设，在总部的直接领导下统一经营。

加盟连锁　加盟连锁包括特许连锁和自由连锁。

统一配送商品购进额　指企业统一购进商品后，配送到门店（包括加盟店）的商品金额（按购进价计算）。非自有配送中心配送比重指由第三方物流配送的商品购进额。直营店和加盟店的配送商品购进额，是指由总部统一配送或接受统一配送的商品购进额，而不是直营店和加盟店对外的配送商品购进额。

自有配送中心配送商品购进额　指连锁总部从自有配送中心购进商品的金额。

非自有配送中心配送商品购进额　指连锁总部从第三方物流配送中心购进商品的金额。

配送中心　是连锁企业的物流机构，承担着各门店所需商品的进货、库存、分货、加工、集配、运输、送货等任务。配送中心主要为本连锁企业服务，也可面向社会。如本企业没有配送中心而是利用本企业以外的物流中心配送，可不填自有配送中心数、配送中心面积和运输车辆，但应填统一配送商品购进额。

营业额 指住宿和餐饮业法人企业、产业活动单位在经营活动中因提供服务或销售商品等取得的收入。包括:客房收入、餐费收入、商品销售额(含增值税)和其他收入。

客房收入 指住宿和餐饮业法人企业、产业活动单位在经营活动中因提供住宿服务取得的客房收入。

餐费收入 指住宿和餐饮业法人企业、产业活动单位因为顾客提供就餐服务取得的收入。包括:经烹饪、调制加工后出售的各种食品,如主食、炒菜、凉拌菜等的收入。

商品销售额 指住宿和餐饮业法人企业、产业活动单位伴随服务而出售商品所取得的销售总额(含增值税)。

年末餐饮营业面积 指住宿和餐饮业法人企业、产业活动单位对外提供就餐服务的门店建筑面积和从事食品加工、烹饪、调制的厨房面积,不包括办公用房和仓库等面积。该指标按年末实有面积统计。

批发和零售业、住宿和餐饮业统计限额标准

行业类别	统计指标名称	计量单位	限额以上企业
批发业	年主营业务收入	万元	2000 及以上
零售业	年主营业务收入	万元	500 及以上
住宿业	年主营业务收入	万元	200 及以上
餐饮业	年主营业务收入	万元	200 及以上

(十一)
对外经济贸易和旅游业

CHAPTER 11
FOREIGN TRADE AND ECONOMIC COOPERATION, TOURISM

表11—1　利用外资

指　标	2013年	2012年	2013年为上年%
新签外商投资项目(个)	533	461	115.6
合资经营	131	105	124.8
合作经营	1	1	100.0
外商独资	400	352	113.6
外商股份制	1	3	33.3
新签合同外资(万美元)	535916	611534	87.6
合资经营	103214	117339	88.0
合作经营	1560	2655	58.8
外商独资	431026	486470	88.6
外商股份制	115	5070	2.3
实际使用外资(万美元)	403262	413031	97.6
第一产业	288	727	39.6
第二产业	143479	199034	72.1
第三产业	259500	213276	121.7

注:本表数据由市投资促进委员会提供。

表11—2　对外劳务和承包工程情况

指　标	2013年	2012年	2013年为上年%
一、新签合同金额(万美元)	163526	161486	101.3
二、完成营业额(万美元)	117283	114192	102.7
三、期末在外人员(人)	11863	11643	101.9

注:本表数据由市商务局提供。

表11—3　涉外税收

计量单位:万元

指　标	2013年	2012年	2013年为上年%
合　　计	5669781	4395479	129.0
流转税	3144776	1950594	161.2
企业所得税	854065	796532	107.2
个人所得税	154271	142504	108.3
车船使用牌照税	302	313	96.5
城市房地产税	38974	35891	108.6
其他各税	316308	308425	102.6
海关代征	1161085	1161220	100.0

注:本表数据由市国税局和地税局提供。

表11—4 海关统计进出口贸易(2013年)

计量单位:万美元

指 标	2013年	2013年为上年%
一、进出口总值(经营单位口径)	5575728	100.9
1、出口	3226603	101.1
#三资企业	971756	88.6
高新技术产品	606000	80.1
2、进口	2349124	100.7
#三资企业	1181594	93.2
高新技术产品	802000	99.9
二、进出口总值(境内目的地、货源地)	5147514	99.1
1、出口(境内货源地)	1969355	89.5
#三资企业	972048	87.9
2、进口(境内目的地)	3178159	106.2
#三资企业	1055253	94.4
三、进出口总值(口岸口径)	2952061	98.6
1、出口	1470806	90.2
#新生圩	1199766	92.2
2、进口	1481255	108.7
#新生圩	977220	113.2

表 11—5 进出口商品贸易方式总值表(按经营单位)(2013 年)

计量单位:万美元

贸易方式	进出口		出 口		进 口	
	数值	增长%	数值	增长%	数值	增长%
总 值	5575728	0.9	3226603	1.1	2349125	0.7
一般贸易	3538306	9.3	2126658	9.6	1411647	8.8
国家间、国际组织无偿援助和赠送的物资	516	-64.3	516	-64.3		
捐赠物资						
补偿贸易						
来料加工装配贸易	229101	-41.4	100649	-50.8	128452	-31.0
进料加工贸易	1441965	-8.0	897430	-8.9	544535	-6.7
寄售代销贸易						
边境小额贸易						
加工贸易进口设备	17	-69.4			17	-69.4
对外承包工程出口货物	58668	58.9	58668	58.9		
租赁贸易	179	-54.7	22	980.0	157	-60.0
外商投资企业作为投资进口的设备、物品	20303	-7.2			20303	-7.2
出料加工贸易						
易货贸易						
免税外汇贸易						
保税仓库进出境货物	237622	2.0	22523	142.3	215099	-3.8
保税区仓储转口货物	37347	55.7	18418	62.8	18929	49.3
出口加工区进口设备	5920	221.0			5920	221.0
其他	5785	-22.1	1720	28.4	4065	-33.2

表 11—6　进口商品贸易方式企业性质总值表(按经营单位)(2013 年)

计量单位:万美元

贸易方式	合计		国有企业		外商投资企业		集体企业		私营企业	
	数值	增长%	数值	增长%	数值	增长%	数值	增长%	数值	增长%
总　值	2349125	0.7	929726	7.2	1181594	-6.8	3187	217.8	206044	4.7
一般贸易	1411647	8.8	864295	8	411802	9.6	1113	90.7	134434	11.1
国家间、国际组织无偿援助和赠送的物资										
捐赠物资										
补偿贸易										
来料加工装配贸易	128452	-31.0	12449	-8	114695	-32.9	0	—	1286	-17.3
进料加工贸易	544535	-6.7	31673	-4	461991	-8.8	2072	394.7	20254	-51.9
寄售代销贸易										
边境小额贸易										
加工贸易进口设备	17	-69.4			17	-69.4				
对外承包工程出口货物										
租赁贸易	157	-60.0	31	427.1	126	-67.4				
外商投资企业作为投资进口的设备、物品	20303	-7.2			20303	-7.2				
出料加工贸易										
易货贸易										
免税外汇商品										
保税仓库进出境货物	215098	-3.8	14513	-3.6	159143	-12.8			41443	58.6
保税区仓储转口货物	18929	49.3	6086	47.3	4590	55.1			8254	47.7
出口加工区进口设备	5920	221.0			5920	221.0				
其他	4065	-33.2	678	-43.4	3008	-33.6	2	240.0	374	5.7

表11—7　出口商品贸易方式企业性质总值表(按经营单位)2013年

计量单位:万美元

贸易方式	合计		国有企业		外商投资企业		集体企业		私营企业	
	数值	增长%	数值	增长%	数值	增长%	数值	增长%	数值	增长%
总　　值	3226603	1.1	1074342	-2.9	971756	-11.4	6612	-22.2	1172524	19.9
一般贸易	2126658	9.6	838114	-4.3	311387	19.2	2429	-51.3	973360	22.2
国家间、国际组织无偿援助和赠送的物资	516	-64.3	239	-81.2					277	60.8
捐赠物资										
补偿贸易										
来料加工装配贸易	100649	-50.8	13669	56.7	84459	-56.3			2522	-12.5
进料加工贸易	897430	-8.9	160413	-8.1	570291	-10.2	4183	18.8	162543	-5.3
寄售代销贸易										
边境小额贸易										
加工贸易进口设备										
对外承包工程出口货物	58668	58.9	53831	47.2					4837	1270.1
租赁贸易	22	980			22	980				
外商投资企业作为投资进口的设备、物品										
出料加工贸易										
易货贸易										
免税外汇商品										
保税仓库进出境货物	22523	142.3	2923	-29.7	793	-16.6			18808	349.5
保税区仓储转口货物	18418	62.8	5072	12	3242	-30.2			10104	372.5
出口加工区进口设备										
其他	1720	28.4	81	-10.1	1563	39.4			75	-38.1

表 11—8　进出口商品国别（地区）总值表（按经营单位）（2013 年）

计量单位：万美元

进口原产国（地区）或出口最终目的国（地区）	进出口		出　口		进　口	
	数值	增长%	数值	增长%	数值	增长%
总　值	5575728	0.9	3226603	1.1	2349125	0.7
亚洲	2839165	0.7	1361856	6.9	1477309	-4.5
#香港	258755	27.4	255625	27.6	3130	8.5
印度	143861	-5.5	118644	1.1	25217	-27.5
印度尼西亚	102610	1.0	70506	26.5	32105	-30.0
日本	539031	-14.4	182261	-21.2	356770	-10.5
澳门	533	-15.0	499	-20.2	34	2484.6
马来西亚	106643	-1.3	77498	5.1	29146	-15.2
巴基斯坦	20981	36.3	19006	34.5	1975	56.2
菲律宾	37713	52.2	28717	70.3	8996	13.5
新加坡	105880	-9.4	76844	-14.6	29036	8.0
韩国	746741	-6.5	144305	-7.1	602437	-6.3
泰国	89110	4.5	50864	27.3	38246	-15.6
台湾省	246625	16.4	41193	14.3	205432	16.9
非洲	262419	-1.2	184659	-14.2	77759	54.4
欧洲	1174590	-2.4	744617	-9.3	429973	12.3
#比利时	47522	6.9	30057	-4.3	17465	33.6
丹麦	11472	-20.4	9187	-21.3	2285	-16.5
英国	114643	12.0	95513	10.5	19130	20.1
德国	344052	6.4	144341	-4.5	199711	16.0
法国	89196	12.3	64829	7.5	24367	27.8
意大利	86089	-10.0	49003	-19.7	37086	7.1
荷兰	89520	3.5	71751	-3.6	17770	47.2
西班牙	57751	15.8	49155	15.4	8596	18.4
芬兰	15825	-78.3	8732	-87.1	7093	31.7
挪威	8958	-15.5	5235	-17.3	3723	-12.8

表11—8 续表

进口原产国(地区)或出口最终目的国(地区)	进出口		出 口		进 口	
	数值	增长%	数值	增长%	数值	增长%
瑞典	55400	2.7	20625	6.1	34775	0.8
瑞士	14506	-24.5	4869	-13.1	9637	-29.1
白俄罗斯	1789	-22.5	1201	39.6	587	-59.4
俄罗斯联邦	57916	3.9	50754	12.1	7162	-31.4
乌克兰	16330	3.9	14905	9.7	1425	-33.2
捷克共和国	16074	38.9	7699	12.3	8376	77.5
拉丁美洲	313392	-5.1	268501	-2.2	44890	-19.8
北美洲	787019	12.4	578759	13.0	208260	10.8
#加拿大	121064	30.1	76133	33.5	44932	24.7
美国	665935	9.7	502607	10.4	163328	7.6
大洋洲	199064	-2.4	88210	-6.1	110854	0.7
#澳大利亚	134044	-9.6	58397	-1.1	75647	-15.3
新西兰	30186	37.4	7109	21.1	23077	43.3
亚太经合组织	3535626	1.2	1811479	6.2	1724148	-3.6
东南亚国家联盟	535826	5.7	390207	16.2	145619	-14.9
欧洲联盟	1070781	-2.3	663667	-11.0	407114	16.2

注:1. 东南亚国家联盟包括:文莱、印度尼西亚、马来西亚、菲律宾、新加坡、泰国、越南、缅甸、老挝、柬埔寨。

2. 欧洲联盟包括:比利时、丹麦、英国、德国、法国、爱尔兰、意大利、卢森堡、荷兰、希腊、葡萄牙、西班牙、奥地利、芬兰、瑞典、塞浦路斯、捷克、爱沙尼亚、匈牙利、拉脱维亚、立陶宛、马耳他、波兰、斯洛伐克、斯洛文尼亚、保加利亚、罗马尼亚。

3. 亚太经济合作组织包括:文莱、中国香港、印度尼西亚、日本、马来西亚、菲律宾、新加坡、韩国、泰国、中国、中国台北、智利、墨西哥、加拿大、美国、澳大利亚、新西兰、巴布亚新几内亚、俄罗斯、秘鲁、越南。

11—9 南京与国外缔结的友好城市

国　别	城　市	缔结日期
日　本	名古屋市	1978 年 12 月 21 日
美　国	圣路易斯市	1979 年 11 月 2 日
意大利	佛罗伦萨市	1980 年 2 月 22 日
荷　兰	埃因侯温市	1985 年 10 月 9 日
德　国	莱比锡市	1988 年 5 月 21 日
墨西哥	墨西卡利市	1991 年 10 月 14 日
塞浦路斯	利马索尔市	1992 年 9 月 23 日
韩　国	大田市	1994 年 11 月 15 日
加拿大	伦敦市	1997 年 5 月 7 日
澳大利亚	珀斯市	1998 年 5 月 18 日
南　非	布隆方丹市	2000 年 3 月 22 日
哥伦比亚	巴兰基亚市	2001 年 6 月 4 日
马来西亚	马六甲市	2008 年 10 月 31 日
文　莱	斯里巴加湾市	2011 年 11 月 21 日

注:本表资料由市外办提供。

表 11—10 旅游经济主要指标(2013 年)

指标	2013 年	2012 年	2013 年为上年%
全市接待国内外旅游者(万人次)	8725.87	8005.95	109.0
国内旅游者	8674.01	7950.45	109.1
入境旅游者	51.86	55.50	93.4
全市因私出境旅游者(万人次)	54.2	51.0	107.1
国际旅游创汇收入(亿美元)	4.01	4.32	92.7
全市旅游总收入(亿元)	1360.67	1272.50	115.0
全市拥有星级宾馆饭店(家)	107	115	93.0
全市拥有旅行社(家)	557	535	104.1
#从事国际旅游业务	33	26	126.9
全市拥有旅游 A 级景区(个)	53	51	103.9
#5A 级旅游景区	2	2	100.0
4A 级旅游景区	13	10	130.0

注:本表数据由市旅游委员会提供。

表11—11　接待入境旅游人数

计量单位:人次

指　标	2013 年	2012 年	2013 年为上年%
接待入境旅游人数	518568	555130	93.4
(一)外国人	381587	404769	94.3
#日本	33356	38674	86.2
新加坡	12031	11756	102.3
印度尼西亚	8341	8604	96.9
马来西亚	17543	21970	79.8
韩国	73932	70248	105.2
美国	47842	55800	85.7
加拿大	14220	20565	69.1
英国	12658	12696	99.7
德国	19515	19078	102.3
澳大利亚	14784	15777	93.7
(二)香港同胞	40408	40997	98.6
(三)澳门同胞	1854	1897	97.7
(四)台湾同胞	94719	107467	88.1
平均每天来宁人数	1420	1520	93.4

注:本表数据由市旅游委员会提供。2013 年按国家及省旅游局入境旅游统计最新指标与口径对外发布和使用入境旅游数据。

表11—12　部分年份对外贸易主要指标

单位:亿美元

年　份	进出口总额(经营单位)	出口	#三资企业出口	进口
1990	3.64	1.58	0.11	2.06
1995	51.74	38.06	2.52	13.68
2000	91.02	53.69	9.20	37.33
2002	100.94	60.11	10.79	40.83
2003	147.12	76.65	19.57	70.47
2004	206.39	104.60	36.96	101.79
2005	270.90	142.45	60.30	128.45
2006	315.35	173.65	77.22	141.70
2007	362.00	206.46	86.26	155.53
2008	405.92	235.97	88.22	169.95
2009	337.45	184.59	64.81	152.86
2010	456.01	248.85	83.51	207.16
2011	573.44	308.65	107.67	264.79
2012	552.35	319.01	109.62	233.34
2013	557.57	322.66	97.18	234.91

表 11—13　部分年份开放型经济主要指标

单位:亿美元

年　份	实际使用外资	注册合同外资	投资总额	对外承包劳务完成营业额
1990	0.70	0.37	—	0.16
1995	4.15	12.30	—	0.65
2000	8.13	20.79	38.55	1.37
2002	15.02	21.70	46.76	3.17
2003	22.10	40.09	73.02	4.16
2004	25.66	45.15	77.11	4.60
2005	20.09	25.58	82.53	4.83
2006	17.02	30.82	69.78	6.07
2007	20.61	37.85	80.16	7.44
2008	23.72	44.60	56.74	10.26
2009	23.92	45.59	74.42	11.57
2010	28.16	47.78	95.35	13.09
2011	35.66	61.66	103.15	15.76
2012	41.30	61.15	164.88	11.42
2013	40.33	53.59	88.92	11.73

表 11—14　部分年份旅游经济主要指标

单位：万人次

年　份	国内旅游人数	入境旅游人数	外国人	香港同胞	澳门同胞	台湾同胞
1990	—	26.33	7.29	—	18.79	—
1995	654	23.17	12.77	0.20	5.66	4.54
2000	1501	41.90	22.69	8.26	0.44	10.51
2002	2076	56.13	32.02	9.38	0.43	14.30
2003	2206	51.51	31.11	9.44	0.36	10.60
2004	2800	71.97	47.17	11.26	0.44	13.10
2005	3220	87.63	51.41	15.09	0.41	20.72
2006	3800	100.92	64.66	15.97	0.60	19.69
2007	4489	116.12	76.33	16.73	0.77	22.28
2008	4960	119.52	77.85	17.23	0.86	23.58
2009	5520	113.45	74.40	15.55	1.07	22.44
2010	6366	130.88	86.80	17.10	1.10	25.88
2011	7181	150.64	99.91	19.74	1.26	19.74
2012	7950	162.71	107.73	21.36	1.36	32.27
2013	8674	51.86*	38.16	4.04	0.19	9.47

注：本表数据由市旅游委员会提供。2013 年按国家及省旅游局入境旅游统计最新指标与口径对外发布和使用入境旅游数据。

表 11—14 续表

年 份	旅游总收入(亿元)	国内旅游收入(亿元)	国际旅游收入(亿美元)
1990	0.31	—	0.31
1995	62.36	53.89	1.02
2000	155.99	137.66	2.21
2002	220.40	193.59	3.23
2003	244.00	217.60	3.18
2004	320.00	277.90	5.08
2005	379.00	333.00	5.76
2006	462.80	408.08	6.77
2007	585.45	530.51	8.08
2008	714.30	654.00	8.73
2009	822.16	765.00	8.37
2010	951.61	885.95	9.81
2011	1106.23	1028.00	12.00
2012	1272.78	1169.01	13.62
2013	1360.67	1336.22	4.01*

注：本表数据由市旅游委员会提供。2013 年按国家及省旅游局入境旅游统计最新指标与口径对外发布和使用入境旅游数据。

主要统计指标解释

进出口总额 海关进出口总额指实际进出我国国境的货物总金额。包括对外贸易实际进出口货物，来料加工装配进出口货物，国家间、联合国及国际组织无偿援助物资和赠送品，华侨、港澳台同胞和外籍华人捐赠品，租赁期满归承租人所有的租赁货物，进料加工进出口货物，边境地方贸易及边境地区小额贸易进出口货物（边民互市贸易除外），中外合资企业、中外合作经营企业、外商独资经营企业进出口货物和公用物品，到、离岸价格在规定限额以上的进出口货样和广告品（无商业价值、无使用价值和免费提供出口的除外），从保税仓库提取在中国境内销售的进口货物，以及其他进出口货物。进出口总额用以观察一个国家在对外贸易方面的总规模。我国规定出口货物按离岸价格统计，进口货物按到岸价格统计。

商品经营单位所在地进、出口额 指所在地海关注册登记的有进出口经营权的企业实际进、出口额。

商品目的地进口额和商品货源地出口额 目的地进口额指进口货物的消费、使用或最终抵运地的实际进口额，货源地出口额是指出口货物的产地或原始发货地的实际出口额。

利用外资 指我国各级政府、部门、企业和其他经济组织通过对外借款、吸收外商直接投资以及用其他方式筹措的境外现汇、设备、技术等。

对外借款 是我国利用外资的重要部分。指通过对外正式签订借款协议，从境外筹措的资金，包括外国政府贷款、国际金融组织贷款、外国银行商业贷款、出口信贷以及对外发行债券等。1996 年及以前还包括对外发行股票。

外商直接投资 指外国企业和经济组织或个人（包括华侨、港澳台胞以及我国在境外注册的企业）按我国有关政策、法规，用现汇、实物、技术等在我国境内开办外商独资企业、与我国境内的企业或经济组织共同举办中外合资经营企业、合作经营企业或合作开发资源的投资（包括外商投资收益的再投资）。

外商其他投资 指除对外借款和外商直接投资以外的各种利用外资的形式。包括企业在境内外股票市场公开发行的以外币计价的股票（目前主要是在香港证券市场发行的 H 股和在境内证券市场发行的 B 股）发行价总额，国际租赁进口设备的应付款，补偿贸易中外商提供的进口设备、技术、物料的价款，加工装配贸易中外商提供的进口设备、物料的价款。

对外承包工程 指各对外承包公司以招标议标承包方式承揽的下列业务：(1) 承包国外工程建设项目，(2) 承包我国对外经援项目，(3) 承包我国驻外机构的工程建设项目，(4) 承包我国境内利用外资进行建设的工程项目，(5) 与外国承包公司合营或联合承包工程项目时我国公司分包部分，(6) 对外承包兼营的房屋开发业务。对外承包工程的营业额是以货币表现的本期内完成的对外承包工程的工作量，包括以前年度签订的合同和本年度新签订的合同在报告期内完成的工作量。

对外劳务合作 指以收取工资的形式向业主或承包商提供技术和劳动服务的活动。我国对外承包公司在境外开办的合营企业,中国公司同时又提供劳务的,其劳务部分也纳入劳务合作统计。劳务合作营业额按报告期内向雇主提交的结算数(包括工资、加班费和奖金等)统计。

旅游者人数 包括入境国际旅游者人数、出境居民人数和国内旅游者人数。

(1)入境国际旅游者人数:指来中国参观、访问、旅行、探亲、访友、休养、考察、参加会议和从事经济、科技、文化、教育、宗教等活动的外国人、华侨、港澳同胞和台湾同胞的人数。不包括外国在我国的常驻机构,如使领馆、通讯社、企业办事处的工作人员;来我国常住的外国专家、留学生以及在岸逗留不过夜人员。

(2)出境居民人数:指大陆居民因公务活动或私人事务短期出境的人数。公务活动出境居民人数包括在国际交通工具上的中国服务员工,因私出境居民人数不包括在国际交通工具上的中国服务员工。

(3)国内旅游者人数:指我国大陆居民和在我国常住 1 年以上的外国人、华侨、港澳台同胞离开常住地在境内其他地方的旅游设施内至少停留一夜,最长不超过 6 个月的人数。

国际旅游(外汇)收入 指入境旅游的外国人、华侨、港澳同胞和台湾同胞在中国大陆旅游过程中发生的一切旅游支出,对于国家来说就是国际旅游(外汇)收入。

（十二）财政、金融和保险

CHAPTER 12
FINANCE, BANKING AND INSURANCE

表 12—1　财政收入

计量单位:亿元

指　标	2013 年	2012 年	2013 年为上年%
全市财政收入	1591.59	1427.25	111.5
1、公共财政预算收入	831.31	733.01	113.4
增值税 25%	126.00	91.19	138.2
营业税	195.82	190.30	102.9
企业所得税 40%	100.38	93.01	107.9
个人所得税 40%	46.28	38.70	119.6
城市维护建设税	57.11	53.70	106.3
其他各项收入	305.72	266.11	114.9
2、上划中央收入	760.28	694.24	109.5
增值税 75%	300.57	286.22	105.0
国内消费税	239.72	210.46	113.9
企业所得税 60%	150.57	139.51	107.9
个人所得税 60%	69.42	58.05	119.6
附:公共财政预算收入构成(%)	100	100	—
增值税 25%	15.2	12.4	—
营业税	23.6	26.0	—
企业所得税 40%	12.1	12.7	—
个人所得税 40%	5.6	5.3	—
城市维护建设税	6.9	7.3	—
其他各项收入	36.8	36.3	—

注:本表由市财政局提供,各项相关指标发展速度为剔除出口货物退税等不可比因素后的同口径比较数,采用 2013 年年度决算数据。

表12—2　公共财政预算支出

计量单位:亿元

指　标	2013年	2012年	2013年为上年%
公共财政预算支出	850.91	769.66	110.6
#一般公共服务	84.77	83.68	101.3
公共安全	56.84	48.60	117.0
教育	125.89	124.99	100.7
科学技术	40.12	35.00	114.6
文化体育与传媒	27.80	20.88	133.1
社会保障和就业	82.88	74.07	111.9
医疗卫生	48.52	45.34	107.0
环境保护	30.18	15.81	190.9
城乡社区事务	174.39	144.75	120.5
农林水事务	57.73	51.01	113.2
交通运输	29.15	28.48	102.4
工业商业金融等事务	56.66	63.31	89.5
其他支出	35.98	33.74	106.6

注:预算支出及部分分项指标发展速度为同口径比较数据,采用2013年年度决算数据。

表12—3　金融机构存、贷款余额

计量单位:亿元

指　标	2013年	2012年
一、金融机构存款余额	18417.90	16540.43
1、单位存款	12083.41	11006.45
#活期存款	3991.00	3672.21
定期存款	3714.51	3241.68
2、个人存款	5264.64	4654.52
#储蓄存款	4955.76	4532.02
3、财政性存款	251.29	297.54
4、临时性存款	86.02	73.02
5、委托存款	96.45	50.18
6、其它存款	636.10	458.72
二、金融机构贷款余额	14538.65	13079.32
1、境内贷款	14406.28	12938.04
①短期贷款	4844.91	4664.63
②中长期贷款	8932.85	7777.40
③融资租赁	173.20	140.41
④票据融资	447.10	345.62
⑤各项垫款	8.21	9.98
2、境外贷款	132.37	141.28

注:本表由人行南京营业部提供

表12—4 全市保险业务情况(2013年)

指 标	保费收入(万元)	同比增长%	赔款及给付(万元)	同比增长%
全市	2643403.89	12.1	832802.26	22.8
一、财产险公司小计	973840.43	15.6	550110.55	17.0
企业财产险	78227.70	8.9	21994.75	-23.7
工程险	15894.82	-18.5	5100.95	11.7
商业车辆险	469902.46	22.6	284359.42	29.9
交强险	140180.06	17.1	107090.94	18.9
货运险	17814.34	-8.4	7452.11	-18.1
信用险	110115.74	6.6	66004.96	-14.4
船舶险	16879.25	-8.8	14383.09	-4.8
其他险	124826.06	16.4	43724.33	27.6
二、人寿险公司小计	1669563.46	10.2	282691.71	36.2
个人代理	473085.21	10.2		
直销业务	152714.04	12.5		
银邮代理	950236.42	10.4		
其他	93527.79	5.2		

注:本表数据由江苏省保监局提供。

表12—5　主要年份财政收支

计量单位:万元

年　份	财政总收入	#公共财政预算收入	财政支出
1949	732	—	165
1952	4073	—	3559
1957	5502	—	5878
1962	16503	—	3551
1965	23546	—	5247
1970	48300	—	10327
1975	69217	—	10584
1978	108538	—	17797
1979	176356	—	23414
1980	149578	—	22990
1985	247696	—	47576
1990	361775	—	98078
1995	651692	294266	362207
1998	1082397	507798	596533
1999	1284921	664299	732078
2000	1645808	925667	1012913
2004	4036509	2378586	2589814
2005	5101688	2110746	3154413
2006	6039085	2464392	3710245
2007	6285266	3301883	—
2008	7423992	3865600	—
2009	9011450	4345080	—
2010	10752531	5188008	—
2011	12987688	6350018	—
2012	14272500	7330000	—
2013	15915868	8313076	—

主要统计指标解释

财政收入 指国家财政参与社会产品分配所取得的收入，是实现国家职能的财力保证。财政收入所包括的内容几经变化，目前主要包括::

(1)各项税收:包括增值税、营业税、消费税、土地增值税、城市维护建设税、资源税、城市土地使用税、印花税、个人所得税、企业所得税、关税、农牧业税和耕地占用税等。

(2)专项收入:包括征收排污费收入、征收城市水资源费收入、教育费附加收入等。

(3)其他收入:包括基本建设贷款归还收入、基本建设收入、捐赠收入等。

(4)国有企业亏损补贴:这项为负收入，冲减财政收入。

财政支出 国家财政将筹集起来的资金进行分配使用，以满足经济建设和各项事业的需要，主要包括::基本建设支出、企业挖潜改造资金、地质勘探费用、科技三项费用、支援农村生产支出、农林水利气象等部门的事业费用、工业交通商业等部门的事业费、文教科学卫生事业费、抚恤和社会福利救济费、国防支出、行政管理费和价格补贴支出等。

中央财政收入和地方财政收入 指按财政体制划分的中央本级收入和地方本级收入。1994 年分税制财政体制以后，属于中央财政的收入包括关税、海关代征消费税和增值税，消费税，中央企业所得税，地方银行和外资银行及非银行金融企业所得税，铁道、银行总行、保险总公司等集中缴纳的营业税、所得税、利润和城市维护建设税，增值税的 75% 部分，证券交易税(印花税)50% 部分和海洋石油资源税。属于地方财政的收入包括营业税，地方企业所得税，个人所得税，城镇土地使用税，固定资产投资方向调节税，城镇维护建设税，房产税，车船使用税，印花税，屠宰税，农牧业税，农业特产税，耕地占用税，契税，增值税 25% 部分，证券交易税(印花税)50% 部分和除海洋石油资源税以外的其他资源税。

存款 指企业、机关、团体或居民根据资金必须收回的原则，把货币资金存入银行或其他信用机构保管并取得一定利息的一种信用活动形式。根据存款对象的不同可划分为企业存款、财政存款、机关团体存款、基本建设存款、城镇储蓄存款、农村存款等科目。它是银行信贷资金的主要来源。

贷款 指银行或其他信用机构根据资金必须归还的原则，按一定利率，为企业、个人等提供资金的一种信用活动形式。我国银行贷款分为流动资金贷款、固定资产贷款、城乡个体工商户贷款以及农业贷款等科目。

保险公司 在中国境内的、经过保险监督部门批准设立，并依法登记注册的各类商业保险公司。

保险金额指保险人承担赔偿或者给付保险金责任的最高限额。

保费 指投保人为取得保险人在约定范围内所承担赔偿责任而支付给保险人的费用。

赔款指保险人根据保险合同的规定,向被保险人支付的赔偿保险责任损失的金额。

给付包括死伤医疗给付和满期给付。死伤医疗给付是指保险人根据人寿保险及长期健康保险合同的规定,因被保险人在保险期内发生保险责任范围内的保险事故支付给被保险人(或受益人)的金额。满期给付是指被保险人生存期满,保险人按人寿保险合同规定支付给被保险人的满期保险金额。

（十三）科技和教育

CHAPTER 13
SCIENCE AND TECHNOLOGY，EDUCATION

表13—1 规模以上工业企业高新技术产业基本情况（2013年）

计量单位：千元

指 标	工业总产值	主营业务收入	出口交货值	利润总额
合 计	540605054	548366988	130704370	44226641
1、航天航空制造业	3313432	4228718	896706	165065
2、计算机及办公室设备制造业	2156545	2143931	106892	160126
3、电子及通信设备制造业	210963751	215721677	110866339	22821608
4、医药制造业	22769688	23593951	1461872	3121346
5、专用科学仪器设备制造业	7903670	8076345	1711050	808080
6、电气机械及设备制造业	119724373	118460524	6675320	11415397
7、新材料产业	161957398	163726167	7418532	4671253
8、新能源	11816197	12415675	1567659	1063766

表13—2 规模以上工业企业科技活动

指 标	2013年	2012年
一、企业概况		
有R&D(研究与试验发展)活动企业数(个)	837	831
有R&D活动企业所占比重(%)	30.1	32.0
企业办科技机构数(个)	1173	1120
二、科技活动人员		
科技活动人员总计(人)	79799	80343
总计中:大学本科及以上学历人员	37112	36211
总计中:研究与试验发展活动人员	55537	49406
总计中:企业办科技机构中人员	50723	52061
#博士、硕士毕业以上学历人员	8444	8139
三、科技R&D活动项目及经费		
本年R&D项目数(项)	5557	5360
#限额以上R&D项目数	4409	3941

注:本表根据科技经济普查数据编制。原我市包含的2家省级单位,因省里收回省级管理机构权限,去年同期数做相应调整。

表 13—2 续表

指　标	2013 年	2012 年
本年 R&D 活动经费内部支出合计（千元）	12864673	11779650
#大中型工业企业	10783169	10168000
#小微型工业企业	2081504	1611650
本年新产品开发经费支出	16207352	13443688
本年 R&D 活动经费外部支出合计（千元）	928836	718671
四、其他技术活动经费支出		
技术改造经费支出（千元）	10750647	10890687
技术引进经费支出（千元）	1278280	1476966
消化吸收经费支出（千元）	403143	268459
购买国内技术经费支出（千元）	266192	228589
五、科技活动产出		
专利申请数（件）	7439	6912
#发明专利申请数	3484	2914
新产品销售收入合计（千元）	209984895	153726914
#新产品出口销售收入	19794556	18532150
新产品产值（千元）	204949975	151263573

表13—3 规模以上工业企业研究与试验发展内部支出

计量单位:万元

指 标	2013年	2012年
总 计	1286467.3	1177965.0
一、按企业规模分组		
大中型企业	1078316.9	1016800.0
大型企业	712274.5	703006.0
中型企业	366042.4	313794.0
小微型企业	208150.4	161165.0
二、按隶属关系分组		
中央	326931.2	336526.6
地方	959536.1	841438.4
三、按登记注册类型分组		
内资企业	999887.6	880263.1
国有企业	48603.7	235212.3
集体企业	3181.3	3680.1
股份合作企业	0.0	2906.6
联营企业	477.7	699.8
#国有联营企业	294.3	441.2

注:本表根据科技年报数据编制。

表13—3　续表1

指　标	2013年	2012年
集体联营企业		
国有与集体联营企业	183.4	166.0
其他联营企业	0.0	92.6
有限责任公司	473739.1	363439.3
国有独资公司	65776.6	65515.8
其他有限责任公司	407962.5	297923.5
股份有限公司	258129.3	108678.1
私营企业	215482.0	151948.7
私营独资企业	5809.2	4650.4
私营合伙企业	604.1	781.3
私营有限责任公司	172688.5	122201.2
私营股份有限公司	36380.2	24315.8
其他企业	274.5	13698.2
港、澳、台商投资企业	96650.8	73071.7
合资经营企业(港或澳、台资)	41498.9	27919.8
合作经营企业(港或澳、台资)	233.6	398.1
港、澳、台商独资经营企业	53811.3	41004.6

表13—3 续表2

指 标	2013年	2012年
港、澳、台商投资股份有限公司	384.5	2631.8
其他港澳台投资企业	722.5	1117.4
外商投资企业	189928.9	224630.2
中外合资经营企业	113119.1	126967.1
中外合作经营企业	1196.9	1903.1
外资企业	74904.4	94651.9
外商投资股份有限公司	708.5	1108.1
四、按国民经济行业分组		
采矿业	1465.6	2386.2
石油和天然气开采业		
黑色金属矿采选业	192.7	305.8
有色金属矿采选业	1157.4	1356.6
非金属矿采选业	115.5	723.8
制造业	1272395.8	1168367.5
农副食品加工业	22722.9	16591.2
食品制造业	5481.7	5533.3
酒、饮料和精制茶制造业	803.0	1047.9
饮料制造业		
烟草制品业		
纺织业	10907.7	6623.9

表13—3 续表3

指　标	2013年	2012年
纺织服装、鞋、帽制造业		
纺织服装、服饰业	22436.4	23774.5
皮革、毛皮、羽毛(绒)及其制品业		
皮革、毛皮、羽毛及其制品和制鞋业	1221.4	1422.4
木材加工及木、竹、藤、棕、草制品业	48.8	152.9
家具制造业	806.6	808.7
造纸及纸制品业	0.0	1284.9
印刷业和记录媒介的复制	3904.8	1841.3
文教、工美、体育和娱乐用品制造业	9487.3	7404.4
文教体育用品制造业		
石油加工、炼焦及核燃料加工业	10229.7	10499.9
化学原料及化学制品制造业	274882	254048.7
医药制造业	63101.4	58010.5
化学纤维制造业	10596.0	5852.5
橡胶制品业		
橡胶和塑料制品业	14494.6	10246.9
塑料制品业		
非金属矿物制品业	28507.0	27846.7
黑色金属冶炼及压延加工业	132125.6	107149.0
有色金属冶炼及压延加工业	12926.7	8029.1
金属制品业	18864.8	17602.3
通用设备制造业	63129.1	54296.6

表 13—3 续表 4

指 标	2013 年	2012 年
专用设备制造业	45922.8	40842.8
交通运输设备制造业		
汽车制造业	67345.2	106370.6
铁路、船舶、航空航天和其他运输设备制造业	87428.8	36568.5
电气机械及器材制造业	147904.6	123545.9
通信设备、计算机及其他电子设备制造业		
计算机、通信和其他电子设备制造业	143444.2	172902.2
仪器仪表制造业	73178.3	67003.8
其他制造业		
仪器仪表及文化、办公用机械制造业		
工艺品及其他制造业		
废弃资源和废旧材料回收加工业		
废弃资源综合利用业	105.2	778.9
金属制品、机械和设备修理业	389.2	287.2
电力、热力、燃气及水的生产和供应业	12605.9	7211.3
电力、热力的生产和供应业	10056.9	5757.7
燃气生产和供应业	1386.3	887.7
水的生产和供应业	1162.7	565.9
五、按企业控股情况分组		
国有控股	552159.1	483232.1
集体控股	26098.9	22548.4
私人控股	316807.5	256646.9
港澳台商控股	73994.3	63336.2
外商控股	147760.3	175998.9
其他	169647.2	176202.5

表 13—4　研究与开发机构概况

计量单位：个

指　标	2013 年	2012 年
合　　计	1838	1592
县以上独立研究与开发机构	140	131
非独立研究与开发机构	1698	1461
规模以上工业企业技术开发机构	1173	1124
高等院校研究与开发机构	525	337

注：本表由科技年报数据加工编制，市科委协助提供。

表 13—5　科技活动人员及 R&D 人员按活动机构分类情况

计量单位：人

指　标	2013 年	2012 年
科技活动人员数	206781	175585
独立研究与开发机构	20917	17714
高等院校	47031	44219
规模以上工业	79799	82683
其他	59034	30969
R&D 人员数	111756	90509
独立研究与开发机构	13876	12611
高等院校	26125	24669
规模以上工业企业	55537	50307
其他	16218	2922

注：当年独立研究与开发机构的统计数据不包括军工的研究机构；本表由科技年报数据加工编制，市科委协助提供。

表 13—6　独立研究与开发机构 R&D 活动情况

指　标	2013 年	2012 年
R&D 经费总支出(万元)	446868	375395
内部支出	443054	372184
基础研究	38343	40095
应用研究	97186	95392
试验发展	307525	236697
外部支出	3814	3211
R&D 折合全时人员(人年)	12424	10158
#科学家和工程师		

注:当年独立研究与开发机构的统计数据不包括军工的研究机构;本表由市科委提供。

表 13—7　独立研究与开发机构经费情况

计量单位:万元

指　标	2013 年	2012 年
经费收入	1480144	1635284
科技活动收入	862197	887098
政府资金	423842	441809
#财政补助收入	264486	289005
非政府资金	438355	445290
#技术性收入	257355	383536
其它资金	181000	61754
生产经营收入	320116	503294
其他收入	297831	244892
经费支出	1257350	1478623

注:当年独立研究与开发机构的统计数据不包括军工的研究机构;本表由市科委提供。

表 13—8　专利申请量与授权量

计量单位：件

指　标	2013 年	2012 年
申请量合计	55094	42732
发明	22482	16409
实用新型	15043	11452
外观设计	17569	14871
授权量合计	19484	18612
发明	4729	4437
实用新型	10505	8183
外观设计	4250	5992

注：本表由市科委提供。

表 13—9　商标注册情况（2013 年）

计量单位：件

指　标	2013 年
新申请注册商标	17000
有效注册商标总量累计	71300
马德里国际注册商标	24
马德里国际注册商标累计	215
商标国际注册申请数	215
申报中国驰名商标	31
中国驰名商标总量累计	80
申报省著名商标	120
申报市著名商标	126

表 13—10　技术合同成交情况(2013 年)

指　标	合同数(项)	合同金额(万元)	#技术交易额
合　　计	21549	1698299	1356073
技术开发	13094	1325754	1189941
技术转让	444	296694	90542
技术咨询	5665	25807	25800
技术服务	2346	50044	49790

注:本表由市科委提供。

表 13—11　各类教育事业基本情况

一、学校数

计量单位:所

指　标	2013 年	2012 年
全　市	1253	1278
普通高等教育	61	63
#普通高校	53	54
成人高校	8	9
中等职业学校	58	60
#普通中专	24	24
成人中专	7	8
技工学校	27	28
普通中学	218	220
小学	339	344
特殊教育	13	13
幼儿园	564	578

注:技工学校含不招生学校。

二、在校学生数

计量单位:人

指 标	2013 年	2012 年
在校学生总数	1831825	1835283
高等教育	982755	993530
#研究生培养机构	99540	95708
普通高校	707910	719569
成人高校	175305	178253
中等职业学校	126565	131892
#普通中专	56254	57997
成人中专	24492	25636
技工学校	45819	48259
普通中学	224256	230689
小学	321365	307157
特殊教育	1373	1457
幼儿园	175511	170558

注:本表技工学校数据由人社部门提供,其余数据由市教育局提供。

三、毕业生数

计量单位:人

指 标	2013 年	2012 年
毕业生总数	526044	534784
高等教育	303507	315679
#研究生培养机构	27514	26375
普通高校	208576	208999
成人高校	67417	80305
中等职业学校	40338	39064
#普通中专	17084	12768
成人中专	6959	8144
技工学校	16295	18152
普通中学	77771	82094
#初中	47875	49304
高中	29896	32790
小学	48204	48610
特殊教育	230	251
幼儿园	55994	49086
小学毕业生升学率(%)	99.64	100.15
初中毕业生升学率(%)	99.76	99.74

注:本表技工学校数据由人社部门提供,其余数据由市教育局提供。

四、招生数

计量单位:人

指　标	2013 年	2012 年
招生总数	564787	560361
高等教育	320571	330048
#研究生培养机构	32584	31376
普通高校	218890	224258
成人高校	69097	74414
中等职业学校	43453	42643
#普通中专	18497	18144
成人中专	6946	7148
技工学校	18010	17351
普通中学	73457	76352
#初中	25428	48681
高中	48029	27671
小学	61721	54563
特殊教育	232	242
幼儿园	65353	56513

注:本表技工学校数据由人社部门提供,其余数据由市教育局提供。

五、专任教师数

计量单位:人

指　标	2013 年	2012 年
专任教师总数	115556	115182
高等教育	53087	53406
#普通高校	52531	52237
成人高校	556	1169
中等职业学校	7248	7216
#普通中专	3544	4088
成人中专	561	781
技工学校	2582	2347
普通中学	22361	22245
小学	20761	20235
特殊教育	452	1071
幼儿园	11647	11009

注:2010 年中等职业学校专任教师数中含其他中等职业教育机构专任教师人数。

表13—12　各级各类学校教学设施情况(2013年)

指　标	普通高校	中等职业学校	普通中学		普通小学	特殊学校
			高中	初中		
占地面积(平方米)	58594916	4067300	4083735	5235434	5736815	110067
#运动场地面积	3680126	479247	942841	1514300	2000683	29787
校均面积(平方米)	1105564.00		74249.73	32119.23	16922.76	8466.69
教学及辅助用房面积(平方米)	12281717	752294	1128719	1098436	1558114	37375
#教室	3866880	367969	591256	701118	1216179	32384
实验室	4379863	261254	199447	194594	92711	2088
图书室	1423312	54306	114484	71159	79065	1748
微机室	—	—	62395	56016	61607	1155
语音室	—	—	15704	6455	8053	—
体育室						
生均教室面积(平方米)	4.79	4.56	7.31	4.89	3.78	23.58
图书资料	—	—	—	—	—	—
#一般图书(万册)	7307.00	259.04	396.57	518.38	815.65	11.28
电子图书(GB)	—	364108	17869	20253	23765	1738
教学用计算机(台)	323976	26676	34822	29293	45516	—
每百名学生拥有教学用计算机(台)	40.12	33.04	43.07	20.43	14.16	—
平均每一专任教师负担学生数(人)	15.38	17.31	10.05	10.01	15.48	3.03

注:本表数据由市教育局提供。

表13—13 主要年份学校在校学生数

计量单位:万人

年 份	普通高等学校	普通中学	小 学
1949	0.35	1.82	12.06
1952	0.84	3.68	23.34
1957	2.35	6.98	31.46
1962	3.52	8.92	35.63
1965	2.98	11.29	48.00
1970	2.43	18.26	54.10
1975	1.87	25.23	60.19
1978	2.72	23.14	39.17
1979	3.51	21.8	39.84
1980	4.02	27.41	50.5
1985	6.04	23.86	41.85
1990	7.51	23.01	42.08
1995	10.37	23.57	41.72
1997	12.05	22.04	46.75
1998	13.24	21.80	48.11
1999	16.28	22.29	47.88
2000	21.69	25.38	45.41
2005	56.11	32.26	30.51
2006	62.08	30.56	30.25
2007	67.79	28.53	29.07
2008	72.50	27.27	28.56
2009	77.34	26.11	28.32
2010	79.34	24.86	28.83
2011	80.85	23.78	30.07
2012	81.53	23.07	30.71
2013	80.74	22.43	32.14

注:高等学校在校学生数含普通高等学校、科研院所在学研究生。

主要统计指标解释

科技活动　指在自然科学、农业科学、医药科学、工程与技术科学、人文与社会科学领域（简称科学技术领域）中，与科技知识的产生、发展、传播和应用密切相关的有组织的活动。可分为研究与试验发展（R&D）、研究与试验发展成果应用及相关的科技服务三类活动。

企业办科技机构数　指企业自办、或与外单位合办，管理上同生产系统相对独立、或者单独核算的专门科技活动机构，如企业开办的技术中心、研究院所、开发中心、开发部、实验室、中试车间、试验基地等。企业办科技机构经过资源整合，被国家或省级有关部门认定为国家级或省级技术中心的，可按一个机构填报。企业科技管理职能科室（如科研处、技术科等）一般不统计在内；若科研处、技术科等同时挂有科技机构牌子，视其报告年度内主要工作任务而定，主要任务是从事科技活动的可以统计，否则不统计。本指标不含企业在中国境外设立的科技机构数。

科技活动人员　指直接从事或参与科技活动的人员，包括参加科技项目人员、从事科技活动管理和为科技活动提供直接服务的人员（包括工人）。科技活动人员不包括全年累计从事科技活动时间不足制度工作时间10%的人员，也不包括为科技活动提供间接服务的保卫、医疗保健、司机、食堂人员、茶炉工、水暖工、清洁工等人员。

研究与试验发展人员　指科技活动人员中从事基础研究、应用研究和试验发展三类活动的人员。包括直接参加上述三类项目活动的人员及这三类项目的管理和直接服务人员。上述三类项目的管理和直接服务人员，可按研究与试验发展（R&D）项目人员占全部科技项目人员的比重进行推算。

科技项目　指为系统地解决产品和工艺等方面的科学技术问题而确定的研究开发性工作。科技项目一般应按照企业制订的科技开发计划或签订的项目协议书确定，具体包括企业在报告年度当年立项并开展研制工作、以前年份立项仍继续进行研制的科技项目，以及当年完成和年内研制工作已告失败的科技项目，但不包括委托外单位进行研制的科技项目以及列入当年计划但未实施的项目。

科技活动经费筹集总额　指在报告年度从各种渠道筹集到的计划用于科技活动的经费，包括企业资金、金融机构贷款、政府资金、国外资金、其他资金等。

政府资金　指从各级政府部门获得的计划用于科技活动的经费，包括科学事业费、科技三项费、科研基建费、科学基金、教育等部门事业费中计划用于科技活动的经费以及政府部门预算外资金中计划用于科技活动的经费等。

企业资金　指从自有资金中提取或接受其他企业委托的、科研院所和高校等事业单位接受企业委托获得的，计划用于科研和技术开发的经费。不包括来自政府、金融机构及国外的计划用于科技活动的资金。

科技活动经费支出总额 指在报告年度实际支出的全部科技活动费用，包括列入技术开发的经费支出以及技措技改等资金实际用于科技活动的支出。不包括生产性支出和归还贷款支出。科技活动经费支出总额分为企业内部开展科技活动的经费支出和委托外单位开展科技活动的经费支出。

技术改造经费支出 指企业在报告年度进行技术改造而发生的费用支出。技术改造指企业在坚持科技进步的前提下，将科技成果应用于生产的各个领域（产品、设备、工艺等），用先进技术改造落后技术，用先进工艺代替落后工艺、设备，实现以内涵为主的扩大再生产，从而提高产品质量、促进产品更新换代、节约能源、降低消耗，全面提高综合经济效益。

技术引进经费支出 指在报告年度用于购买国外技术的费用支出，包括产品设计、工艺流程、图纸、配方、专利等技术资料的费用支出，以及购买关键设备、仪器、样机和样件等的费用支出。

消化吸收经费支出 指企业在报告年度对国外引进项目进行消化吸收所支付的经费。包括：人员培训费、测绘费、参加消化吸收人员的工资、工装、工艺开发费、必备的配套设备费、翻版费等。引进技术的消化吸收指对引进技术的掌握、应用、复制而开展的工作，以及在此基础上的创新。通过消化吸收国外技术，达到掌握引进技术，提高自我创新能力的目的。消化吸收经费支出中属于研究与试验发展的经费支出，除包含在本项外，还要计入企业研究与试验发展经费支出中。

购买国内技术经费支出 指企业在报告年度购买国内其他单位科技成果的经费支出。包括购买产品设计、工艺流程、图纸、配方、专利、技术诀窍及关键设备的费用支出。

专利申请数 指在报告年度内向专利行政部门提出专利申请并被受理的件数。

新产品产值 指年度本企业生产的新产品的产值。新产品是指采用新技术原理、新设计构思研制、生产的全新产品，或在结构、材质、工艺等某一方面比原有产品有明显改进，从而显著提高了产品性能或扩大了使用功能的产品。若产品只在外观、颜色、图案、包装上有改变，或仅在技术上有较小的变化，不作为新产品进行统计。本报表中的新产品指标既包括经政府有关部门认定并在有效期内的新产品，也包括企业自行研制开发，未经政府有关部门认定，从投产之日起一年之内的新产品。

新产品销售收入 指年度本企业销售新产品实现的销售收入。

新产品出口收入 指年度本企业将新产品出售给外贸部门和直接出售给外商所实现的销售收入。

年末生产经营用设备原值 指年末拥有的直接服务于企业生产、经营过程的各种机器设备的原价。

微电子控制设备原价 年末拥有的、利用微电子技术（包括电子计算机、集成电路等）对生产过程进行控制、观察测量、测试等生产机器设备的原价。

普通高等学校　指按照国家规定的设置标准和审批程序批准举办，通过国家统一招生考试，招收高中毕业生为主要培养对象，实施高等学历教育的全日制大学、独立设置的学院和高等专科学校、高等职业学校和其他机构。

成人高等学校　指按照国家规定的设置标准和审批程序举办的，通过全国成人高等教育统一招生考试，招收具有高中毕业或同等学历的人员为主要培养对象，利用脱产、业余或函授等多种形式对其实施高等学历教育的学校。包括广播电视大学、职工高等学校、农民高等学校、管理干部学院、教育学院、独立函授学院、其他机构。

初中毕业生升学率　计算初中毕业生升学率所用分子数为高级中学招生数，包括：普通高中招生数、职业高中招生数、技工学校招生数、普通中专招收初中毕业生数、普通中专举办的成人中专招收应届初中毕业生数及成人中专招收应届初中毕业生数，分母是初中毕业生人数。

（十四）文化、卫生和体育

CHAPTER 14 CULTURE, PUBLIC HEALTH AND SPORTS

表 14—1 文化机构从业人员综合情况(2013 年)

指 标	总计		文化部门		其他部门	
	机构数(个)	从业人员数(人)	机构数(个)	从业人员数(人)	机构数(个)	从业人员数(人)
文化及相关产业	2251	23912	260	7379	1991	16533
艺术业	25	1779	20	1704	5	75
图书馆业	15	801	15	801		
群众文化业	114	665	114	665		
艺术教育业	3	294	3	294		
文化市场经营单位	1943	14943			1943	14943
文艺科研	1	26	1	26	0	0
文物业	84	2123	55	1461	29	662
其他文化及相关产业	66	3281	52	2428	14	853

注:本表不包括广播、电影、电视、新闻出版和档案机构,因汇总数与分行业汇总数有部分交叉,总计与各行业分类均为有效数据,引用时请注意。本表数据由市文广新局提供。

表 14—2 群众艺术馆、文化馆(站)(2013 年)

指 标	合 计	群艺馆、文化馆	文化站	#乡镇文化站
个数(个)	114	14	100	18
举办展览(场次)	877	219	658	76
组织文化活动次数(次)	11153	2702	8451	0
举办训练班(班次)	2323	843	1480	100
结业人次(人次)	140.97	45.01	95.56	7.12
藏书(千册)	1842.32	4.85	1837.47	277.30

注:本表数据由市文广新局提供,不包括部、省在宁单位,文化站包括街道办站。

表 14—3　艺术团体(2013 年)

指　标	剧团数(个)	职工数(人)	国内演出(场次)	#在农村演出	国内观众人次(千人次)
全市	48	2165	8937	3265	4497
一、专业团体	13	1615	6337	2830	2697
(一)按隶属关系分					
省级文化部门	2	1156	5520	2591	1629
市级文化部门	6	420	672	103	840
区县级文化部门	5	39	145	136	228
(二)按剧种分					
话剧	1	62	130	10	100
歌舞	3	112	160	8	230
乐团					
戏曲	7	160	416	216	677
#京剧	1	51	104	32	208
曲艺					
杂技	1	132	121	5	81
综合性艺术表演团体	1	1149	5510	2591	1609
二、民营文艺团体	35	550	2600	435	1800

注:本表数据由市文广新局提供。

表 14—4　文化市场经营机构基本情况(2013 年)

指　标	机构数(个)	从业人员(人)	经营活动情况(千元)			其他(千元)	
			营业收入	营业成本	主营业务利润	从业人员劳动报酬	所得税
合　　计	1943	14943	2134190	1716852	446267	524480	84523
娱乐场所	736	7532	1140700	818210	322250	225990	57660
互联网上网服务营业场所(网吧)	1066	4665	465590	311110	154550	107340	288
非公有制艺术表演团体	35	550	17790	3070	5960	8300	460
其他	106	2196	510110	584462	-36493	182850	26115

注:本表数据由市文广新局提供。

表 14—5 公共图书馆综合情况(2013 年)

指　标	合计	省级	市级	区县级
机构数(个)	15	1	1	13
从业人员(人)	801	513	110	178
总藏量(千册)	15053.274	10061.501	1979.967	3011.806
#图书	11797.020	7274.395	1792.283	2730.342
报刊	1073.275	797.427	102.109	173.739
视听文献、微缩制品	351.509	282.486	34.638	34.385
其他	102.558	65.144	0.550	36.864
在藏品中:开架书刊	3803.265	950.000	1128.581	1724.684
本年新购藏量(千册)	687.244	389.961	146.879	150.404
公用房屋建筑面积(平方米)	159856	96852	25165	37839
#书库	20006	10251	1884	7871
阅览室	34836	18096	8395	8345
阅览室座席数(个)	8019	2352	1415	4252
总流通人次(千人次)	8048.225	3010.989	2756.440	2280.796
#书刊文献外借人次	3589.822	736.906	1395.448	1457.468
书刊文献外借册次(千册次)	6066.501	1802.290	1791.686	2472.525
累计发放有效借书证数(千个)	629.737	336.663	200.572	92.502
为读者举办各种活动				
#组织次数(次)	1124	73	502	105
参加人次(千人次)	692.277	495.335	65.16	131.782
计算机(台)	2007	1104	314	589
#电子阅览室终端数	891	401	98	392

注:本表数据由市文广新局提供。

表14—6 博物馆综合情况(2013年)

指 标	总 计	艺术类	综合性	历史类	自然科技类	其他
机构数(个)	50	6	9	25	6	4
省级	3	1	1	1		
市级	24	1	3	13	6	1
区县级	23	4	5	11		3
从业人员(人)	1660	718	130	724	52	36
#高级职称	134	68	15	39	12	
中级职称	226	127	15	58	24	2
文物藏品(件)	780053	539974	14684	185330	38272	1793
#一级品	1685	1409	2	274		
参观人次(千人次)	22335.65	1668.13	1501.49	18645.54	425.98	94.51
#青少年	2923.39	414.25	383.62	1853.22	248.70	23.60
本年收入(千元)	700486	427356	13426	249914	7680	2110
#财政拨款	559364	394183	5542	153629	4240	1770
事业收入	76504	11900		61904	2700	
门票收入	82652	2521		76933	3198	
本年支出(千元)	600722	379358	13424	198152	7680	2108
#基本支出	183335	83923	7099	84395	6010	1908
项目支出	392942	295435	3033	93664	610	200
公用建筑面积(平方米)	365065	131487	16593	185053	22302	9630
#展览用房	193577	57398	10070	105279	14450	6380
文物库房	26793	18455	1080	6232	1026	

注:本表数据由市文广新局提供。

表 14—7　文物保护管理机构综合情况(2013 年)

指　标	机构数(个)	从业人员(人)	文物藏品(件)	#一级藏品	展览(个)	参观人次(千人次)
总　计	84	2133	1117115	1685	283	22430.05
文物保护管理机构	14	44	200		4	91.60
其他文物管理机构	17	333				
博物馆	50	1660	780053	1685	277	22335.65
艺术类	9	130	14684	2	137	1501.49
综合性	6	718	539974	1409	79	1668.13
历史类	25	724	185330	274	40	18645.54
自然科技类	6	52	38272		11	425.98
其他	4	36	1793		10	94.51
文物商店	2	86	336862			
文物科研、考古机构	1	10			4	2.80

注:本表数据由市文广新局提供。

表 14—8　举办县级以上运动会情况

指　标	体育系统	
	2013 年举办次数(次)	2012 年举办次数(次)
举办运动会次数	199	38
综合运动会	8	1
单项比赛	191	37
举办全民健身活动次数	452	1000(多项次)
其中:1000 人以上的活动	46	53

注:本表由市体育局提供。

表 14—9　运动员、教练员、裁判员基本情况(2013 年)

计量单位:人

指　标	运动员	专职教练员	裁判员
合　计	128	191	759
国际级(健将)	5	0	0
国家级(运动健将)	26	4	0
一级(高级)	21	79	0
二级(中级)	0	56	759
三级(初级)	0	27	0
少年级	76	25	0

注:本表由市体育局提供,表中数据运动员为市属、不含省。

表 14—10　社区健身设施建设情况

指　标	2013 年	2012 年
建设数(个)	3977	3637
器材数(件)	44003	40603
面积(万平方米)	175.12	168.32
投资金额(万元)	9683.12	8833.12

注:本表由市体育局提供,表中数据均为截止 2013 年末累计完成数;本表数据含新农村体育健身工程建设点。

表 14—11 艺术表演场所综合情况(2013 年)

指 标	合计	#剧场、影剧院	#正在活动场所
机构数(个)	12	12	12
省级	3	3	3
市级	6	6	6
区县级	3	3	3
从业人员(人)	164	164	164
座席数(个)	12265	12265	12265
演(映)出场次(场)	2689	2689	2689
#艺术演出场次	573	573	573
观众人次(千人次)	899.89	899.89	899.89
#艺术演出观众人次	518.04	518.04	518.04
营业收入(千元)	18287	18287	18287
#艺术演出分成收入	13030	13030	13030
年末固定资产原值(千元)	265739	265739	265739
建筑面积(平方米)	80872	80872	80872
#演(映)业务用房	48801	48801	48801

注:本表数据由市文广新局提供。

表 14—12 广播、电视播出情况(2013 年)

指 标	节目套数(套)			全年公共节目播出时间(小时)	全年制作节目时间(小时)
	合计	公共节目	付费节目		
广播电台	24	24	0	162410	146497
省级广播电台	11	11	0	83453	79888
市级广播电台	6	6	0	48290	48290
区县级广播电台	7	7	0	30667	18319
电视台	27	24	3	155806	47510
省级电视台	12	9	3	74363	24180
市级电视台	8	8	0	55462	16367
区县级电视台	7	7	0	25981	6963

注:本表数据由市文广新局提供。

表 14—13 广播、电视覆盖情况(2013 年)

指 标	广播综合覆盖		电视综合覆盖		有线电视节目交易		
	覆盖人口数(万人)	覆盖率(%)	覆盖人口数(万人)	覆盖率(%)	总用户数(万户)	#数字电视(万户)	入户率(%)
全市	638.48	100	638.48	100	248.05	206.13	115.68
市级覆盖	243.07	100	243.07	100	91.99	90.77	114.12
区级覆盖	310.27	100	310.27	100	125.68	100.81	120.45
县级覆盖	85.14	100	85.14	100	30.97	15.94	105.09

注:本表数据由市文广新局提供,计算各级覆盖率的人口数为上年底的户籍人口数。

表 14—14　新华书店图书销售数量

计量单位:万册

指　标	2013 年	2012 年
总　计	2966.09	3614.22
哲学、社会科学	123.11	264.09
文化、教育	890.17	841.07
文学、艺术	90.24	196.94
自然科学、技术	32.38	141.64
少儿读物	70.88	176.99
大中专教材	326.30	591.86
课本	916.72	738.79
教辅	443.99	640.80
其他出版物	5.28	2.37
非图书商品	65.27*	19.67

注:本表由新华书店集团提供,数据不含原老五县;2013 年的非图书商品仅为音响制品。

表 14—15　图书、杂志、报纸出版情况(2013 年)

指　标	图书	杂志	报纸
种数(种)	28259	302	58
总印数(万册/份)	55865.06	11367.98	366056
总印张数(万印张)	36159.88	43778.07	952241.2

注:本表数据由市文广新局提供。

表14—16　医疗卫生事业基本情况

指　标	2013年	2012年
全市卫生机构数(个)	2315	2305
#医院	186	174
社区卫生服务中心(站)	635	603
疾病控制中心、卫生防疫站	18	20
妇幼保健院(所、站)	13	14
全市实有床位数(张)	41760	37775
#医院	36701	32244
社区卫生服务中心(站)	3473	3663
全市卫生机构卫生人员数(人)	70616	66295
#卫生技术人员	58032	53967
#执业医师	19636	18182
执业助理医师	1026	919
注册护士	25413	22953
药剂人员	3334	3194
检验人员	3487	2594
其他卫生技术人员	5136	5370
#医院卫生人员	51621	46969
社区卫生服务中心卫生人员	8821	9349

注:本表数据由市卫生局提供,下同。

表14—17　各类医院基本情况(2013年)

指　标	机构数(个)	实有床位数(张)	卫生人员数(人)	#卫生技术人员	#执业(助理)医师
全市	2315	41760	70616	58032	20662
综合医院	114	21251	30502	25874	8409
中医院	19	4808	6215	5376	1793
中西医结合医院	3	905	1858	1521	570
专科医院	46	9457	12915	10171	3176
护理院	4	280	131	115	30

表 14—18　医疗机构病床使用情况(2013 年)

指　标	平均开放床位数(张)	病床周转次数(次)	病床使用率(%)	出院者平均住院日(日)
医院	34851	29.3	92.1	10.9
#综合医院	19995	31.4	90.4	10.4
中医院	4643	27.2	89.1	11.9
中西结合医院	870	36.5	105.4	10.5
专科医院	9158	25.6	96.6	11.8
社区卫生服务中心(站)	3338	12.9	44.7	12.4
卫生院	467	16.7	43.2	9.5
专科疾病防治院(所、站)	221	2.6	60.6	76.5

注:本表数据由市卫生局提供。

表14—19　主要年份卫生机构、卫生技术人员、医院床位数

年　份	卫生机构(个)	卫生技术人员数(人)	#医生	医院床位数(张)
1949	59			5300
1952	206	3900	1500	1616
1957	512	7300	2900	2961
1962	852	12400	4400	7360
1965	897	11300	4900	7431
1970	846	10500	4000	8996
1975	1132	17300	6900	10812
1978	1320	21300	7800	12231
1979	1424	23000	8200	12361
1980	1418	24000	9100	11989
1985	1486	30127	12556	13969
1990	1610	34476	15726	17407
1995	1501	36376	16384	19019
1997	1301	35957	15840	17599
1998	1285	35705	15543	17521
1999	1318	35773	16078	17789
2000	1269	35270	15239	18140
2005	1612	34000	14292	19344
2006	2085	36935	15169	20100
2007	2241	40897	15705	21031
2008	1770	42337	16060	22865
2009	1764	56100	16593	24738
2010	2211	60044	17007	25894
2011	2268	50041	17265	29322
2012	2305	53967	19101	37775
2013	2315	58032	20662	41760

注:本表数据来源于市卫生局,从2002年起“医生”即“执业医师、执业助理医师”数。

主要统计指标解释

文化事业机构 指从事专业文化工作和为专业文化工作服务的独立建制的单位,不包括这些单位另外举办独立核算的其他机构和各部门的业余文化组织。

执业(助理)医师和注册护士 指领取医师执业证书和注册护士证书的人员。

艺术表演团体指从事戏曲、音乐、舞蹈、杂技等专业艺术表演,有独立帐户的单位,不包括半工半艺、半农半艺和民间职业剧团。

等级运动员人数 指经考核正式批准授予等级运动员称号的人数。运动员等级分为国际级运动健将、运动健将、一级运动员、二级运动员、三级运动员、少年级运动员。

等级裁判员人数指经考核正式批准授予等级裁判员称号的人数。裁判员等级分为国际裁判、国家级裁判、一级裁判、二级裁判、三级裁判。

卫生机构 指从卫生行政部门取得《医疗机构执业许可证》,或从民政、工商行政、机构编制管理部门取得法人单位登记证书,为社会提供医疗保障、疾病控制、卫生监督服务或从事医学科研和教育等工作的单位。

卫生技术人员 指卫生事业机构支付工资的全部职工中现任职务为卫生技术工作的专业人员,包括执业医师、执业助理医师、注册护士、药剂人员、检验人员和其他卫生技术人员。

有线电视入户率 指能接收到有线广播电视台、有线电视站(系统内和系统外)和共享天线系统播放的有线电视节目的家庭户数与总户数的比例。计算公式:

$$有线电视入户率=\frac{年末有线电视总用户数}{年末总户数}\times 100\%$$

（十五）司法、社会福利与其他社会活动

CHAPTER 15
JUDICATURE, SOCIAL WELFARE AND OTHERS

表15—1 律师、公证、基层司法基本情况

指 标	2013年	2012年
律师工作		
律师事务所(个)	286	286
取得律师执业资格(人)	3960	3849
担任常年法律顾问(家)	8300	8629
民事诉讼代理(件)	33802	32227
行政诉讼代理(件)	411	398
非诉讼法律事务(件)	9241	17723
刑事辩护及代理(件)	8481	8297
公证工作		
公证处(个)	14	16
办结公证总数(件)	214122	172333
国内公证	127893	97313
涉外公证	83272	72288
基层司法工作		
法律服务所(个)	69	69
法律工作人员(人)	295	296
司法所工作人员(人)	749	749
年末人民调解委员会(个)	2158	2015
年末调解人员(人)	14523	14328
调解纠纷总数(件)	74766	68305
法律援助工作		
法律援助机构数(不含律师行)(个)	13	15
得到法律援助机构援助的妇女数(人)	4009	4231
得到法律援助机构援助的未成年人数(人)	973	350
基层法院建立少年法庭数(个)	8	6
#审理案件数(件)	213	253

注:本表数据由市司法局、市法院提供。

表15—2 民政事业费支出情况

计量单位:万元

指 标	2013年	2012年
总 计	335217.9	281152.3
抚恤费	24547.8	20710.7
安置	112741.6	104591.7
城镇居民最低生活保障费	33088.8	30513.8
农村及其他城镇社会救济	49105.7	46672.6
社会福利	46791.4	35711.9
民政管理事务	35824.5	29583.8
自然灾害生活救助	394.3	692.9
地方离退休人员经费	3890.5	3621.1
其他款项用于民政支出	21290.1	9053.8

注:本表数据由市民政局提供。

表15—3　收养性社会福利单位情况(2013年)

计量单位:人

指　标	机构数（个）	从业人员（人）	年末床位数（张）	年末在院总人数（人）	#女性	康复和医疗门诊人次（人次数）
合　计	299	4874	45372	19458	6321	66908
社会福利院	13	552	6884	2256	997	18702
儿童福利院	2	242	858	636	264	
社会福利医院	1	399	1442	1289	375	4021
城镇老年福利机构	257	3452	29617	12492	4059	43884
农村老年福利机构	26	229	6571	2785	626	301

注:本表数据由市民政局提供。

表 15—4　工会组织基本情况

指　标	2013 年	2012 年
基层工会数(个)	13183	12427
其中:企业合计	10041	9425
内资企业	9301	8622
港澳台商投资企业	223	232
外商投资企业	517	571
事业单位	1219	1282
机关	624	608
个体经济组织	283	300
工会会员数(人)	2180875	2062305
专职工会工作人员(人)	1810	2518
兼职工会工作人员(人)	62343	60156
联合工会涵盖单位数(个)	38039	35892
联合工会会员人数(人)	614124	602665
职代会职工代表人数(人)	209303	329981
#女性	72544	135159
建立董事会单位数(个)	2232	1754
职工董事人数(人)	692	669
#女性	280	222

注:本表数据由市总工会提供。

主要统计指标解释

民政事业费支出 指报告期内本辖区各项民政事业费实际支出的总数额。包括抚恤事业费、军队移交地方安置的离退休人员费用、社会救济福利事业费、救灾支出以及其它民政事业费。

城镇居民最低生活保障人数 指在报告期末家庭平均收入在当地规定的最低生活保障线以下的城镇居民数。包括“三无”对象、失业人员和在职、下岗、退休人员等。

农村居民最低生活保障人数 指报告期末在建立农村最低生活保障制度的地区，得到当地政府或集体给予最低生活保障的农业人口数。

农村传统救济人数 指未开展最低生活保障制度的农村地区，仍沿用传统救济制度救济贫困人口数。

社会福利企业 指以集中安置有一定劳动能力的残疾人就业为目的（残疾职工占生产人员10%以上）、带有社会福利性质的特殊企业的总称。

律师 指受聘参加法律顾问处工作，担任法律顾问、刑（民）事代理人、刑事辩护人，办理非诉讼事件、解答法律询问，代写法律事务文书等主要从事律师业务的专职法律工作者和兼职律师。

公证人员 指在国家公证机关依法办理公证事务的司法人员，包括公证员、助理公证员和在公证处工作的其他人员。

办理公证文书 指公证处在一定时期内办结的公证文书件数。公证文书按司法部规定或批准的格式制作，包括国内公证和涉外公证两部分。国内公证分为经济合同公证和民事法律关系公证两大类。

调解人员 指在人民调解委员会担负调解民间一般民事纠纷和轻微违法行为引起纠纷的工作人员，包括调解委员会的委员和调解小组的调解员。

调解民间纠纷 指调解委员会依照法律规定，根据自愿原则，用说服教育的方法调解民间发生的有关民事权利和义务的争执，促成当事双方达到协议和谅解，解决纠纷。包括婚姻家庭纠纷，财产权益纠纷等，不包括法院受理调解的民事案件数。

（十六）城市建设与环境保护

CHAPTER 16 URBAN CONSTRUCTION AND ENVIRONMENTAL PROTECTION

表 16—1　2000 年以来公共交通和轮渡

指　标	2000 年	2005 年	2010 年	2011 年	2012 年	2013 年
运营车辆(辆)	3538	5158	6662	7023	7049	7426
#地铁		84	366	450	480	480
标准运营车辆(标台)	3592	5914	8695	9078	9386	9769
#地铁		210	915	1125	1200	1200
运营线路网长度(公里)	1061	2656	3548.6	3904.7	7669.6	8225.0
#地铁		22	81.6	81.6	81.6	81.6
公交客运总量(万人次)	134705	96920	126887	139986.1	149571.2	151650.1
#地铁		357	21460	34370.1	40060.2	45216
出租汽车(辆)	8597	9055	10593	10644	10643	11612
运营船数(艘)	21	9	19	19	19	13
轮渡客运总量(万人次)	1797	1344	1201	1022.4	1004.4	630.1

注:本表由市交通局提供,从 2012 年开始市交通局调整了营运线路网长度口径。

表 16—2　城市煤气、液化石油气、天然气

指　标	2000 年	2005 年	2010 年	2011 年	2012 年	2013 年
煤气供气总量(万立方米)	330288.00	1265490.00	1918223.38	—	—	—
#家庭用量	12892.00	9261.00	673.80	—	—	—
用气人口(万人)	96.06	35.99	2.13	—	—	—
液化石油气供气总量(吨)	107196.00	145509.00	146475.68	130751.93	114672.94	119147.43
#家庭用量	80272.00	81903.00	76408.93	68824.60	62231.29	74242.37
用气人口(万人)	158.76	295.86	236.97	221.48	219.32	221.50
天然气供气总量(万立方米)	—	14173.00	57890.70	67921.03	82413.19	86127.66
#家庭用量	—	3886.00	15544.95	16818.90	22007.10	24491.56
用气人口(万人)	—	132.00	253.30	309.14	345.95	373.50

表 16—3 城市设施水平

指 标	2000 年	2005 年	2010 年	2011 年	2012 年	2013 年
城市人口密度(人/平方公里)	2966	1084	1600	1532	1417	1419
人均日生活用水量(升)	493.96	318.06	314.80	304.09	298.50	281.81
用水普及率(%)	100.00	92.06	100	100	100	99.98
每万人拥有公共交通车辆(标台)	14.04	11.52	17.57	14.31	14.72	—
气化率(%)	99.59	90.35	99.50	99.62	99.65	99.22
人均拥有道路面积(平方米)	8.54	14.47	19.35	19.63	20.14	21.28
建成区排水管道密度(公里/平方公里)	6.80	6.59	8.00	8.31	9.16	10.37
污水处理率(%)	63.63	81.21	88.82	95.16	94.60	94.22
人均公园绿地面积(平方米)	—	—	13.69	14.09	13.94	14.55
建成区绿化覆盖率(%)	40.96	44.94	44.38	44.42	44.02	44.06
生活垃圾粪便无害处理率(%)	85.76	87.46	78.74	86.60	90.42	90.83

表 16—4 城市供水和节约用水

指 标	2000 年	2005 年	2010 年	2011 年	2012 年	2013 年
综合生产能力(万立方米/日)	536	589.80	645.80	642.60	633.80	641.40
供水总量(万立方米)	135052	118875.0	112326	118862.00	121401.00	126656.16
#工业用量	81821	53208.3	40876	—	44083.00	47345.06
生活用量	52197	54868.72	56862	59120.40	61806.00	63682.58
用水人口(万人)	289.51	472.62	494.87	532.65	567.27	599.54
节约用水量(万立方米)	1185	2513	4730	3638	—	2074.00
生产用水重复利用量(万立方米)	119350	107934	183717	181465	198131	266781

表16—5　市政工程设施

指　标	2000年	2005年	2010年	2011年	2012年	2013年
道路长度(公里)	1802	6132	5599	5890	6615	7142
道路面积(万平方米)	2185	7427	9576	10458	11424	12761
路灯盏数(盏)	45914	172280	241712	253432	264031	346408
排水管道长度(公里)	1370	3380	4948	5301	5982	7398
桥梁数(座)	464	1359	1498	1598	1733	1899
污水年排放量(万吨)	121199	120628	80490	87958	89638	93155
污水日处理能力(万吨)	226.77	384.82	428.60	437.30	437.30	458.80
污水年处理量(万吨)	77122	97964	71493	83701	84802	87767
污水处理厂(座)	3	10	17	19	19	24
防洪堤长度(公里)	497	1454	1636	1673	1673	—

注:本表由市住房和城乡建设委员会提供,下表同。

表16—6　城市园林绿化

指　标	2000年	2005年	2010年	2011年	2012年	2013年
绿化覆盖面积(公顷)	11118	75226	84848	88028	89850	93503
#建成区	8250	23037	27456	28329	28756	31425
园林绿地面积(公顷)	10587	71020	77087	80777	82597	86117
公园绿地面积(公顷)	—	—	6773	7505	7908	8725
公园个数(个)	40	59	62	83	83	110
公园面积(公顷)	1725	2605	2790	5941	5941	6548
风景名胜区游人量(万人次)	—	—	1592	5272	5272	5934

表 16—7 城市环境质量

指　标	2000 年	2005 年	2010 年	2011 年	2012 年	2013 年
集中式饮用水水源地水质达标率(%)	98.81	100	100	100	100	100
地表水功能区水质达标率(%)	86.11	97.2	100	100	100	100
可吸入颗粒物浓度年均值(毫克/立方米)	—	0.109	0.114	0.097	0.102	0.137
二氧化硫浓度年均值(毫克/立方米)	0.029	0.052	0.036	0.034	0.033	0.037
二氧化氮浓度年均值(毫克/立方米)	—	0.054	0.046	0.049	0.051	0.055
环境空气质量良好以上天数(天)	293	304	302	317	317	202*
区域互不干涉噪声平均值(dB(A))	54.4	54	54.7	54.3	56.5	54.0
交通干线噪声平均值(dB(A))	69.2	69.4	68.5	67.9	68.4	68.0

注:从 2013 年起,按国家环保部新颁布的空气质量标准(空气质量指数 AQI)要求,来认定良好以上天数。

表 16—8 城市环境卫生

指 标	2000 年	2005 年	2010 年	2011 年	2012 年	2013 年
全年生活垃圾清运量(万吨)	99.24	169.00	184.78	201.16	224.54	250.40
粪便清运量(万吨)	126.40	193.90	10.64	10.87	12.11	15.73
环卫机械车辆总数(辆)	579	777	1134	1140	1126	1327
公厕数量(座)	937	1559	1151	1162	1166	1262

表 16—9 工业污染排放与治理

指 标	2000 年	2005 年	2010 年	2011 年	2012 年	2013 年
废水排放量(亿吨)	6.49	4.7	3.38	2.53	2.33	7.77
废水中化学需氧量排放量(万吨)	3.61	3.03	2.02	2.18	2.24	10.30
重复用水率(%)	58.20	72.31	88.10	64.75	74.80	70.36
废气排放量(亿标立方米)	2155.00	3754.00	5738.23	6962.52	6827.51	7930.21
二氧化硫排放量(万吨)	13.23	14.91	11.55	12.56	12.17	11.24
烟尘排放量(万吨)	5.15	4.76	3.38	5.65	4.37	6.53
二氧化硫去除量(万吨)	7.76	31.56	60.66	24.44	8.54	39.71
烟尘去除量(万吨)	137.98	283.78	300.88	618.00	568.30	535.36
工业固体废物产生量(万吨)	652.24	1159.10	1656.50	1791.57	1648.47	1734.71
#危险废物	14.49	21.30	22.53	32.18	32.52	37.70
工业固体废物综合利用量(万吨)	530.95	1051.60	1471.36	1514.44	1146.62	1568.52
#危险废物	13.49	17.37	10.20	16.01	19.95	22.59
工业固体废物综合利用率(%)	79.10	87.43	88.82	84.53	69.56	90.41
工业固体废物处置量(万吨)	23.04	17.88	37.86	130.89	373.88	36.74
#危险废物	1.00	3.11	12.51	15.84	11.45	15.75
重点污染治理项目数(个)	299	135	77	139	286	156
污染治理项目完成投资额(万元)	32331.00	20593.00	31637.20	87573.30	264293.20	120992.64

注:本表由市环保局提供。2011 年烟尘排放量及去除量中已包括粉尘排放量及去除量。

主要统计指标解释

供水综合生产能力 指按供水设施取水、净化、送水、出厂输水干管等环节实际测定计算的综合生产能力。

供水总量 指报告期供水企业(单位)供出的全部水量。包括有效供水量和漏损水量。

生活用水量 指居民日常生活与公共福利设施的用水量,包括居民、饮食店、旅馆、医院、理发店、浴池、洗衣店、游泳池、商店、学校、机关、部队等单位的用水量。

城市人口用水普及率 指城市用水人口数与城市人口总数之比。

计算公式为: 用水普及率=城市用水人口数/城市人口总数*100%

燃气供应总量 指报告期燃气企业(单位)向用户供应的燃气数量。包括销售量和损失量。

燃气普及率指报告期末使用燃气的城市人口数与城市人口总数的比率。

计算公式:燃气普及率=用气人口数/城市人口总数*100%

道路长度 指道路长度和与道路相通的桥梁、隧道的长度,按车行道中心线计算。

排水管道长度 指所有排水总管、干管、支管、检查井及连接井进出口等长度之和。计算时应按单管计算,即在同一条街道上如有两条或两条以上并排的排水管道时,应按每条排水管道的长度相加计算。

污水处理能力 指污水处理厂(或处理装置)每昼夜处理污水量的设计能力。

运营车数指报告期末公交企业(单位)用于运营业务的全部车辆数。以企业(单位)固定资产台帐中已投入运营的车辆数为准;新购、新制和调入的运营车辆,自投入之日起开始计算;调出、报废和调作他用的运营车辆,自上级主管机关批准之日起不再计入。

园林绿地面积 指报告期末用作园林和绿化的各种绿地面积。包括公共绿地、居住区绿地、单位附属绿地、防护绿地、生产绿地、道路绿地和风景林地面积。不包括:

1、屋顶绿化、垂直绿化、阳台绿化和室内绿化。

2、以物质生产为主的林地、耕地、牧草地、果园和竹园等。

3、城市总体规划中不列入绿地的水域。

公园绿地 指向公众开放的、以游憩为主要功能,有一定的游憩设施和服务设施,同时兼有健全生态、美化景观、防灾减灾等综合作用的绿化用地。

工业废水排放量 指经过企业厂区所有排放口排到企业外部的工业废水量。包括生产废水、外排的直接冷却水、超标排放的矿井地下水和与工业废水混排的厂区生活污水,不包括外排的间接冷却水(清污不分流的间接冷却水应计算在内）。

工业废水排放达标量 指各项指标都达到国家或地方排放标准的外排工业废水量，包括未经处理外排达标和经过处理后外排达标两部分。

工业废水处理量 指报告期内各种水治理设施实际处理的工业废水量，包括处理后外排和处理后回用的工业废水量和虽经处理但未达到国家或地方排放标准的废水量。如车间和厂排放口均有治理设施，并对同一废水分级处理时，不应重复计算工业废水处理量。

工业废气排放量 指企业厂区内燃料燃烧和生产工艺过程中产生的各种排入空气的含有污染物的气体总量，按标准状态〔273K，101325Pa〕计算。

工业二氧化硫排放量 指企业在燃料燃烧和生产工艺过程中排入大气的二氧化硫数量。

工业烟尘排放量指企业厂区内燃料燃烧产生的烟气中夹带的颗粒物数量。

工业粉尘排放量 指企业在生产工艺过程中排放的颗粒物重量，如钢铁企业的耐火材料粉尘、焦化企业的筛焦系统粉尘、烧结机的粉尘、石灰窑的粉尘、建材企业的水泥粉尘等。不包括电厂排入大气的烟尘。

工业固体废物产生量 指企业在生产过程中产生的固体状、半固体状和高浓度液体状废弃物的总量，包括危险废物、冶炼废渣、粉煤灰、炉渣、煤矸石、尾矿、放射性废物和其他废物等；不包括矿山开采的剥离废石和掘进废石（煤矸石和呈酸性或碱性的废石除外）。酸性或碱性废石指采掘的废石其流经水、雨淋水的 pH 值小于 4 或 pH 值大于 10.5 者。

工业固体废物处置量 指将固体废物焚烧或者最终置于符合环境保护规定要求的场所，并不再回取的工业固体废物量（包括当年处置往年的工业固体废物累计贮存量）。处置方法有填埋（其中危险废物应安全填埋）、焚烧、专业贮存场（库）封场处理、深层灌注、回填矿井等。

工业固体废物排放量 指将所产生的固体废物排到固体废物污染防治设施、场所以外的数量，不包括矿山开采的剥离废石和掘进废石（煤矸石和呈酸性或碱性的废石除外）。

（十七）分区社会经济

CHAPTER 17
SOCIAL ECONOMY BY DISTRICT AND COUNTY

表17—1　分区户籍人口及构成(2013年末)

计量单位:人

地　　区	总人口	按性别分		性别比例(以女性为100)
		男	女	
全　　市	6430882	3229015	3201867	100.85
玄　武	501848	255954	245894	104.09
秦　淮	709878	352198	357680	98.47
建　邺	276494	137559	138935	99.01
鼓　楼	939381	472098	467283	101.03
浦　口	610889	305651	305238	100.14
栖　霞	436522	218985	217537	100.67
雨花台	243660	126208	117452	107.45
江　宁	956238	471664	484574	97.34
六　合	897361	451056	446305	101.06
溧　水	423330	214522	208808	102.74
高　淳	435281	223120	212161	105.17

注:本表户籍资料根据市公安局提供的数据编制。

表 17—2　分区年末户数(2013 年末)

计量单位:户

地　　区	2013 年	比上年增加
全　　市	2180380	36204
玄　武	143987	929
秦　淮	260757	-602
建　邺	99376	4114
鼓　楼	308479	2061
浦　口	202848	7052
栖　霞	147614	2916
雨花台	86931	2666
江　宁	336703	7952
六　合	291874	2078
溧　水	149940	5484
高　淳	151871	1554

注:本表户籍资料根据市公安局提供的数据编制。

表 17—3　分区年末常住人口

计量单位:万人

地　　区	2013 年	2012 年	2013 年为上年%
全　　市	818.78	816.10	100.33
玄　武	66.05	65.99	100.09
秦　淮	103.48	41.83	100.27
建　邺	44.68	44.29	100.88
鼓　楼	129.22	83.93	100.15
浦　口	72.87	72.49	100.52
栖　霞	66.41	66.26	100.23
雨花台	41.58	41.30	100.65
江　宁	117.86	117.26	100.51
六　合	92.64	92.50	100.15
溧　水	41.95	41.86	100.22
高　淳	42.04	41.91	100.31

注:本表根据全市人口抽样调查数据推算。

表17—4　分区人口出生与死亡(2013年)

计量单位:人、‰

地　区	出生		死亡		自然增长	
	人数	出生率	人数	死亡率	人数	增长率
全　市	63954	9.98	36955	5.77	26999	4.21
玄　武	3663	7.26	2070	4.10	1593	3.16
秦　淮	5866	8.24	4628	6.50	1238	1.74
建　邺	3182	11.79	1381	5.12	1801	6.67
鼓　楼	6915	7.34	5120	5.43	1795	1.91
浦　口	7435	12.33	3204	5.31	4231	7.02
栖　霞	3949	9.10	2253	5.19	1696	3.91
雨花台	2798	11.63	1217	5.06	1581	6.57
江　宁	11771	12.38	5302	5.57	6469	6.81
六　合	8563	9.57	5773	6.45	2790	3.12
溧　水	5221	12.40	2805	6.66	2416	5.74
高　淳	4591	10.58	3202	7.38	1389	3.20

注:本表户籍资料根据市公安局提供的数据编制。

表17—5　分区计划生育情况（2013年）

计量单位：人

地　　区	出生人数	一孩	二孩	三孩及三孩以上	计划内生育
全　　市	47226	42768	4392	66	47097
玄　武	2953	2810	143	0	2948
秦　淮	5463	5177	281	5	5455
建　邺	2440	2312	123	5	2440
鼓　楼	5068	4875	191	2	5065
浦　口	6284	5889	391	4	6274
栖　霞	2784	2679	105	0	2777
雨花台	2407	2234	172	1	2397
江　宁	8246	7358	868	20	8194
六　合	6356	5654	690	12	6337
溧　水	2459	1852	600	7	2444
高　淳	2766	1928	828	10	2766

注：本表数据由市人口和计划生育委员会提供。

表17—6 分区婚姻登记情况(2013年)

地 区	内地居民登记结婚对数(对)	内地居民再婚人数(对)	内地居民准予登记离婚对数(对)
全 市	83808	19605	37931
玄 武	8665	1751	3655
秦 淮	7711	2399	4951
建 邺	3988	1488	2993
鼓 楼	12249	3488	7433
浦 口	7911	1718	4280
栖 霞	5375	1554	2705
雨花台	3516	850	1687
江 宁	11753	2578	4182
六 合	12350	2031	3671
溧 水	5785	1002	1415
高 淳	4505	746	959

注:本表数据由市民政局提供。

表 17—7 分区地区生产总值(在地口径)(2013 年)

计量单位:亿元

地 区	地区生产总值	第一产业增加值	第二产业增加值	第三产业增加值
玄 武	596.28		44.47	551.81
秦 淮	733.47	0.01	76.44	657.02
建 邺	387.85	0.36	209.07	178.42
鼓 楼	948.45		91.12	857.33
浦 口	597.99	33.96	312.46	251.57
栖 霞	1058.86	6.65	764.36	287.85
雨花台	359.83	0.31	142.73	216.79
江 宁	1154.49	48.19	605.70	500.60
六 合	881.63	49.04	581.67	250.92
溧 水	450.70	32.62	250.21	167.87
高 淳	441.75	33.32	222.27	186.16

表17—8 分区地区生产总值(评价口径)(2013年)

计量单位:亿元

地区	地区生产总值	第一产业增加值	第二产业增加值	#工业增加值	第三产业增加值
玄武	465.79		25.69	11.12	440.10
秦淮	604.53	0.01	71.04	57.46	533.48
建邺	188.58	0.36	39.02	6.28	149.21
鼓楼	791.44		78.94	38.40	712.49
浦口	524.94	33.96	270.75	244.81	220.23
栖霞	685.25	6.65	467.78	428.96	210.81
雨花台	272.25	0.31	92.70	71.53	179.24
江宁	1086.16	48.19	605.70	506.29	432.27
六合	697.25	49.04	433.65	389.83	214.56
溧水	432.41	32.62	250.21	212.97	149.58
高淳	422.61	33.32	222.27	176.32	167.02

表17—9 分区地区生产总值发展速度（评价口径）（2013年）

计量单位：%

地区	地区生产总值	第一产业增加值	第二产业增加值	#工业增加值	第三产业增加值
玄武	111.7		100.0	100.1	112.6
秦淮	111.6	81.1	103.4	108.2	112.8
建邺	111.9	68.0	110.3	104.8	112.5
鼓楼	111.8		106.0	101.9	112.6
浦口	112.7	104.1	113.9	114.2	112.2
栖霞	112.4	94.5	112.6	112.3	112.6
雨花台	111.9	89.7	110.8	106.0	112.8
江宁	112.4	103.8	113.0	111.8	112.3
六合	111.9	104.5	112.7	112.3	112.0
溧水	112.5	104.1	113.6	114.2	112.3
高淳	112.3	103.2	113.7	112.6	112.2

注：本表发展速度按可比价计算。

表17—10　分区私营和个体从业人员(2013年)

计量单位:人

地　　区	私营企业从业人员	个体从业人员
全　　市	1834791	649127
玄　武	126290	40554
秦　淮	225795	101159
建　邺	91542	34499
鼓　楼	191422	79963
浦　口	116414	64317
栖　霞	138721	52471
雨花台	71631	45031
江　宁	252487	114632
六　合	187755	66133
溧　水	108105	29012
高　淳	149886	21356

注:本表数据来自市工商局。

表 17—11　分区公共财政预算收入(2013 年)

计量单位:亿元

地　　区	2013 年	2013 年为上年%
全　　市	831.31	113.4
玄　武	42.87	108.1
秦　淮	56.28	110.1
建　邺	63.29	109.9
鼓　楼	75.10	103.1
浦　口	75.37	114.9
栖　霞	68.85	120.3
雨花台	44.47	118.4
江　宁	156.37	114.0
六　合	62.72	98.9
溧　水	35.40	121.2
高　淳	25.52	116.4

注:本表数据由市财政局提供。

表17—12　分区城镇居民人均可支配收入(2013年)

计量单位:元

地　区	2013年	2013年为上年%
玄　武	42277	109.5
秦　淮	38880	109.5
建　邺	36906	110.0
鼓　楼	41385	109.6
浦　口	37104	109.5
栖　霞	36911	109.6
雨花台	36526	109.9
江　宁	38222	109.3
六　合	36381	109.6
溧　水	34686	109.8
高　淳	36137	109.4

表17—13　农村经济概况(2013年)

指　标	全　市	其中		
		浦口	栖霞	雨花台
一、基本情况				
镇数(个)	18			
村民委员会数(个)	335	31	30	0
总人口(万人)	643.09	61.09	43.65	24.37
#乡村人口(万人)	203.50	23.09	7.68	2.54
乡村总户数(万户)	64.18	7.27	2.81	0.95
年末乡村从业人员(万人)	120.24	12.03	5.00	1.74
#农林牧渔业从业人员(万人)	26.36	2.02	1.41	0.16
工业从业人数(万人)	36.36	4.14	1.88	0.72
二、农业				
1.生产条件				
有效灌溉面积(千公顷)	189.53			
旱涝保收面积(千公顷)	154.52	21.86	6.99	1.19
受灾面积(千公顷)	3.31			
绝收面积(千公顷)	0.42			
农业机械总动力(万千瓦)	218.08	24.22	5.67	0.80
#排灌机械动力(万千瓦)	67.92	6.74	2.15	0.52
机耕地面积(千公顷)	232.23	20.84	9.28	0.45
化肥施用量(折纯量)(吨)	80486	4059	5388	1799
农药使用量(吨)	1895	34	257	30
地膜使用量(吨)	2598	247	331	18
农村用电量(万千瓦小时)	315259	29480	8811	14809

注:本表受灾面积和绝收面积数据来源于市民政局。

表17—13 续表1

指　标	江宁	六合	溧水	高淳
一、基本情况				
镇数(个)		2	8	8
村民委员会数(个)	72	61	39	102
总人口(万人)	95.62	89.74	42.33	43.53
#乡村人口(万人)	49.07	50.90	31.91	36.60
乡村总户数(万户)	15.74	14.63	10.74	11.41
年末乡村从业人员(万人)	30.30	29.75	18.34	22.34
#农林牧渔业从业人员(万人)	6.16	6.57	3.96	5.80
工业从业人数(万人)	11.23	7.65	5.65	5.02
二、农业				
1、生产条件				
有效灌溉面积(千公顷)				
旱涝保收面积(千公顷)	28.02	51.87	20.13	24.46
受灾面积(千公顷)				
绝收面积(千公顷)				
农业机械总动力(万千瓦)	49.86	55.10	30.85	51.58
#排灌机械动力(万千瓦)	21.79	7.89	17.06	11.76
机耕地面积(千公顷)	45.61	65.67	49.87	40.51
化肥施用量(折纯量)(吨)	10687	29479	10820	18021
农药使用量(吨)	464	347	385	347
地膜使用量(吨)	611	494	408	437
农村用电量(万千瓦小时)	108377	52707	65207	35598

表17—13　续表2

指　标	全　市	其中		
		浦　口	栖　霞	雨花台
2、农作物总播种面积（千公顷）	324.47	37.59	13.89	0.56
粮食	161.35	16.4	6.07	0.14
小麦	48.72	4.75	2.7	
稻谷	94.43	9.04	2.11	0.14
玉米	8.37	0.92	0.89	
大豆	4.43	0.85	0.29	
油菜籽	40.96	4.54	0.54	0.06
棉花	2.87	0.24		
苎麻	0.65			
糖料	0.24	0.02		
蔬菜（含菜用瓜）	87.65	12.83	6.94	0.36
3、农林牧渔业产品产量（吨）				
粮食	1169500	112783	38132	992
小麦	252142	23551	13209	
稻谷	822441	76383	18414	992
玉米	51844	5419	5440	
大豆	11692	2376	713	
油菜籽	99182	11576	1264	100
棉花	4217	394		
苎麻	1569			
糖料	9564	490		
蔬菜（含菜用瓜）	3062417	509152	141088	6165
茶叶	1918	151.1	3	29
园林水果	145135	29683	398	105
猪牛羊肉总产量	72322	15994	565	1038
#猪肉产量	67474	15447	511	1037
牛奶产量	86155	15432	5550	105
水产品产量	221661	42015	4780	1616

表 17—13　续表 3

指　标	江宁	六合	溧水	高淳
2、农作物总播种面积(千公顷)	65.2	99.64	58.53	48.72
粮食	30.93	48.85	34.28	24.68
小麦	7.19	15.20	10.94	7.94
稻谷	21.39	25.96	20.56	15.23
玉米	0.47	4.87	0.72	0.5
大豆	0.72	1.19	0.82	0.56
油菜籽	8.86	11.9	7.77	7.29
棉花	1.03	0.6	0.57	0.43
苎麻	0.15	0.03	0.47	
糖料	0.08		0.12	0.02
蔬菜(含菜用瓜)	17.58	32.00	11.73	5.87
3、农林牧渔业产品产量(吨)				
粮食	241502	343705	247666	184720
小麦	35497	81310	57188	41387
稻谷	193927	219077	177397	136251
玉米	2849	30462	4449	3225
大豆	1869	3142	2164	1428
油菜籽	19747	28929	18648	18918
棉花	1464	837	858	664
苎麻	440	77	1052	
糖料	3807		4607	660
蔬菜(含菜用瓜)	574213	1122026	438675	260834
茶叶	635.6	101	499	500
园林水果	35785	29469	34579	10714
猪牛羊肉总产量	10642.00	24650.00	9966.00	9416.00
#猪肉产量	10111	22367	8964	8986
牛奶产量	44530	16300		
水产品产量	55090	43741	29772	44248

表17—13　续表4

指　标	全　市	其中		
		浦口	栖霞	雨花台
4、农林牧渔及服务业总产值（现价）（万元）	3513124	597935	115113	5521
农业	2052345	335253	93386	2792
林业	36620	8866	886	
牧业	520407	122786	8990	1633
渔业	737894	99450	8206	1096
农林牧渔服务业	165858	31580	3645	
农林牧渔及服务业增加值（现价）（万元）	2046428	339568	66504	3062
三、农民人均收入和支出情况				
（一）农民人均纯收入（元）	16531	16681	18763	18747
1、工资性收入	10552	10243	14321	12916
2、家庭经营收入	4484	5046	2990	450
3、财产性收入	633	638	567	2614
4、转移性收入	862	754	885	2767
（二）农民人均支出（元）	16643			
#生活消费支出	12392	12395	13723	13172
家庭经营支出	5080			
税费支出	—			
购置生产性固定资产	112			
财产性支出	3			
转移性支出	1748			

表17—13　续表5

指　标	江宁	六合	溧水	高淳
4、农林牧渔及服务业总产值(现价)(万元)	816536	832059	555865	577376
农业	497860	545440	343550	227837
林业	5803	11062	4340	5663
牧业	102290	132440	80950	64995
渔业	182946	113767	86025	246235
农林牧渔服务业	27637	29350	41000	32646
农林牧渔及服务业增加值(现价)(万元)	481922	490406	326240	333190
三、农民人均收入和支出情况				
(一)农民人均纯收入(元)	16820	16063	16065	16565
1、工资性收入	11828	10776	9020	8771
2、家庭经营收入	3446	3983	5686	5982
3、财产性收入	783	511	225	911
4、转移性收入	762	793	1134	901
(二)农民人均支出(元)				
#生活消费支出	12987	12344	12082	12221
家庭经营支出				
税费支出				
购置生产性固定资产				
财产性支出				
转移性支出				

表17—14 分区规模以上工业产销情况（2013年）

地　区	企业单位数（个）	工业总产值（千元）	工业销售产值（千元）	工业产销率（%）
全　市	2783	1256309319	1242722946	98.92
玄　武	15	3912627	3935252	100.58
秦　淮	47	17581598	17410698	99.03
建　邺	10	2543465	2448780	96.28
鼓　楼	34	13468286	13950677	103.58
浦　口	351	115103992	112977628	98.15
栖　霞	259	237577234	234144537	98.56
雨花台	107	20624743	20444046	99.12
江　宁	695	253396525	251515710	99.26
六　合	493	148830395	145500474	97.76
溧　水	446	79713210	78319895	98.25
高　淳	312	71488206	70107308	98.07

表17—15 分区规模以上工业企业主要经济指标(2013年)

计量单位:千元

地区	企业单位数(个)	#亏损企业	工业总产值
全市	2783	452	1256309319
玄武	15	1	3912627
秦淮	47	12	17581598
建邺	10	3	2543465
鼓楼	34	4	13468286
浦口	351	26	115103992
栖霞	259	86	237577234
雨花台	107	29	20624743
江宁	695	174	253396525
六合	493	68	148830395
溧水	446	43	79713210
高淳	312	5	71488206

表 17—15　续表 1

指　标	资产总计	流动资产	固定资产原价	累计折旧	负债	流动负债
全　市	941567036	501040852	475728907	197590650	545260404	461013370
玄　武	5646511	2251609	3272547	874498	2985534	2638294
秦　淮	22740108	12101392	6688564	1765497	12524887	9846526
建　邺	9116487	2005199	539748	263469	6030317	3621343
鼓　楼	26198818	20288689	4826597	2085845	17064781	16173370
浦　口	85496279	54476300	35371175	15016811	46510025	41002159
栖　霞	133979740	66234010	73070151	26063445	79199640	58343631
雨花台	20941740	14307194	9907533	5245263	13638199	12678944
江　宁	202154252	138561332	65499963	23828936	117050548	106549467
六　合	127948731	50028538	95064521	36686669	74148284	55138244
溧　水	42220837	21459335	21843186	7320565	23697918	21867823
高　淳	35518915	19531613	16133270	6766800	21123612	18372768

表17—15　续表2

地　　区	主营业务收入	主营业务税金及附加	利税总额	盈亏相抵后利润总额	从业人员平均人数(人)
全　　市	1242520535	32538691	178917378	97910442	797064
玄　武	3422615	11363	481590	384386	4112
秦　淮	17975490	78773	1864094	800968	14893
建　邺	2370986	9536	421963	336666	2920
鼓　楼	15226353	82136	1235236	584326	16701
浦　口	113363165	517997	16081214	10881935	78600
栖　霞	242129745	408937	31854046	25654095	105646
雨花台	21202233	118552	2340128	1349926	21780
江　宁	219470949	4512217	38918918	26614406	194013
六　合	144731526	754237	12579624	7533585	122892
溧　水	78839582	695032	13422136	9092996	71069
高　淳	72418708	269615	8526419	5346542	83715

表 17—16　分区全社会固定资产投资(2013 年)

计量单位:亿元

地　区	全社会固定资产投资	#工业投资	#房地产开发投资
全　市	5265.55	2509.4	1015.8
玄　武	108.99	8.69	40.59
秦　淮	184.89	18.09	89.45
建　邺	345.04	6.22	148.80
鼓　楼	229.79	2.84	128.28
浦　口	735.26	398.1	138.07
栖　霞	407.80	254.35	82.25
雨花台	255.29	32.30	86.11
江　宁	880.51	512.37	119.93
六　合	681.89	490.17	77.90
溧　水	427.53	367.71	35.56
高　淳	356.29	258.00	35.43

表17—17　分区社会消费品零售总额(2013年)

计量单位:亿元

地　　区	2013年	2013年为上年%
全　　市	3504.17	113.8
玄　武	384.16	115.0
秦　淮	755.25	115.0
建　邺	138.61	116.0
鼓　楼	631.54	115.1
浦　口	187.20	116.2
栖　霞	171.74	116.0
雨花台	213.14	116.1
江　宁	332.09	116.1
六　合	271.07	115.3
溧　水	123.17	116.0
高　淳	135.54	114.8

表17—18　分区出口总额(按经营单位口径)(2013年)

计量单位:万美元

地　区	2013年	2013年为上年%
全　市	3226603	101.1
玄　武	207092	105.2
秦　淮	636644	91.5
建　邺	54521	111.9
鼓　楼	344130	93.7
浦　口	137068	100.5
栖　霞	648533	105
雨花台	227113	111.9
江　宁	660280	105.3
六　合	138058	128.1
溧　水	24566	77.6
高　淳	37414	109.6

注:本表数据由市商务局提供。

表17—19 分区新批三资企业数(2013年)

计量单位:个

地 区	2013年	2013年为上年%
全 市	336	72.9
玄 武	9	37.5
秦 淮	24	60.0
建 邺	24	100.0
鼓 楼	26	70.2
浦 口	36	72.0
栖 霞	49	122.5
雨花台	17	77.3
江 宁	86	64.6
六 合	11	37.9
溧 水	26	81.2
高 淳	19	86.4

注:本表数据由市投资促进委员会提供。

表 17—20　分区实际使用外资(2013 年)

计量单位:万美元

地　　区	2013 年	2013 年为上年%
全　市	403262	98.1
玄　武	15220	115.5
秦　淮	25821	98.6
建　邺	35108	115.1
鼓　楼	16834	58.2
浦　口	41522	93.4
栖　霞	98603	131.4
雨花台	16236	115.7
江　宁	84949	84.7
六　合	40234	70.3
溧　水	18057	119.8
高　淳	11072	136.9

注:本表数据由市投资促进委员会提供。

表17—21 分区对外承包劳务实际完成营业额(2013年)

计量单位:万美元

地 区	2013年	2013年为上年%
玄 武	105	—
秦 淮	11532	272.2
建 邺	330	106.8
鼓 楼	11157	90.0
浦 口	13855	123.9
栖 霞	22334	148.1
雨花台	2223	66.4
江 宁	45565	80.7
六 合	7431	111.9
溧 水	2650	85.5
高 淳	100	—

注:本表数据由市商务局提供。

表 17—22 中小学、幼儿园分区学校数（2013 年）

计量单位：所

地　区	普通中学		小　学	幼儿园
	完中及高中	初中		
全　市	55	163	339	564
玄　武	6	10	23	38
秦　淮	7	11	40	69
建　邺	4	8	16	38
鼓　楼	8	16	46	83
浦　口	3	22	35	59
栖　霞	4	11	30	52
雨花台	4	6	15	37
江　宁	7	26	30	73
六　合	5	27	50	59
溧　水	3	15	25	30
高　淳	4	11	29	26

注：本表数据由市教育局提供。

表 17—23　中小学、幼儿园分区在校学生数(2013 年)

计量单位:人

地　区	普通中学		小　学	幼儿园
	完中及高中	初中		
全　市	808045	143411	321365	175511
玄　武	8269	13043	21102	10871
秦　淮	8827	14045	32670	17806
建　邺	4347	7689	14468	10204
鼓　楼	13167	19946	48548	23082
浦　口	5093	12435	30712	18063
栖　霞	3266	8697	23428	15788
雨花台	3730	8341	16699	11308
江　宁	12515	21906	55504	28774
六　合	9170	19210	40106	18327
溧　水	6234	9250	19302	11447
高　淳	6227	8849	18826	9841

注:本表数据由市教育局提供,其中浦口区、六合区数据含小学附设幼儿班。

表17—24　中小学、幼儿园分区专任教师数(2013年)

计量单位:人

地　　区	普通中学	小学	幼儿园
全　　市	22361	20761	11647
玄　武	1799	1412	829
秦　淮	2391	2220	1351
建　邺	1197	1152	774
鼓　楼	3172	3172	1730
浦　口	1891	2012	1186
栖　霞	1446	1601	1011
雨花台	1045	1028	780
江　宁	3561	3070	1865
六　合	2884	2635	1052
溧　水	1583	1131	560
高　淳	1392	1328	509

注:本表数据由市教育局提供。

表 17—25　分区公共文化设施数(2013 年)

计量单位:个

地　　区	图书馆	艺术表演场所	群艺馆和文化馆	文化站	博物馆	艺术展览(美术馆)	文化宫、青少年宫、科技馆等
全　市	15	12	14	100	50	3	16
玄　武	2	4	3	7	15	1	1
秦　淮	1	3	1	12	7	2	2
建　邺	2	0	1	6	3	0	3
鼓　楼	1	2	1	13	9	0	3
浦　口	1	0	1	9	1	0	1
栖　霞	1	0	1	9	1	0	1
雨花台	1	0	1	6	5	0	2
江　宁	1	1	1	10	4	0	0
六　合	2	1	2	12	3	0	1
溧　水	2	1	1	8	1	0	1
高　淳	1	0	1	8	1	0	1

注:本表数据由市文广新局提供。

表17—26　分区卫生机构情况(2013年)

计量单位:个

地区	机构数	医院	疾病预防控制中心(防疫站)	社区卫生服务中心、卫生院	妇幼保健所(站)
总　计	2315	186	18	143	13
玄　武	196	16	2	11	1
秦　淮	279	36	1	14	1
建　邺	93	6	1	7	1
鼓　楼	317	33	5	17	2
浦　口	205	17	1	12	1
栖　霞	189	17	1	10	1
雨花台	81	9	1	6	1
江　宁	378	22	1	23	1
六　合	294	9	3	21	2
溧　水	118	4	1	12	1
高　淳	165	17	1	10	1

注:本表数据由市卫生局提供。

表17—27　分区卫生机构床位和人员情况(2013年)

地　区	床位数(张)	卫生人员(人)	执业医师和助理医师(人)	注册护士(人)
总　计	41760	70616	20662	25413
玄　武	2868	6098	1919	1908
秦　淮	7353	12456	3631	4775
建　邺	1808	3208	889	998
鼓　楼	13325	22943	6428	9262
浦　口	2108	4014	1171	1333
栖　霞	1976	3497	1197	1166
雨花台	1041	1941	606	629
江　宁	5033	6309	1981	2064
六　合	3231	5553	1587	1823
溧　水	1265	2004	589	610
高　淳	1752	2593	664	845

注:本表数据由市卫生局提供。

表17—28　分区参加农村合作医疗情况

计量单位:万人

地　区	参加农村合作医疗的人数	
	2013年	2012年
全　市	175.28	169.85
玄　武	—	—
秦　淮	—	—
建　邺	—	—
鼓　楼	—	—
浦　口	22.41	17.66
栖　霞	3.76	3.89
雨花台	1.75	1.91
江　宁	41.55	40.95
六　合	46.35	46.65
溧　水	25.98	26.01
高　淳	33.48	32.78

注:本表数据由市卫生局提供。

表17—29　分区社会福利单位、床位和社区服务设施基本情况(2013年)

地　区	社会福利收养性单位数(个)	社会福利收养性单位床位数(张)	社区服务设施数(个)
全　市	299	45372	2002
市本级	4	6250	0
玄　武	26	2861	182
秦　淮	57	5645	121
建　邺	17	1619	90
鼓　楼	54	5878	133
浦　口	21	2874	215
栖　霞	23	2470	352
雨花台	16	1699	144
江　宁	29	5082	209
六　合	31	4523	153
溧　水	10	2786	102
高　淳	11	3685	301

注:本表数据由市民政局提供。

（十八）附录

CHAPTER 18 APPENDIX

表18—1 2013年度(第十三届)综合实力“二十强镇及涉农街道”排名

序 号	单位名称
01	江宁区东山街道
02	浦口区泰山街道
03	浦口区江浦街道
04	江宁区秣陵街道
05	江宁区汤山街道
06	溧水区永阳镇
07	江宁区禄口街道
08	高淳区淳溪镇
09	六合区雄州街道
10	栖霞区栖霞街道
11	江宁区横溪街道
12	浦口区沿江街道
13	栖霞区尧化街道
14	栖霞区迈皋桥街道
15	栖霞区燕子矶街道
16	六合区葛塘街道
17	江宁区江宁街道
18	江宁区麒麟街道
19	江宁区湖熟街道
20	江宁区淳化街道

表18—2 2013年度(第十九届)综合实力“百强村”排名

序　号	单位名称	序　号	单位名称
001	高淳县古柏镇武家嘴村	026	溧水县洪蓝镇傅家边村
002	江宁区东山街道中前村	027	栖霞区栖霞街道新合村村
003	江宁区麒麟街道锁石村	028	江宁区汤山街道孟墓村
004	浦口区泰山街道桥北社区	029	江宁区汤山街道高庄村
005	江宁区汤山街道上峰村	030	六合区雄州街道钱仓社区
006	江宁区禄口街道彭福村	031	江宁区横溪街道西阳村
007	江宁区东山街道章村社区	032	江宁区江宁街道南山湖村
008	浦口区沿江街道冯墙社区	033	江宁区东山街道高桥村
009	栖霞区迈皋桥街道迈皋桥社区	034	江宁区横溪街道甘泉湖村
010	江宁区麒麟街道麒麟门村	035	高淳县桠溪镇桥李村
011	高淳县淳溪镇西舍村	036	江宁区汤山街道作厂村
012	江宁区汤山街道古泉村	037	江宁区东山街道上坊村
013	高淳县东坝镇红松村	038	江宁区麒麟街道泉水村
014	栖霞区迈皋桥街道万寿村	039	溧水县洪蓝镇西旺村
015	江宁区横溪街道西岗村	040	六合区葛塘街道中山社区
016	高淳县阳江镇东湖村	041	浦口区顶山街道吉庆社区
017	栖霞区尧化街道尧胜村	042	江宁区麒麟街道晨光村
018	高淳县淳溪镇宝塔村	043	溧水县和凤镇张家村
019	栖霞区栖霞街道石埠桥村	044	浦口区沿江街道复兴社区
020	栖霞区迈皋桥街道兴卫村	045	江宁区麒麟街道麒麟铺村
021	浦口区江浦街道团结社区	046	栖霞区尧化街道王子楼
022	栖霞区迈皋桥街道奋斗村	047	江宁区东山街道泥塘村
023	溧水县白马镇石头寨村	048	浦口区永宁镇侯冲村
024	江宁区禄口街道石埝村	049	江宁区湖熟街道湖熟村
025	浦口区沿江街道京新社区	050	高淳县淳溪镇八字角村

表 18—2　续表

序　号	单位名称	序　号	单位名称
051	江宁区麒麟街道建南村	076	高淳区东坝镇和睦涧村
052	江宁区淳化街道青龙村	077	江宁区江宁街道朱门村
053	溧水县和凤镇沙塘庵村	078	江宁区禄口街道尚洪村
054	六合区雄州街道高余社区	079	浦口区桥林街道滨江社区
055	高淳县桠溪镇蓝溪村	080	江宁区汤山街道汤山村
056	浦口区泰山街道天景社区	081	江宁区汤山街道鹤龄村
057	雨花台区板桥街道三山村	082	江宁区麒麟街道东流村
058	溧水县晶桥镇芝山村	083	高淳区固城镇蒋山村
059	六合区横梁街道石庙社区	084	溧水区石湫镇光明村
060	江宁区淳化街道青山村	085	江宁区横溪街道石塘村
061	江宁区谷里街道谷里村	086	江宁区横溪街道陶吴村
062	江宁区横溪街道横溪村	087	高淳区东坝镇傅家坛村
063	浦口区泰山街道花旗村	088	高淳区淳溪镇王村
064	江宁区汤山街道建设村	089	溧水区石湫镇明觉村
065	江宁区麒麟街道袁家边村	090	浦口区江浦街道高旺社区
066	浦口区江浦街道白马社区	091	浦口区顶山街道石佛社区
067	江宁区秣陵街道东旺社区	092	高淳区漆桥镇茅山村
068	六合区雄州街道冶浦社区	093	浦口区盘城街道盘城村
069	江宁区秣陵街道祖堂社区	094	江宁区湖熟街道金桥村
070	浦口区江浦街道老虎桥社区	095	浦口区桥林街道西山社区
071	江宁区湖熟街道和进村	096	高淳区砖墙镇四园村
072	浦口区江浦街道华光社区	097	六合区葛塘街道工农社区
073	浦口区盘城街道老幼岗社区	098	浦口区沿江街道新化社区
074	江宁区淳化街道周郎村	099	江宁区秣陵街道牛首村
075	雨花台区板桥街道孙家村	100	浦口区桥林街道林蒲社区

表18—3 2013年大中型工业企业名单

企业名称	规模	企业名称	规模
中国石化股份有限公司金陵分公司	大型	南京中联混凝土有限公司	大型
中国石化扬子石油化工有限公司	大型	江苏华瑞国际实业集团有限公司	大型
南京钢铁集团有限公司	大型	中国长江航运集团金陵船厂	大型
乐金显示(南京)有限公司	大型	南京汽轮电机(集团)有限责任公司	大型
南京夏普电子有限公司	大型	华宝通讯(南京)有限公司	大型
上海梅山钢铁股份有限公司	大型	江苏奥赛康药业股份有限公司	大型
扬子石化-巴斯夫有限责任公司	大型	江苏奕淳武家嘴船舶重工有限公司	大型
南京汽车集团有限公司	大型	南京喜之郎食品有限公司	大型
江苏中烟工业有限责任公司南京卷烟厂	大型	南京顶益食品有限公司	大型
红太阳集团有限公司	大型	南京南车浦镇城轨车辆有限责任公司	大型
南京爱立信熊猫通信有限公司	大型	南京锦湖轮胎有限公司	大型
东华汽车实业有限公司	大型	南京南瑞继保电气有限公司	大型
南京中电熊猫液晶显示科技有限公司	大型	南京创维电器科技有限公司	大型
长安马自达汽车有限公司	大型	南京奥托立夫汽车安全系统有限公司	大型
乐金化学(南京)信息电子材料有限公司	大型	南京中萃食品有限公司	大型
喜星电子(南京)有限公司	大型	南京雨润食品有限公司	大型
统宝光电(南京)有限公司	大型	南京卫岗乳业有限公司	大型
熊猫电子集团有限公司	大型	南京造币有限公司	大型
中国石化集团南京化学工业有限公司	大型	南京化纤股份有限公司	大型
国电南瑞科技股份有限公司	大型	南京威迩德汽车零部件有限公司	大型
南车南京浦镇车辆有限公司	大型	汉佰(南京)纺织品有限公司	大型
博西华电器(江苏)有限公司	大型	南京景鹰制衣有限公司	大型
南京大吉铁塔制造有限公司	大型	南京港华燃气有限公司	大型
国睿集团有限公司	大型	中电电气(南京)光伏有限公司	大型
南京乐金熊猫电器有限公司	大型	南京德朔实业有限公司	大型
南京长安汽车有限公司	大型	南京东嘉船舶制造有限公司	大型
南京南瑞集团公司	大型	可隆(南京)特种纺织品有限公司	大型
国电南京自动化股份有限公司	大型	南京莱斯康电子有限公司	大型
瑞仪光电(南京)有限公司	大型	中国水泥厂有限公司	大型
中国石化集团金陵石油化工有限责任公司	大型	南京正大天晴制药有限公司	大型
南京高速齿轮制造有限公司	大型	江苏中圣高科技产业有限公司	大型
南京红宝丽股份有限公司	大型	代傲电子控制(南京)有限公司	大型
长安福特马自达发动机有限公司	大型	南京中建化工设备制造有限公司	大型
南京云海特种金属股份有限公司	大型	南京康尼机电股份有限公司	大型
艾欧史密斯(中国)热水器有限公司	大型	南京中德保护控制系统有限公司	大型
南京医药产业(集团)有限责任公司	大型	英华达(南京)科技有限公司	大型
金城集团有限公司	大型	南京永华船业有限公司	大型
中国石化集团资产经营管理有限公司扬子石化分公司	大型	南京法伯耳纺织有限公司	大型

表 18—3　续表 1

企业名称	规模	企业名称	规模
伟创力（南京）科技有限公司	大型	塞拉尼斯（南京）多元化工有限公司	中型
南京昊天制衣有限公司	大型	南京溧水精诚电工材料有限公司	中型
南京金石磊交通工程材料有限公司	大型	南京沙塘庵粮油实业有限公司	中型
南京威孚金宁有限公司	大型	南京天嘉服装有限公司	中型
南京华东电子信息科技股份有限公司	大型	南京国电南自电网自动化有限公司	中型
南京金箔集团有限责任公司	大型	西门子数控（南京）有限公司	中型
南京圣迪奥时装有限公司	大型	德纳（南京）化工有限公司	中型
南京阳江龙程船业有限公司	大型	南京徐工汽车制造有限公司	中型
南京水务集团有限公司	大型	兰精（南京）纤维有限公司	中型
博世汽车部件（南京）有限公司	大型	南京奥特佳冷机有限公司	中型
南京京滨化油器有限公司	大型	南京中脉科技发展有限公司	中型
南京劳伦斯制衣有限公司	大型	江苏苏博特新材料股份有限公司	中型
华润雪花啤酒（南京）有限公司	大型	南京圣和药业有限公司	中型
江苏高淳陶瓷股份有限公司	大型	南京天加空调设备有限公司	中型
溢泰（南京）环保科技有限公司	大型	南京金浦锦湖化工有限公司	中型
南京鹏力塑料科技有限公司	大型	南京华润热电有限公司	中型
南京 LG 新港显示有限公司	中型	华能国际电力股份有限公司南京电厂	中型
东光光电（南京）有限公司	中型	南京卓成电工材料有限公司	中型
华能南京金陵发电有限公司	中型	南京化学工业园热电有限公司	中型
南京南瑞继保工程技术有限公司	中型	阿特拉斯科普柯（南京）建筑矿山设备有限公司	中型
南京先声东元制药有限公司	中型	南京宁新普迪混凝土有限公司	中型
瀚斯宝丽显示科技（南京）有限公司	中型	南京扬子石化金浦橡胶有限公司	中型
南京立业电力变压器有限公司	中型	南京金永泰电器有限公司	中型
南京瀚宇彩欣科技有限责任公司	中型	江苏双龙集团有限公司	中型
南京帝斯曼东方化工有限公司	中型	江苏南瑞帕威尔电气有限公司	中型
南京炼油厂有限责任公司	中型	江苏钟山化工有限公司	中型
仕达利恩（南京）光电有限公司	中型	南京天润服装有限公司	中型
南京延锋江森座椅有限公司	中型	南京小洋人生物科技发展有限公司	中型
东爵有机硅（南京）有限公司	中型	南京际华三五 0 三服装有限公司	中型
南京长江给排水管道有限责任公司	中型	南京华润燃气有限公司	中型
大唐南京发电厂	中型	江苏华瑞服装有限公司	中型
江苏南热发电有限责任公司	中型	海信（南京）电器有限公司	中型
南京宝庆首饰总公司	中型	南京古都电工材料有限公司	中型
江苏雨花钢铁有限公司	中型	南京龙源环保有限公司	中型
惠生（南京）清洁能源股份有限公司	中型	艾默生过程控制流量技术有限公司	中型
南京普天通信股份有限公司	中型	九康生物科技发展有限责任公司	中型
南京汇众汽车底盘系统有限公司	中型	南京绿叶思科药业有限公司	中型
江苏辉伦太阳能科技有限公司	中型	中材科技股份有限公司	中型

表18—3　续表2

企业名称	规模	企业名称	规模
赛莱默(南京)有限公司	中型	南京深宁磁电有限公司	中型
养志电子(南京)有限公司	中型	南京中燃城市燃气发展有限公司	中型
南京远望富硒农产品有限公司	中型	南京联塑科技实业有限公司	中型
南京菲时特实业有限公司	中型	翰林泰科电子(南京)有限公司	中型
南京金腾橡塑有限公司	中型	中国能源建设集团南京线路器材厂	中型
午和(南京)塑业有限公司	中型	南京尼玛克铸铝有限公司	中型
南京西普水泥工程集团有限公司	中型	南京惠宇农化有限公司	中型
南京江标集团有限责任公司	中型	南京江宁水务集团有限公司	中型
江苏金智科技股份有限公司	中型	南京创维平面显示科技有限公司	中型
三韩电子(南京)有限公司	中型	南京飞瑞服装有限公司	中型
南京梅林金属制品有限公司	中型	江苏无线电厂有限公司	中型
南京贝斯特机械制造有限公司	中型	菲尼克斯亚太电气(南京)有限公司	中型
南京钛白化工有限责任公司	中型	南京航塔旅游用品股份有限公司	中型
南京佳和日化有限公司	中型	江苏宏源电气有限责任公司	中型
南京老山药业股份有限公司	中型	南京宝色股份公司	中型
南京汽车变速箱有限公司	中型	南京麒麟分析仪器有限公司	中型
江苏长龙汽车配件制造有限公司	中型	南京百事可乐饮料有限公司	中型
南京高精齿轮集团有限公司	中型	江苏苏美达制衣有限公司	中型
南京三兄羽绒服装有限公司	中型	南京固柏橡塑制品有限公司	中型
南京浦镇海泰制动设备有限公司	中型	江苏开元食品科技有限公司	中型
南京金榜麒麟床具有限公司	中型	南京顶正包材有限公司	中型
江苏欧兰特新材料股份有限公司	中型	法雷奥汽车自动传动系统(南京)有限公司	中型
江苏金陵机械制造总厂	中型	南京德维鑫服装有限公司	中型
南京海龙干粉建材科技有限公司	中型	布雷博(南京)制动系统有限公司	中型
南京中联水泥有限公司	中型	弓箭玻璃器皿(南京)有限公司	中型
南京高宁锻造法兰厂	中型	南京莱斯信息技术股份有限公司	中型
中电电气(南京)新能源有限公司	中型	南京神柏远东化工有限公司	中型
南京电气(集团)有限责任公司	中型	南京际华三五二一特种装备有限公司	中型
大唐南京环保科技有限责任公司	中型	南京港口机械厂	中型
江苏龙蟠石化有限公司	中型	南京华脉科技有限公司	中型
南京聚隆科技股份有限公司	中型	航天晨光股份有限公司化工机械公司	中型
南京大全电气有限公司	中型	江苏齐越铜业有限公司	中型
南京协众汽车空调集团有限公司	中型	南京福运润奇船舶工程有限公司	中型
南京胜捷电机制造有限公司	中型	高淳县东艺制衣有限公司	中型
江苏敖广日化集团股份有限公司	中型	南京新联电子股份有限公司	中型
小原(南京)机电有限公司	中型	南京帅丰饲料有限公司	中型
南京消防器材股份有限公司	中型	江苏盛南服装有限公司	中型
南京承佑树脂有限公司	中型	扬子江药业集团南京海陵药业有限公司	中型

表18—3　续表3

企业名称	规模	企业名称	规模
江苏中旗作物保护股份有限公司	中型	南京长城服装有限公司	中型
金城化学（江苏）有限公司	中型	霍尼韦尔传感控制（中国）有限公司	中型
南京双京电器集团有限公司	中型	南京键特服饰有限公司	中型
南京美华羽绒制品有限公司羽绒制品厂	中型	南京迪威尔高端制造股份有限公司	中型
维格娜丝时装股份有限公司	中型	江苏苏美达家纺实业有限公司	中型
南京协力电子科技集团有限公司	中型	南京音飞储存设备股份有限公司	中型
南京栖霞化工有限公司	中型	南京胜利体育用品实业有限公司	中型
南京中大金陵双层客车制造有限公司	中型	六合县志诚制衣厂	中型
南京鑫鼎服装有限公司	中型	南京白象食品有限公司	中型
南京东润特种橡塑有限公司	中型	南京高乐玩具有限公司	中型
南京中电熊猫照明有限公司	中型	南京际华五三零二服饰装具有限责任公司	中型
采埃孚转向泵金城（南京）有限公司	中型	南京江龙制衣厂	中型
南京苏美达动力产品有限公司	中型	南京三业纺织服饰有限公司	中型
南京淳达科技发展有限公司	中型	南京荣诚化工有限公司	中型
南京力聚精密锻造有限公司	中型	艾志工业技术集团有限公司	中型
南京锦源铸造有限公司	中型	南京大全变压器有限公司	中型
南京我乐家居制造有限公司	中型	南京忠信交通设施有限公司	中型
南京上马工艺品有限公司	中型	南京坚泰泡沫塑料包装有限公司	中型
南京控特电机有限公司	中型	精博电子（南京）有限公司	中型
江苏方天电力技术有限公司	中型	南京市第一精细化工公司精细化工厂	中型
南京金岛服装有限公司	中型	南京泉峰汽车精密技术有限公司	中型
江苏长江涂料有限公司	中型	南京昊扬化工装备有取公司	中型
南京金牛机械制造股份有限公司	中型	南京盛宇羽绒制品有限公司	中型
南京涵远服装有限公司	中型	南京嘉雅精细化工有限公司	中型
南京尊龙化工有限公司	中型	南京乐盛玩具礼品有限公司	中型
立丰家庭用品（南京）有限公司	中型	南京苏泉工贸有限公司	中型
南京东亚纺织印染有限公司	中型	南京马波斯自动化设备有限公司	中型
江苏隆达机械设备有限公司	中型	南京乐康工艺品有限公司	中型
南京奥特多旅游用品有限公司	中型	南京华通高发机电设备有限公司	中型
南京多伦科技股份有限公司	中型	南京中盛铁路车辆配件有限公司	中型
中铁十五局集团南京混凝土制品有限公司	中型	高淳县正兴丝织厂	中型
南京兰叶建设集团有限公司	中型	南京新一棉纺织印染有限公司	中型
高淳县金港混凝土有限公司	中型	南京洛普股份有限公司	中型
南京申迪焊接技术有限公司	中型	南京百江液化气有限公司	中型
南京国电南自美卓控制系统有限公司	中型	南京七四二五橡塑有限责任公司	中型
江苏东大集成电路系统工程技术有限公司	中型	南京永弘制衣有限公司	中型
江南一小野田水泥有限公司	中型	高淳县第二机油泵制造有限公司	中型
南京桂花鸭（集团）有限公司	中型	江苏卡思迪莱服饰有限公司	中型

表18—3　续表4

企业名称	规模	企业名称	规模
南京紫江有线电视器件厂	中型	南京双惠服饰有限公司	中型
南京胜茂纺织品有限公司	中型	南京海天轨道车辆装备有限公司	中型
南京福斯特牧业科技有限公司	中型	南京爱德印刷有限公司	中型
南京汉天服饰有限公司	中型	南京梦丽偲纺织品有限公司	中型
璨宇光学(南京)有限公司	中型	南京舒服特服饰鞋业有限公司	中型
江苏三和建设有限公司	中型	南京大全新能源有限公司	中型
南京轻工业机械厂	中型	南京斯迈柯特种金属装备股份有限公司	中型
南京太极宠物用品有限公司	中型	南京银茂铅锌矿业有限公司	中型
南京道鹭建设材料厂	中型	南京美洁轻工机械有限公司	中型
南京华晨玩具有限公司	中型	南京天翔机电有限公司	中型
南京长安玉华机械有限公司	中型	江苏久吾高科技股份有限公司	中型
南京飞燕活塞环股份有限公司	中型	江苏南星药业有限责任公司	中型
光一科技股份有限公司	中型	南京华舜轮毂有限公司	中型
南京搏峰电动工具有限公司	中型	南京东陶有限公司	中型
南京大桥机器有限公司	中型	南京高精船用设备有限公司	中型
南京光明乳品有限公司	中型	晓星住电钢帘线(南京)有限公司	中型
南京宇能仪表有限公司	中型	南京金三力橡塑有限公司	中型
南京雄州染织有限公司	中型	南京华脉健康保健制品厂	中型
南京星乔威泰克汽车零部件有限公司	中型	南京蓝深制泵集团股份有限公司	中型
南京创新机油泵制造有限公司	中型	南京聪龙制衣有限公司	中型
南京新时利制衣有限公司	中型	南京汉德森科技股份有限公司	中型
南京宝泰特种材料有限公司	中型	南京奥特佳长恒铸造有限公司	中型
南京龙腾制衣厂有限公司	中型	南京佳力图空调机电有限公司	中型
环宇集团(南京)有限公司	中型	南京扬子塑料化工有限责任公司	中型
上美塑胶(南京)有限公司	中型	南京海尔曼斯集团有限公司	中型
南京博臣农化有限公司	中型	南京东荷色织有限公司	中型
南京泽蕾金属材料厂	中型	汉桑(南京)科技有限公司	中型
南京慈溪精密铸造有限公司	中型	南京钢铁集团冶山矿业有限公司	中型
南京扬子检修安装有限责任公司	中型	南京富木制衣有限公司	中型
南京日立产机有限公司	中型	美埃(中国)环境净化有限公司	中型
南京永卓无纺制品有限公司	中型	南京金龙客车制造有限公司	中型
南京德邦金属装备工程股份有限公司	中型	南京海华混凝土集团有限公司	中型
南京倍立达新材料系统工程股份有限公司	中型	南京五洲制冷集团有限公司	中型
江苏中圣机械制造有限公司	中型	南京科远自动化集团股份有限公司	中型
南京大东玩具有限公司	中型	南京磐能电力科技股份有限公司	中型
通用磨坊食品(南京)有限公司	中型	苏斯帕(南京)减震系统有限公司	中型
南京斯凯福脚手架有限公司	中型	南京凯莱服装有限公司	中型
南京秦川汽车电器有限公司	中型	南化集团研究院	中型

表 18—3　续表 5

企业名称	规模	企业名称	规模
南京拓马制衣有限公司	中型	南京嘉浩科技有限公司	中型
艾欧史密斯（中国）水系统有限公司	中型	南京润泽华针纺织科技发展有限公司	中型
南京新洲印刷有限公司	中型	中国人民解放军第三三０四工厂	中型
南京迈瑞生物医疗电子有限公司	中型	南京通孚轻纺有限公司	中型
南京昊天君临制衣有限公司	中型	丸仁电子（南京）有限公司	中型
南京天之骄制衣有限公司	中型	南京大地树脂有限公司	中型
南京贝奇尔机械有限公司	中型	南京足雅鞋业有限公司	中型
南京昊天经纬针纺制衣有限公司	中型	江苏苏美达机电产业有限公司	中型
南京宇盛羽绒制品有限公司	中型	南京振先轻工机械有限公司	中型
江苏惠浦机械集团有限公司	中型	南京小红花礼品有限公司	中型
南京禄秋制衣有限公司	中型	南京市罗奇泰克电子有限公司	中型
南京永兴铁路配件有限公司	中型	南京汇特利服装有限公司	中型
南京华睿川电子科技有限公司	中型	胡连电子（南京）有限公司	中型
南京辉恒服饰有限公司	中型	南京普爱射线影像设备有限公司	中型
南京美华羽绒制品有限公司	中型	中电电气（南京）特种变压器有限公司	中型
南京六合金牛门窗有限公司	中型	南京海欣丽宁服饰有限公司	中型
南京天上龙服饰公司	中型	南京驰力汽车传动装置有限公司	中型
南京万里集团有限公司	中型	南京瑞麦食品有限公司	中型
南京克莉丝汀食品有限公司	中型	南京国泰消防设备制造集团有限公司	中型
江苏舒逸纺织有限公司	中型	南京闽达彩涂板有限公司	中型
南京臣功制药有限公司	中型	南京海尔曼斯集团制衣有限公司	中型
南京智达电气有限公司	中型	南京一兄服饰有限公司	中型
南京旭建新型建材股份有限公司	中型	南京微创医学科技有限公司	中型
南京群力运动器材有限公司	中型	南京佳盛机电器材制造有限公司	中型
南京六和普什机械有限公司	中型	南京海辰药业股份有限公司	中型
南京奥联汽车电子电器有限公司	中型	南京康正制衣有限责任公司	中型
立维腾电子（南京）有限公司	中型	南京铺镇铁路车辆修造有限公司	中型
南京三和管桩有限公司	中型	南京起重机械总厂有限公司	中型
南京恒发服饰有限公司	中型	南京苏美达创元制衣有限公司	中型
南京金鑫传动设备有限公司	中型	南京扬子动力工程有限责任公司	中型
南京特种电机厂有限公司	中型	南京鹏力科技有限公司	中型
南京奥威服装有限公司	中型	南京海欣丽宁长毛绒有限公司	中型
大协西川开阳汽车部件（南京）有限公司	中型	南京润超铁路配件有限公司	中型
江苏六维物流设备实业有限公司	中型	美国钻采系统（南京）有限公司	中型
南京金斯服装有限公司	中型	南京含羞草食品有限公司	中型
南京圣诺热管有限公司	中型	南京艺田电子科技有限公司	中型
南京六合煤矿机械有限责任公司	中型	南京梅山工程技术新产业开发有限公司	中型
南京高特齿轮箱制造有限公司	中型	南京智达康无线通信科技股份有限公司	中型
南京极目工贸实业有限公司	中型	江苏康缘弘道医药有限公司	中型
南京基蛋生物科技有限公司	中型	南京江南永新光学有限公司	中型
南京康尼科技实业有限公司	中型	江苏东航食品有限公司	中型

表18—3 续表6

企业名称	规模	企业名称	规模
南京吉姆服饰有限公司	中型	永镫科技(南京)有限公司	中型
南京桃园制衣有限公司	中型	南京亚狮龙体育用品有限公司	中型
南京联璧制衣有限公司	中型	南京秣陵铸造总厂有限公司	中型
南京扬子检维修有限责任公司	中型	南京浦镇车辆厂工业公司	中型
南京禾诚石化装备工程有限公司	中型	南京润秋服装有限公司	中型
高淳县恒惠丝绸有限公司	中型	南京瑞祥服装有限公司	中型
江苏三鸿食品有限公司	中型	江苏金丝服装有限公司	中型
南京鸿祺服饰有限公司	中型	德昌电机(南京)有限公司	中型
南京元泰服装有限公司	中型	格满林(南京)实业有限公司	中型
南京伯泰服装有限公司	中型	南京爱沁缘服饰有限公司	中型
南京工艺装备制造有限公司	中型	南京九竹科技实业有限公司	中型
南京二机齿轮机床有限公司	中型	南京圣可尼服饰实业有限公司	中型
南京东润带业有限公司	中型	汉成电子(南京)有限公司	中型
南京迪菲诺制衣有限公司	中型	南京东翔制衣有限公司	中型
南京奥能锅炉有限公司	中型	南京龙海服饰有限公司	中型
南京轴承有限公司	中型	南京嘉展精密电子有限公司	中型
南京民光油管有限公司	中型	江苏先特能源装备有限公司	中型
南京哈恩达斯体育用品有限公司	中型	洽铭服饰(南京)有限公司	中型
南京制药厂有限公司	中型	江苏英诺华医疗技术有限公司	中型
南京创盛服饰有限公司	中型	倚天(南京)金属制品有限公司	中型
南京华鼎电子有限公司	中型	江苏庞源机械工程有限公司	中型
南京华脉光纤技术有限公司	中型	江苏花山集团有限公司	中型
江苏龙瑞服饰有限公司	中型	南京源汇机械铸造有限公司	中型
南京长澳制药有限公司	中型	南京测绘仪器厂	中型
南京钰佳特针织服饰有限公司	中型	南京京晶光电科技有限公司	中型
泰艺电子(南京)有限公司	中型	南京钢铁集团盛达实业有限公司	中型
南京双峰油泵油嘴有限公司	中型	南京永兴服饰有限公司	中型
南京压缩机股份有限公司	中型	南京东利来光电实业有限责任公司	中型
江苏南化永大实业公司	中型	南京天邦生物科技有限公司	中型
南京长明光电科技有限公司	中型	南京艾欧史密斯燃气器具有限公司	中型
南京森鼎帐篷有限公司	中型	侨伟运动器材(南京)有限公司	中型
江苏凤凰新华印务有限公司	中型	南京同方制衣有限责任公司	中型
南京第一机床厂有限公司	中型	南京康奇乐服装有限公司	中型
南京奥特佳祥云冷机有限公司	中型	南京群业五金制品有限公司	中型
东洋电子(南京)有限公司	中型	南京钢铁集团江苏冶金机械有限公司	中型
南京韩旭科技有限公司	中型	南京摩德利钢琴有限公司	中型
南京艾克丝兰特服饰有限公司	中型	南京龙超金属工艺品厂	中型
南京舜德西服有限公司	中型	南京山和轻工有限公司	中型
南京新仑服装有限公司	中型	南京数控机床有限公司	中型
南京云锦研究所股份有限公司	中型	南京本盛电池有限公司	中型
江苏龙潭重型机械有限公司	中型	南京友禾环保设备有限公司	中型

表18—4 2014年度南京市统计工作规范守信企业名单

单　位　名　称
工业企业(44家)
中国石化股份有限公司金陵分公司
中国石化扬子石油化工有限公司
上海梅山钢铁股份有限公司
中国石化集团金陵石油化工有限责任公司
中国石化集团资产经营管理有限公司扬子石化分公司
南京水务集团有限公司
南京汽轮电机(集团)有限责任公司
南车南京浦镇车辆有限公司
南京南车浦镇城轨车辆有限责任公司
江苏雨润肉食品有限公司
南京绿叶思科药业有限公司
华能南京金陵发电有限公司
中闻集团印务有限公司
南京高精齿轮集团有限公司
南京造币有限公司
南京道鹭建设材料厂
南京华兴压力容器制造有限公司
南京中联水泥有限公司
南京海尔曼斯集团有限公司
传力电子衡器(南京)有限公司
南京金城三国机械电子有限公司
南京宝色股份公司
南京高立工程机械有限公司
南京四方亿能电力自动化有限公司
长安福特马自达发动机有限公司
长安马自达汽车有限公司
南京南瑞继保电气有限公司
江苏奥赛康药业股份有限公司

表 18—4　续表 1

单位名称	
	江苏中圣高科技产业有限公司
	南京帝斯曼东方化工有限公司
	南京化纤股份有限公司
	南京苏美达创元制衣有限公司
	南京六合煤矿机械有限责任公司
	惠生(南京)清洁能源股份有限公司
	金城化学(江苏)有限公司
	南京喜之郎食品有限公司
	南京联塑科技工作实业有限公司
	侨伟运动器材(南京)有限公司
	南京亚狮龙体育用品有限公司
	南京飞燕活塞环股份有限公司
	南京创维平面显示科技有限公司
	红太阳集团有限公司
	南京大地水刀有限公司
	南京中超新材料有限公司
建筑业(17 家)	
	南京东大现代预应力工程有限责任公司
	江苏省住建集团有限公司
	中国能源建设集团江苏省电力建设第一工程公司
	嘉盛建设集团有限公司
	中国核工业华兴建设有限公司
	江苏省建工集团有限公司
	江苏省建筑工程集团有限公司
	南京汤泉建设集团有限公司
	中建安装工程有限公司
	江苏省送变电公司
	南京建工集团有限公司
	中国化学工程第十四建设有限公司
	南京市第八建筑安装工程有限公司
	南京明辉建设有限公司

表18—4　续表2

单位名称	
	江苏广顺建设有限公司
	南京凯盛建设集团有限公司
	南京市溱桥建筑安装工程有限公司
房地产(11家)	
	南京玄武苏宁置业有限公司
	南京新宇房产开发有限公司
	苏宁置业集团有限公司
	南京奥体建设开发有限责任公司
	南京红太阳房地产开发有限公司
	南京世茂房地产开发有限公司
	南京嘉泰隆房地产实业有限公司
	南京栖霞建设集团有限公司
	南京高科置业有限公司
	南京仁恒置业有限公司
	南京绿枫房地产开发有限公司
贸易业(39家)	
	南京肯德基有限公司
	苏果超市有限公司
	苏宁电器连锁集团股份有限公司
	南京医药百信药房有限责任公司
	中国石油化工股份有限公司江苏石油分公司
	南京朗驰集团有限公司
	南京麦当劳餐饮食品有限公司
	江苏苏美达集团有限公司
	江苏苏盐连锁有限公司
	江苏省江海粮油集团有限公司
	南京长江汽车销售服务有限公司
	江苏省会议中心有限公司(钟山宾馆)
	南京新街口百货商店股份有限公司
	金鹰国际商贸集团(中国)有限公司
	南京华能南方实业开发股份有限公司

表18—4 续表3

单位名称
江苏弘业国际集团有限公司
南京云中小雅餐饮有限公司
南京万达百货有限公司
南京星湖饭店有限公司
江苏省医药公司
中石化南京中锦石油有限公司
江苏省粮油贸易公司
江苏省食品集团有限公司
南京古南都饭店有限公司
南京狮子楼饮食文化有限公司
江苏省苏食肉品有限公司
江苏天泓江北汽车服务有限公司
国药控股江苏有限公司
南京宝利丰汽车销售服务有限公司
江苏世贸泰信汽车贸易有限公司
南京湖滨金陵饭店有限公司
南京空港油料有限公司
江苏天奥汽车销售服务有限公司
南京驰信通信设备有限公司
南京金年华广场有限公司
南京福斯特化工有限公司
苏果超市(溧水)有限公司
苏果超市高淳有限公司
南京望玉岛度假村有限公司
服务业(27家)
南京邮政局
中国铁通集团有限公司南京分公司
南京地铁集团有限公司
江苏省通信服务有限公司
弘业期货股份有限公司
南京酿造集团有限公司

表 18—4　续表 4

单　位　名　称
南京广播电视集团有限责任公司
南京联勘科技有限公司
南京奥体物业服务有限责任公司
南京港（集团）有限公司
中国长江航运集团南京油运股份有限公司
江苏金陵交运集团有限公司
南京波波魔火信息技术有限公司
南京宁海聚氨酯有限公司
江苏爱信诺航天信息科技有限公司
国电环境保护研究院
南京长江二桥有限责任公司
顺丰运输（南京）有限公司
江苏诚迈科技有限公司
南京市江宁区城建园林工程有限公司
江苏省电力设计院
江苏三六五网络股份有限公司
南京扬子信息技术有限责任公司
南京润溧汽车客运有限公司
南京傅家边科技园集团有限公司
南京双顺运输有限公司
江苏奕淳海运有限责任公司

中国统计出版社最新图书简目

(仅供参考,以最后出书为准)

统计资料

综合类:中国统计年鉴　中国统计摘要　中国发展报告

国际资料类:国际统计年鉴　金砖国家联合统计手册　世界能源资源年鉴

区域资料类:中国区域经济统计年鉴　中国县域统计年鉴　中国城市统计年鉴　中国农村统计年鉴　中国地区经济监测报告

经贸与投资类:中国贸易外经统计年鉴　中国对外直接投资统计公报　中国商品交易市场统计年鉴　大中型批发零售和住宿餐饮企业统计年鉴　中国零售和餐饮连锁企业统计年鉴

住户与物价类:中国住户调查年鉴　中国价格统计年鉴　中国农产品价格调查年鉴　全国农产品成本收益资料汇编

资源与环境类:中国环境统计年鉴　中国能源统计年鉴

产业类:中国工业统计年鉴　中国建筑业统计年鉴　中国房地产统计年鉴　中国第三产业统计年鉴　中国证券期货统计年鉴

科技类:中国科技统计年鉴　中国高技术产业统计年鉴　工业企业科技活动资料

人口与就业类:中国劳动统计年鉴　中国人口和就业统计年鉴　中国人才资源统计报告

社会与文化类:中国社会统计年鉴　中国文化及相关产业统计年鉴

公共管理类:中国民政统计年鉴　中国民族统计年鉴　中国乡镇街道行政区域简册

省级综合统计年鉴系列

北京　天津　河北　山西　内蒙古　辽宁　吉林　黑龙江　上海　江苏　浙江　安徽　福建　江西　山东　河南　湖北　湖南　广东　广西　海南　重庆　四川　贵州　云南　西藏　陕西　甘肃　青海　宁夏　新疆　新疆生产建设兵团

市(县)级综合统计年鉴系列

天津滨海新区　石家庄　唐山　邯郸　太原　大同　阳泉　长治　晋城　朔州　晋中　运城　忻州　临汾　呼和浩特　鄂尔多斯　包头　沈阳　大连　长春　吉林市　四平　哈尔滨　黑龙江垦区　上海浦东新区　南京　无锡　徐州　常州　苏州　南通　连云港　淮安　盐城　扬州　镇江　泰州　宿迁　江阴　丹阳　杭州　宁波　温州　嘉兴　绍兴　金华　衢州　舟山　台州　丽水　合肥　福州　厦门　宁德　福州经济技术开发区　南昌　济南　青岛　郑州　洛阳　平顶山　三门峡　南阳　武汉　十堰　荆州　宜昌　荆门　咸宁　长沙　广州　深圳　惠州　东莞　南宁　柳州　桂林　来宾　海口　三亚　成都　贵阳　昆明　西安　兰州　庆阳　银川　乌鲁木齐　兵团一师　兵团十师

调查年鉴系列

山西　内蒙古　吉林　辽宁　上海　福建　湖北　广西　重庆　四川　云南　甘肃　宁夏　新疆　南宁　桂林

"十二五"规划教材

统计学(经济管理类专业本科适用,单薇等)　抽样调查理论与方法(冯士雍等)　贝叶斯统计(茆诗松等)　统计学(黄良文等)　试验设计(茆诗松等)　统计学:从数据到结论(吴喜之)　医学统计学(于浩)　统计学(经济、管理类专业基础教材,张小斐)　概率论与数理统计三十三讲(魏振军)　概率论与数理统计三十三:学习指导与习题解答(魏振军)　非参数统计(吴喜之等)　统计学:经济与管理中的数据分析(李慧云等)　卫生管理统计学(新编医学院校基础课教材,尚磊)　医院统计学(新编医学院校基础课教材,徐天和等)　社会统计学(蒋萍等)　现代金融投资统计分析(李腊生等)　国民经济核算初级教程(经济类、统计类、管理类专业适用,蒋萍等)

重点图书

新中国65年　新编英汉汉英统计大词典　中华医学统计百科全书　挑大学选专业2014—考研择校指南　挑大学选专业2014—高考志愿填报指南